WeiterGehen 2025

Texte zum
Nachdenken
für jeden Tag

FrauenWerk Stein
in der Evang.-Luth. Kirche in Bayern

Kaufmann Verlag

Widerstand

Ich widerstehe, sprach der Metzger,
und das Kalb sprang fröhlich davon.
Ich widerstehe, sprach der Soldat
und gewann einen Freund.
Ich widerstehe, sprach die Inhaberin der
Supermarktkette,
und eine ganze Obdachlosenunterkunft wurde satt.
Ich widerstehe, sprach der Mann
und verliebte sich neu in seine Frau.
Ich widerstehe, sprach die Gartendesignerin,
und überall summten die Bienen.
Ich widerstehe, sprach der Politiker
und konnte wieder schlafen.
Ich widerstehe, sprach die werdende Mutter
und hörte den Herzschlag ihres Kindes.
Ich widerstehe, sprach der Konzernchef,
und der Regenwald atmete auf.
Ich widerstehe, sprach die Journalistin,
und die Wahrheit machte sie frei.
Ich widerstehe, sprach Gott
und ließ sich finden.
Und das Dunkel wurde hell.

Ulrike Knörlein

WIDERSTEHEN

ist das Thema von WeiterGehen 2025.
Es ist ein sehr aktuelles Thema, denn um Widerstand geht es tagtäglich – uns allen wird immer wieder abverlangt, zu widerstehen.
Widerstehen gegen die Klassifizierung von Menschen, die dazugehören und solchen, die nicht wohlgelitten sind und gegen jede Form von Rassismus.
Widerstehen gegen die Gleichgültigkeit im Blick auf den Klimawandel.
Widerstehen gegen zunehmende Versuche von Rechtsextremen, Einfluss zu nehmen …
Jede und jeder kann diese Reihe aufgrund eigener Erfahrungen noch fortsetzen.
Die Autorinnen und Autoren dieses WeiterGehen haben das Thema auf vielfältige Weise aufgenommen. Sie haben sich mit biblischen Texten beschäftigt oder an historische Beispiele für Widerstand erinnert und auch aktuelles Widerstehen zum Thema gemacht.
Zum Abschluss noch eine Nachricht in eigener Sache: WeiterGehen 2025 wird nach heutigem Stand die voraussichtlich letzte Ausgabe unseres Wochenkalenders sein. Nach mehr als 20 Jahren endet die Zusammenarbeit mit dem Kaufmann Verlag. Wir sind aber guter Dinge, noch rechtzeitig für WeiterGehen 2026 einen neuen Verlag zu finden.
Ich wünsche uns allen Mut und Kraft zum Widerstand und grüße Sie – hoffentlich nicht zum letzten Mal.

Angelika Schmidt-Biesalski

Jörg Wegner

Jesaja 60,1

Mache dich auf, werde licht;
denn dein Licht kommt,
und die Herrlichkeit des HERRN geht auf über dir!

LUTHER 2017

werde licht I

werde licht
leicht gesagt
vielleicht gesagt
den dunkelmännern
vielleicht gesagt bei verdunkelungsgefahr der seele
in unterbelichteten zeiten
werde licht
wird leicht gesagt.
als widerwort gegen schwersein und dunkeldasein
wird es uns wie lichtstaub
gottes mit tiefem luftholen
mit tiefem lichtholen
ins gesicht geblasen:
werde licht
denn
dein licht kommt.
Und dann machen wir uns auf leichtfüßig und lichtfüssig

werde licht II

gott will im dunkel wohnen und hat es doch erhellt,
lässt jochen klepper singen*

er kannte zur genüge den gott, den man nicht sieht.

den sieht man nicht, weil wir ihn übersehen, denn wir rechnen nicht mit ihm an seinem wohnsitz im dunkel.

wir sehen ihn lieber als lichtgestalt. als *ich bin das licht der welt* – gott.

klepper, der selbst im dunklen zu wohnen hatte, traf gott dort, als zimmergenossen der menschen, die kein licht mehr sehen. gott haust in der dunkelsten ecke. unerkannt.

von dort aber hören wir sein herz für die andern im dunkel schlagen. klopfzeichen seiner liebe an die mauern, die zwischen den menschen hochgezogen wurden. und das klopft da so lange, bis man gott hört. und das schlägt da so lange, bis die mauern risse kriegen, durch die licht fällt, lebenslicht.

*evangelisches gesangbuch nr. 16

werde licht III

gottes licht wird nirgendwo anders geboren als im dunkel. es fällt nicht wie ein komet vom himmel. es zieht nicht wie die sonne am morgen auf. es triumphiert nicht. gott liefert nicht ins rampenlicht, wo die mächtigen sich schon längst positioniert haben.

gottes licht wird nirgends anders geboren als bei denen im dunkel. es will nicht alles in den schatten stellen. es will leuchten unter denen, die im schatten leben:

irina, die ihre haut zu markte tragen muss, nachdem man sie in den westen lockte.

miriam im dunkel der geiselkeller der hamas

abdul, dem man die olivenbäume niederbrannte im westjordanland.

viktor der ukrainer und vladimir der russe, eingezwängt in ihren panzern voller angst.

denn siehe, finsternis bedeckt das erdreich und das dunkel die völker.

das ist die ausgangslage gottes. von da her kommt sein licht uns entgegen.

werde licht IV

lichtverschmutzung sagt man so.

ein zuviel an licht gibt es auch. an dem stirbt das leben wie ein nachtfalter, der seine flügel gegen das licht schlägt und sich darin verliert.

ein überall an licht. licht, das das dunkel ausblendet, ist kein licht des lebens. es ist das licht der herrschaft, nicht das der herrlichkeit, die da kommt.

das licht gottes blendet das dunkel nicht aus. es erhellt es, hält stand, widerstand.

gott will im dunkel wohnen und hat es doch erhellt.

paradox aus licht und dunkel.

das eine ist ohne das andere nicht zu haben und nicht zu leben.

trotzdem: *mache dich auf und werde licht, denn ...*

werde licht V

lichterkette

als keiner mehr was zu sagen hatte.

als die worte fehlten und argumente nicht mehr gehört wurden.

als alles vergebens schien und alle aller hoffnung beraubt waren, zündete einer ein licht an irgendwo an einer straßenecke. und dann kam eine zweite. ein anderer gesellte sich dazu. eine alte, ein kind, ein fremder, ein vertrauter, ein freund, am ende sogar ein paar „feinde" will man gesehen haben, als die kette des lichtes immer länger wurde.

und dann kettete sich die lichterkette an die hoffnung. die widerstand dem „nützt-doch-nichts". widerstand gegen finstersein. am ende – am ende der lichterkette begann dann das neue. das licht machte sich auf zu denen, die sich aufgemacht hatten, als alles vergebens schien, und einer, irgendeiner ein licht entzündete – damals, als es noch dunkel war.

werde licht VI

wir gehen
wir gehen
wir gehen
durch das dunkelgestrüpp
das nicht mehr duchblicken dickicht
die dunklen flecken ecken
wir gehen
wir gehen
wir gehen
und stehen
plötzlich und unerwartet
mittendrin in einer LICHTung.
die wir noch nie betreten hatten,
weil der glaube daran zu lange verdunkelt war.

werde licht VII

verrammle die fenster
und lösche die lichter.
schiebe ganze schränke voller zweifel von innen vor die türen
verkrieche dich in der letzten ecke
setz dich auf den boden und schling die arme um die knie,
die weich sind vor angst.
das wars: da kommt nichts mehr und niemand.

so hätten uns gern die, die die regeln hier machen wollen.
sie fürchten aber, wenn uns einer sagt:
mache dich auf und werde licht
denn dein licht kommt
und die herrlichkeit des herrn
geht auf über dir.

Teja Begrich

Galater 2,11

Als aber Kephas nach Antiochia kam,
widerstand ich ihm ins Angesicht,
denn er hatte sich ins Unrecht gesetzt.

LUTHER 2017

Abmachung

Jede Geschichte hat eine Vorgeschichte. Jedes Gestern ein Ehegestern. So auch hier. Es geht um Kephas. Also Petrus. Also Simon. So jedenfalls wird er als Jünger berufen. Jesus traf die Brüder Simon und Andreas. Die waren Fischer und Jesus rief sie zu sich, um sie zu Menschenfischern zu machen. Mit den beiden ging es los. Später bekam Simon den Beinamen Kephas, Stein auf Hebräisch. Weil die damalige Welt jedoch griechisch sprach, wurde es übersetzt: Petrus. Später wurde daraus der Name Simon Petrus, also Simon, der Stein. Nach den Evangelien hat Simon diesen Namenszusatz von Jesus selbst bekommen, denn er war der Wortführer unter den Zwölfen.
Kephas jedenfalls war eine der Säulen der jungen Jerusalemer Gemeinde und bekam von dieser einen genauen Auftrag. Er sollte unter den Juden das Evangelium verkündigen und also missionieren. Für die Gojim, die nichtjüdische Welt, hat die Jerusalemer Gemeinde einen anderen ausgesucht. Saulus heißt der auf Hebräisch und auf Griechisch Paulus. Der war ein wenig weltgewandter, sprach besser griechisch und kannte sich mit der heidnischen Welt gut aus, weil er eben dort und nicht am See Genezareth aufgewachsen war. Das also war die Abmachung des Apostelkonzils. Der eine unter den Juden, der andere unter den Nichtjuden! Petrus war für die Juden zuständig und Paulus für die Heiden.

Abmachung – zweiter Teil

Neben den Missionsgebieten hat das Apostelkonzil noch eine weitere Vereinbarung getroffen. Diese war keine geografische, sondern eine theologische. Es ging um die Frage: wann ist der Christ ein Christ? Muss ein Christ Jude sein oder eben nicht? Die Jerusalemer Gemeinde war der Meinung, dass nur ein Jude ein Christ werden kann. Das heißt, alle, die zur Gemeinde gehören wollen, sollen sich nicht nur taufen lassen und damit zu Jesus als dem Messias bekennen, sondern eben auch noch die Speise- und sonstigen Gebote der Tora, der fünf Bücher Mose, einhalten, inklusive, zumindest bei Männern, die Beschneidung.
Für Paulus war das undenkbar. Für ihn war völlig klar: allein der Glaube! Allein das Bekenntnis zu Jesus als dem Christus ist entscheidend. Ob einer dann noch Speisegebote einhält, Feiertage beachtet oder sich beschneiden lässt, ist für das Bekenntnis zu Jesus unerheblich. Aus der Geografie werden die theologischen Positionen klarer. Wenn Petrus nur unter Juden das Evangelium von Jesus Christus verkündigt, ist es klar, dass diese auch weiterhin alle jüdischen Gebote einhalten. Wenn aber Paulus unter den Nichtjuden, den Heiden, das Evangelium verkündet, erschien ihm dies eine zu hohe Hürde für seine Missionsarbeit. Warum auch sollten die Menschen erst Juden werden, um dann Christen zu werden? Wenn allein der Glaube an Jesus Christus entscheidend ist, braucht man sicher keine Beschneidung dafür.

Reisen

Mission ist Bewegung. Nachdem auf dem Jerusalemer Apostelkonzil eine Einigung erzielt worden war und Petrus und Paulus ihre jeweiligen Arbeitsbereiche zugeordnet bekamen, gingen sie auf Reisen. Paulus war unaufhörlich unterwegs, Petrus etwas weniger. Paulus machte sich auf nach Antiochia, die Hauptstadt der syrischen Provinz. Diese lag am nordöstlichen Zipfel des Mittelmeeres, heute Antakya in der Türkei im türkisch-syrischen Grenzgebiet. Sie war in römischer und byzantinischer Zeit eine der größten Städte der Welt neben Rom und Konstantinopel. Zur Zeit des Paulus lebten dort etwa 500.000 Menschen. Es war also mit Sicherheit eine sehr polyglotte Stadt. Paulus war schon einmal auf seiner ersten Missionsreise und noch vor dem Apostelkonzil dort gewesen.
In Antiochia wurde die Gemeinde zum ersten Mal von Nichtchristen als Christen bezeichnet (Apg 11,26). Im Neuen Testament finden wir auch andere Bezeichnungen: Jünger, der Weg, Sekte und Nazarener. Wo der Begriff „Christen“ entstanden ist, ist unklar, sicherlich aber nicht in der griechischsprachigen Stadt Antiochia. Es ist wahrscheinlich, dass Nichtchristen diesen Begriff als Verunglimpfung verwendeten, um sich über diejenigen lustig zu machen, die einen als Verbrecher am Kreuz hingerichteten Menschen verehrten. Dorthin jedenfalls reisten sowohl Paulus in erneuter Missionsabsicht als auch Petrus, der wollte unter den dortigen Juden missionieren.

Das Zusammentreffen

Gemeinde lebt von Gemeinschaft. Das ist so und war es schon seit jeher. Ein wesentlicher Aspekt der Gemeinschaft ist nicht nur das gemeinsame Singen und Beten, sondern auch das gemeinsame Essen. Und da fangen die Schwierigkeiten an. Religiöse Juden halten auch im Ausland die Speisegebote ein. Das bedeutet: Auf koschere Küche wird geachtet. Natürlich kann es keine koschere Küche im heidnischen Haushalt geben. Daher war eine Tischgemeinschaft zwischen Juden und Nichtjuden ausgeschlossen. Die junge christliche Gemeinde aber bestand aus jüdischen und heidnischen Christen, sie saßen offensichtlich an einem Tisch in Antiochia. Als Paulus auf seiner Reise dort Station machte, aß er mit allen zusammen. Als Petrus nun hinzukam, hielt er es genauso, schließlich waren sie ja eine einzige Gemeinde, die in Antiochia Christen genannt wurden, und niemand nahm daran Anstoß.

Offensichtlich sind nun Nachrichten über dieses Verhalten nach Jerusalem gelangt, jedenfalls kamen Abgesandte von Jakobus, um nach dem Rechten zu sehen. Irgendwie schien man in Jerusalem über die Vorgänge in Antiochia beunruhigt, da man dort für jüdische Christusanhänger die Speisevorschriften und die anderen Gesetze als bindend ansah. Die Jakobusleute wollten nun sehen, ob an den Gerüchten über Petrus und seinem Verhalten etwas Wahres dran war.

Der Konflikt

Beim Apostelkonzil ging es um die Einheit der jungen Kirche. Wie können jesusgläubige Juden und Nichtjuden zusammenleben? Der Kompromiss war: Weder sollten Juden dem Gesetz absagen noch sollten Nichtjuden das jüdische Gesetz übernehmen. Ein jeder sollte in seinem Stande bleiben, in den er berufen worden war. (1 Kor 7,20) Das jedoch ergibt ein Problem: Bleiben die Juden in ihrem Stande und essen weiter koscher, dann schließen sie die Heiden aus und statt der einen Gemeinde Jesu Christi gibt es derer zwei. Verlassen die Juden jedoch die Reinheitsvorschriften, dann haben sie auch ihren Stand, in den sie berufen wurden, verlassen. Wir sehen: Gemeinschaft ist nicht ganz einfach.
Petrus nun ist das Paradebeispiel. Um der Einheit der Gemeinde in Antiochia willen folgt er der Einladung des Paulus an einen Tisch mit Heiden und Juden, und um die Einheit mit der Jerusalemer Gemeinde willen verlässt er diese Tischgemeinschaft wieder. Das bringt ihm von Paulus den Vorwurf der Heuchelei ein.
Wir werden hier Zeugen einer tragischen kirchengeschichtlichen Entscheidung. Langfristig hat sich die Haltung von Paulus durchgesetzt und bereits im 2. Jh. wurden die Nachfahren der Jerusalemer Gemeinde von der übrigen Christenwelt als Sekte angesehen und als nicht dazugehörig betrachtet. Der Apostelkonvent hat die Einheit der Kirche nicht wahren können.

Tragik

Jetzt hat also das Konzil in Jerusalem, das für eine Einigung zwischen den Gemeinden, vermutlich vornehmlich zwischen den Jerusalemern und den Antiochiern, sorgen sollte, den Keim für künftige Konflikte gelegt und letztlich zur Marginalisierung der jesusgläubigen Juden geführt. Aber nicht nur das. Denn ausgerechnet der Apostel Paulus hat sehr viel dazu beigetragen. Gleichwohl er im Besonderen im Römerbrief (Kapitel 9–11) nicht nur die Einheit jesusgläubiger Juden und jesusgläubiger Heiden propagiert hat, ja noch viel mehr auf die untrennbare Verbindung zwischen Juden und Christen hingewiesen und diese theologisch begründet hat. Dennoch ist seine Auseinandersetzung im Galaterbrief und sein missionarisches Verhalten verantwortlich dafür, dass jesusgläubige Juden bereits im 2. Jahrhundert marginalisiert und als Sekte behandelt wurden. Ab dem 5. Jahrhundert sind Judenchristen dann kaum noch fassbar. Aus der anfänglichen Auseinandersetzung zwischen Jerusalem und Antiochia ist eine dauerhafte Spaltung der Gemeinde entstanden.
Dass Paulus sowohl für diese verantwortlich war und gleichzeitig alles dafür gab, dass Christen und Juden untrennbar miteinander verbunden bleiben, kann man wohl nur als Tragik bezeichnen. Vielleicht ist es aber auch kennzeichnend für den Theologen Paulus, dessen Denken eben nur in Aporien (Ratlosigkeiten) verständlich ist.

Ausblick: Leitsätze für das christlich-jüdische Verhältnis

Juden und Christen leben in der Bindung an denselben Gott, auch wenn sich Glaube und Leben beider Gemeinschaften auf unterschiedliche Weise Ausdruck verschaffen.
Die Kirche ist durch Jesus Christus mit der sehr viel älteren Geschichte Gottes mit seinem Volk Israel auf Dauer verbunden.
Christen haben mit Juden deren Heilige Schriften gemeinsam und sie bekennen sich zu dem Juden Jesus von Nazareth als Messias. Durch beide Tatbestände stehen Christen in einem besonderen Verhältnis zum jüdischen Volk.
Die Erwählung Israels ist deshalb, weil Israel Jesus nicht als Messias anerkennt, nicht beendet. Sie bleibt vielmehr nach Aussage des Neuen Testaments gültig. Der Wiedergewinn dieser Gewissheit der Treue Gottes ist die Grundlage des neuen Verhältnisses der Kirchen zur jüdischen Gemeinschaft.
Beide Gemeinschaften – Juden und Christen – haben dasselbe Recht auf ihre Wahrheitsgewissheit und dasselbe Recht, ihr durch Wort und Schrift Ausdruck zu verschaffen.
Der jüdische religiöse Denker Martin Buber hat einmal gesagt, Juden und Christen hätten ein Buch und eine Hoffnung gemeinsam. Das Buch kommt aus der Vergangenheit, die Hoffnung ist auf die Zukunft gerichtet. Zwischen beiden liegen die Aufgaben und Chancen der Gegenwart.

Zitiert nach: Peter von der Osten-Sacken, Kleine Texte zu großen Fragen, Studien zu Kirche und Israel. Neue Folge Bd. 17, 259 f.

Marius Fletschinger

Wer Zukunft will, muss lernen. Auch von Eseln.
Lektionen von Bileam und anderen.

4. Mose 22

Bileam wurde, als sich seine Eselin nicht mehr rührte,
vom Zorn gepackt und er schlug mit dem Stock auf sie ein.
28 Da gab der HERR der Eselin die Fähigkeit zu sprechen
und sie sagte zu Bileam: „Du hast mich nun dreimal ge-
schlagen. Was habe ich dir denn getan?“ 29 „Zum Narren
hältst du mich!“, schrie Bileam. „Wenn ich ein Schwert
hätte, wäre es schon längst um dich geschehen.“ 30 Die
Eselin sagte: „Schon so lange reitest du nun auf mir und
kennst mich genau. Warst du bisher jemals unzufrieden
mit mir?“ „Nein, nie“, antwortete Bileam. 31 Da öffnete
der HERR ihm die Augen und er sah den Engel mit dem
Schwert mitten auf dem Weg stehen. Bileam warf sich vor
ihm nieder, das Gesicht zur Erde. 32 „Warum hast du dei-
ne Eselin nun schon dreimal geschlagen?“, fragte ihn der
Engel des HERRN. „Ich selbst habe mich dir entgegenge-
stellt, weil du auf einem verkehrten Weg bist. 33 Aber
deine Eselin hat mich gesehen und ist dreimal vor mir
ausgewichen. Du verdankst ihr dein Leben, denn wenn du
weitergeritten wärst, hätte ich dich getötet; nur sie hätte
ich verschont.“ 34 „Ich habe unrecht getan“, sagte Bileam.
„Ich habe nicht gewusst, dass du dich mir in den Weg
gestellt hattest. Ich werde sofort umkehren, wenn du mit
dieser Reise nicht einverstanden bist.“ 35 „Geh ruhig mit
diesen Männern“, sagte der Engel des HERRN. „Aber du
darfst nur sagen, was ich dir auftrage.“

GUTE NACHRICHT

Mehr als du auf Anhieb blickst

Die Erzählung rund um Bileam entfaltet sich rund um Menschen, die „es nicht blicken", also Entscheidendes nicht sehen, und darum falsche Entscheidungen treffen. Mich spricht das an. Unsere Gesellschaft scheint mir immer mehr abzurutschen ins Schwarz-Weiß-Denken, in absolute Positionierungen, die vermeintlich über jeden Einspruch erhaben sind. Diese Wolkenburgen bieten viel Sicherheit und Komfort und sind somit bestens geeignet für Kleinkarierte und Denkfaule.
Auf dem Boden der Realität sieht alles erheblich komplizierter aus, denn die Wirklichkeit entzieht sich unserem simplen Zugriff. Ich würde hier in Anspielung aufs Jahresmotto vom „ontologischen Widerstand" sprechen, den der Kosmos leistet gegen unsere Versuche, alle Phänomene in Konzepte und Zahlen zu pressen. Es braucht also wie für Bileam (und Balak) oft mehrere Anläufe, um Dinge einigermaßen richtig einzuschätzen, und die harte Schule des Lernens führt manchmal zu bitter gewonnenen Einsichten.
Kluge Menschen rechnen demnach damit, dass ihre Meinungen mit neuen Erkenntnissen konfrontiert werden könnten, dass da mehr ist, als man auf Anhieb erblickt.
Das gilt übrigens auch ganz formal für unseren Wochentext: Die Bileamserzählung erstreckt sich über drei Kapitel, 4. Mose 22–24, kann hier also nur ausschnittweise wiedergegeben werden, und verlangt somit nach Weitergehen und Selberlesen …

Die sind jetzt der Hauptgegner

Im Anfang war die Angst. Die Geschichte setzt damit ein, dass der Moabiterkönig Balak besorgt, ja alarmiert das Vorrücken des Volkes Israel Richtung Jordan verfolgt. Die sollen dahin verschwinden, wo sie hergekommen sind, und hier keinen belästigen! Um die Israeliten abzuwehren, soll Bileam ihnen entgegengehen, sie verfluchen, damit sie geschwächt und klein gehalten werden.
Aus heutiger Perspektive drängt sich mir die Frage auf, was Balak eigentlich über die anderen weiß, ob er je mit einem „von denen" geredet hat, ganz zu schweigen, ob er versucht hätte, über Austausch, Verhandlung, gegebenenfalls Integration nach Perspektiven zu suchen. Entweder aus Angst oder aus dem breitbeinigen Gefühl, der Platzhirsch zu sein, gibt er die Parole aus: Die sind jetzt der Hauptgegner! Vorbeugend wählt er die Aggression, eine hybride Kriegsführung qua Verfluchung.
Ich würde sagen, solche Gegnerschaftsschwüre sind im Allgemeinen nicht sehr hilfreich und lassen einen eher schwach aussehen, weil sie den Blick auf fremde statt auf eigene Stärke richten. Weiter wird Balak schwächen, dass sich Bileam gar nicht für die Fluchkampagne einspannen lässt: explizit aus Glaubensgründen.

Widerstand aus Glauben

Bileam macht, was man als Seher:in so macht: Er versucht, das größere Bild zu erfassen, er fragt nach dem Willen Gottes, nach der göttlichen Verheißung, die sich in dieser Lage entfalten könnte. Im Gebet wird ihm klar: Gott will das nicht, ich mach' das nicht!

Bei uns ist es selten geworden, dass Haltungen, Entscheidungen religiös begründet werden, für viele ist die Denkfigur fremd, unplausibel geworden. Sich auf den Willen Gottes zu beziehen, das klingt so unselig nach Kreuzzug oder religiösem Fanatismus. Der „Wille Gottes" ist zu oft ein Mantel für eigene Bestrebungen, sogar die Begründung für allerlei Folklore. Wer bei Trost ist, wird mit dem Begriff maximal vorsichtig und (selbst)kritisch umgehen.

Die Kernfrage kann dennoch ungemein hilfreich sein. Modern gewandet könnte sie lauten: „What would Jesus do?" Auch das ist nicht so easy zu beantworten, aber es lenkt den Blick in die richtige Richtung, auf das zivilisierende, ethisch-humanistische Potenzial des jüdisch-christlichen Glaubens, auf die Fähigkeit, Gegebenes, vermeintlich Absolutes infrage zu stellen, auf seine Angemessenheit zu prüfen. Auf das poetische und womöglich revolutionäre Potenzial, nicht zufrieden zu sein, doch zu träumen, anderes zu fordern. Auf das identitätsstiftende und mobilisierende Potenzial, nicht klein beizugeben, beharrlich zu bleiben und nicht ohne Hoffnung.

Gottesmänner sind auch nur Menschen

Ich sag's ja immer wieder: Gottesmänner sind auch nur Menschen und bei „Gottes Willen" haben sie kein Monopol. Selbst hohes Lehramt schützt vor Irrwegen nicht: Kirchenhistoriker können in extenso ausbreiten, wie das römische Lehramt mal dieses gesagt hat und später das Gegenteil, obwohl man gern behauptet, das sei alles in Kontinuität geschehen. Der berüchtigte Syllabus errorum beispielsweise wurde (zum Glück) ganz eindeutig korrigiert. Es ist einfach so: Wer Erfahrungen macht, wer nicht aufhört zu denken, der wird sich auch irgendwann korrigieren müssen.
Bileam überdenkt seine Absage an den „Fluchauftrag" und macht sich doch auf den Weg – den Abschnitt haben wir eingangs abgedruckt. Es dauert nicht lang, dann hakt es, es geht nicht voran. Zunächst sucht er, typisch mittleres Management, die Schuld beim Team, in dem Fall bei der Eselin. Die lässt sich das nicht gefallen und macht zu seiner Überraschung den Mund auf. Ihr mutig-zorniger Widerstand ist zunächst Selbstschutz, verhilft dann aber auch dem „Chef" zu neuer Erkenntnis und einem adäquateren Vorgehen.
Leider werden die Mutigen, Kritischen allzu oft als Störer, Bremser, Nestbeschmutzer angesehen, dabei bringen sie oft Übersehenes ein, das wichtig werden kann.
Unter kirchlichen Betonköpfen übrigens ist die kirchenhistorische Forschung nicht beliebt: zu viele unbequeme Fakten. Gottesmänner sind halt auch nur Menschen.

Pure Gewalt darf niemals siegen

Feinde kann man eventuell ausschalten. Feindschaft zwischen Gruppen aber kann man nicht mit Gewalt auflösen, man kann sie nicht „wegbomben", das stärkt sie eher. Wenn Feindschaft überhaupt überwunden werden kann, dann mit viel Geduld, gutem Willen, kleinen Schritten, vertrauensbildenden Maßnahmen, wachsendem Austausch.
Dem anderen Schlechtes wünschen ist nichts, was weiterhilft. So entgleitet der von Balak angedachte Fluch. Gott lässt sich vor niemandes Karren spannen. Gott lässt sich auch nicht beschwören, nicht für unsere Zwecke instrumentalisieren, nicht an ein magisches Ritual binden. Auf wundersame Weise wird der versuchte Fluch zum Segen. Wie Bileam erklärt: „Ich kann nur sagen, was Gott mir zu sagen befiehlt." Ihm ist klar, dass Segen niemals besessen und abgezäunt werden kann, Segen ist Gottes freies Geschenk, seine Gegenwart, sein Geleit. Gott wiederum weicht nicht ab von den Verheißungen, die er seinem erwählten Volk gemacht hat. Sein Bund steht und bleibt.
Ich freue mich, dass sich hier letztlich das Leben über Missgunst und Feindschaft durchsetzt. Frei nach Tocotronic sage ich: Pure Gewalt darf niemals siegen!
Leider gilt auch im „Gelobten Land" bis heute, dass Friede beständig gesucht, errungen werden muss …

Das Land besitzen – eine Anleitung

Am Ende der Bileamserzählung werden sich die Israeliten durchsetzen, über den Jordan ziehen, das Gelobte Land erreichen. Die göttliche Verheißung, das Land zu besitzen, zu erben, wird biblisch immer wieder thematisiert. Sie ist mit Mahnungen und Bedingungen verbunden: Das Volk Israel soll dankbar sein, es soll sich an die Weisungen des HERRN halten, es soll „umkehren". Somit bleibt das einmal Erreichte auf Dauer ein gefährdetes Gut: Man kann trotz aller „göttlichen Vorleistung" des Landes wieder verlustig gehen, wenn sich Schlendrian und Selbstgerechtigkeit einstellen, wenn Gott nicht geehrt wird und die Achtung vor jedwedem Leben nicht hochgehalten, wenn Privilegien verteilt werden und Unrecht entsteht. Volk und Gesellschaft haben gemeinsam in der Hand, ob sich bei ihnen eine Dynamik von „Segen oder Fluch" entfaltet. Beispielsweise in 5. Mose 30 wird das Leben vor Gott im verheißenen Land vor Augen gestellt und allein vier Mal explizit (weitere Male implizit) mit dem „umkehren" verbunden – in 20 Versen! Gutes Leben heißt Widerstand – allen möglichen Versuchungen immer neu zu widerstehen, sich an Gottes Weisung auszurichten. Jesus greift diese Denktradition auf, wenn er in der Bergpredigt sagt: *Selig die Sanftmütigen, denn sie werden das Land erben.* (Mt 5,5)

Wähle das Leben

Zum Thema „Widerstand" kommt mir immer wieder ein Wort aus dem eben zitierten 5. Mose 30 in den Sinn: *Leben und Tod lege ich dir vor, Segen und Fluch. Wähle also das Leben, damit du lebst, du und deine Nachkommen.* Wir haben ganz offenkundig ganz oft selbst die Wahl, ob es mit uns Richtung Fluch und Tod oder Segen und Leben gehen soll. Für uns selbst und für viele andere. Die Wahl sollte klar sein, pro Leben. Und damit im selben Atemzug contra alle lebens-, menschenfeindlichen Bestrebungen.

Dadurch kann man sich allerdings, obwohl man das Leben gewählt hat, leicht Feinde machen, sich also das Leben schwermachen. Im Blick auf „moderne Märtyrer" wie von Stauffenberg und Delp bis Nawalny (natürlich nicht nur diese) kann man wohl sagen, dass sie ihr Leben eingesetzt haben „für das Leben" … Wie viel „Willen zum Leben" bringen wir auf, und was ist dafür zu tun? Mit diesen unkomfortabel schwierigen Fragen entlasse ich uns nach vorne und knüpfe wieder bei den Überlegungen vom Anfang der Woche an. Lassen Sie uns das Leben wählen. Alles Gute!

Martin Affolderbach

Gott tritt den Stolzen entgegen

Jakobus 4,6–8

Darum heißt es (Sprüche 3,34)*: „Gott widersteht den Hochmütigen, aber den Demütigen gibt er Gnade."*
So seid nun Gott untertan. Widersteht dem Teufel, so flieht er von euch.
Naht euch zu Gott, so naht er sich zu euch.
Reinigt die Hände, ihr Sünder,
und heiligt eure Herzen, ihr Wankelmütigen.

LUTHER 2017

Der Umgang mit den Hochmütigen

Das Wort „Hochmut" gehört zu den Begriffen, die man heutzutage seltener im Alltagswortschatz findet. Dafür dürfte aber das Adjektiv „hochmütig" vergleichsweise häufiger anzutreffen sein, obwohl auch dieses mehr der poetischen Sprache angehört. Auf jeden Fall ist dieser Begriff, der die Verse, die uns diese Woche begleiten werden, intoniert, recht anschaulich. Wer „hoch" ist, steht über anderen, und das Wort „Mut" drückt eine intensive, über das Normale hinausgehende Tatkraft aus.
Der Verfasser des Jakobusbriefes greift mit einem Zitat auf die Sammlung von Weisheitssprüchen von König Salomo zurück, um ein Verhalten zu kritisieren, das in christlichen Gemeinden der Frühzeit offenkundig um sich gegriffen hatte. „Hochmütige" tendieren dazu, sich selbst in eine Rolle zu versetzen, die eigentlich Gott vorbehalten ist. Dagegen sind Demut und Zurückhaltung die christlichen Tugenden, die bedeuten, der Verführung zu widerstehen, etwas Besseres sein zu wollen als andere. Dabei sollen auch die Unentschlossenen, die Wankelmütigen die Haltung ihres Herzens überprüfen.
Eine solche Mahnung kommt zur rechten Zeit; denn offensichtlich finden in unseren Gesellschaften Egoismus und Eigensinn nicht nur vermehrt Applaus, sondern Eigeninteressen werden auch teilweise mit Gewalt durchgesetzt. Das gefährdet nicht nur den sozialen Frieden und den gemeinschaftlichen Ausgleich, sondern gibt dem Bösen und den destruktiven Kräften Raum. Unser Text ist eine eindringliche Aufforderung, Gott zu folgen, der den Hochmütigen widersteht.

„Niemals wieder" ist jetzt
Gedenktag an die Opfer des NS

Der 27. Januar ist seit 1996 ein nationaler gesetzlicher Gedenktag, der an den Tag der Befreiung der Vernichtungslager Auschwitz und Birkenau 1945 erinnern soll. Die Vereinten Nationen haben diesen Tag im Jahr 2005 zum „Internationalen Tag des Gedenkens an die Opfer des Holocaust" erklärt. So wird der 27. Januar nicht nur in Deutschland als Gedenktag begangen, sondern auch in anderen Ländern.
Anlässlich dieses Tages 2024 hat Bischöfin Kirsten Fehrs in ihrer Funktion als amtierende Vorsitzende des Rates der Evangelischen Kirche in Deutschland erklärt: „Es geht um die Trauer über Leid und Verlust, also den Blick zurück. Wir erschrecken noch immer über den Willen zur massenhaften Vernichtung menschlichen Lebens, von Kultur und Glaube, vor allem jüdischer Menschen, aber auch vieler anderer Gruppen … Auch den meisten Christinnen und Christen fehlte Wille, Kraft und Mut, um aufzustehen und gegen das Nazi-Regime aufzubegehren. Das beschämt bis heute."
In der Zeit um diesen Gedenktag fanden 2024 in vielen Orten Deutschlands Demonstrationen unter dem Motto *„Nie wieder ist jetzt"* statt, um ein klares Zeichen zu setzen, dass Entwicklungen zu widerstehen ist, die das Grauen des Krieges und des Holocaust verharmlosen oder leugnen. Es ist Christenpflicht, solchen Bestrebungen zu widerstehen.

Der Teufel steckt (nicht) im Detail

Von Martin Luther wird berichtet, dass er sich sicher war, dem Teufel mit eigenen Augen begegnet zu sein. Heute wird der Glaube an den Teufel als einer menschenähnlichen Gestalt von sehr viel weniger Menschen geteilt als in zurückliegenden Jahrhunderten. In manchen Redewendungen ist er aber anzutreffen, wenn man beispielsweise sagt, dass der Teufel im Detail stecke. Doch in Wirklichkeit meint man dann einen komplexen oder kniffeligen Sachverhalt oder eine schwierig zu lösende Aufgabe, nicht aber das Böse an sich.

In der Bibel hat der Teufel sehr verschiedene Namen, denen allen gemeinsam ist, dass sie einen Gegenspieler gegen gute göttliche Ordnung bezeichnen. Die Inkarnation des Bösen kann in vielen verschiedenen Arten in Erscheinung treten und zerstörerische Macht entfalten. Wenn man es mit heutigen Begriffen beschreiben will, könnte man von einem Virus sprechen, das unsichtbar, aber dennoch da ist, und das unverhofft eine tödliche Gefahr entfalten kann. So können auch friedlich gesinnte Menschen plötzlich und überraschend zu aggressiven Bestien werden.

Die Aufforderung in unserem Bibeltext *Widersteht dem Teufel!* ist der Aufruf zu Wachsamkeit und Umsicht angesichts der überall schlummernden Verführung zu Bosheit und Destruktivität. Die Passage im Vaterunser-Gebet … *und erlöse uns von dem Bösen* ist die Bitte an Gott, die aber von der eigenen Wachsamkeit und Selbstkontrolle begleitet werden muss.

Widerstand

Das Jahresthema der diesjährigen Ausgabe von „WeiterGehen" lautet „Widerstand / widerstehen". Ich schreibe diese Zeilen, nachdem ich vor wenigen Minuten von einem russischen Freund die Nachricht erhalten habe, dass der Kremlkritiker Alexej Nawalny tot sei. Die Nachrichten haben dies gerade ebenfalls berichtet. Er hatte 2020 einen Mordanschlag mit einem Nervengift überlebt, war aber dennoch nach Russland zurückgekehrt. Ein überaus mutiger Mann.

Wie wir es nicht nur aus dem Widerstand gegen die NS-Diktatur wissen, kann politischer Widerstand in autokratischen oder diktatorischen Staaten lebensgefährlich sein. Deswegen sollte man nicht leichtfertig über solche schwierigen Entscheidungssituationen sprechen. Denn die Vorhersage im Text des Jakobusbriefes *Widersteht dem Teufel, so flieht er von euch* wird nicht immer eintreten. Oftmals flieht das Böse nicht, sondern nimmt gewaltsam seinen Lauf und führt in Katastrophen.

Das Motto *„Nie wieder ist jetzt"* zielt darauf, dass man aus solch furchtbaren Geschehnissen lernt und frühzeitig erkennt, wo sich eine Situation – sei es im persönlichen und privaten Bereich oder im gesellschaftlichen und politischen Feld – zu entwickeln droht, die Unheil bringen wird. Den Hochmütigen ist – mit Gottes Hilfe – frühzeitig zu widerstehen.

Das Gesetz von Jante

Vielleicht haben Sie schon einmal vom „Gesetz von Jante“ gehört, das im Dänischen und Norwegischen „Janteloven“ und auf Schwedisch „Jantelagen“ heißt. Es stammt aus dem Roman eines dänischen Autors aus dem Jahr 1933 und ist seitdem zu einer oft zitierten Regel für das persönliche Verhalten im skandinavischen Kulturraum geworden.
Es beginnt mit den Worten „Dies ist das Gesetz von Jante. Du sollst nicht glauben, dass du etwas Besonderes bist.“ Es folgen weitere neun mahnende Sätze, in denen diese Maxime in unterschiedlichen Varianten formuliert ist. Dies ist bewusst den Zehn Geboten aus der biblischen Tradition nachempfunden.
Manche Autoren, die zu erklären versuchen, warum gerade die Menschen in den skandinavischen Ländern, die ja durch ihre Geschichte sehr protestantisch geprägt sind, nach internationalen Rankings zu den glücklichsten Menschen gehören, verweisen oft auf die Maxime des Gesetzes von Jante, die auffordert, soziale Bescheidenheit zu üben, andere zu respektieren und Hochmut und Wichtigtuerei zu meiden. Es ist schwer zu sagen, ob das Jantegesetz im Alltag zu einem rücksichtsvollen und auf die Gemeinschaft orientierten Zusammenleben verhilft. Es unterstützt auf jeden Fall die Aufforderung aus dem Jakobusbrief, den Verführungen zu Hochmut zu widerstehen.

Werteorientiertes Handeln

Dem Jakobusbrief bescheinigt man hier und da, dass er in Spannung zu der Aussage in den Briefen des Paulus stehe, dass allein der Glaube das Heil bringe. Demgegenüber unterstreiche der Autor des Jakobusbriefes, dass der Glaube ohne Taten leblos sei.
Dieses braucht man aber nicht als einen Gegensatz zu konstruieren, sondern kann beides gut miteinander in Beziehung setzen. Das Heil ist nicht das Ergebnis von guten Taten, aber ein Glaube ohne die praktische Umsetzung dessen, was man glaubt, ist unvollständig und leblos. Denn dann wäre Glaube nur eine mentale Gesinnung und nicht mehr.
Man spricht heute oft davon, dass Religion Werte und Orientierung vermittele. In der Tat sind Nächstenliebe und das Eintreten für Frieden und Gerechtigkeit wichtige Eckpfeiler des christlichen Glaubens. Daraus folge ein werteorientiertes Handeln, das in einer werteorientierten Politik seine praktische Umsetzung finden müsse.
Es ist in der aktuellen Situation, in der wir von gewaltsamen Konflikten umgeben sind, nicht einfach, den Werten des eigenen Glaubens zu folgen; denn eine gute Gesinnung allein hält keine Panzer auf. Gewalt ist die Inkarnation des Bösen, dem entgegenzutreten ist. Manchmal kann Gewalt nur mit Gewalt gestoppt werden. Aber Gewalt kann nur wirklich enden in der Umkehr der Gesinnung oder, wie Jakobus es nennt, durch die *Heiligung der Herzen.*

„So Gott will und wir leben"

Der Jakobusbrief gehört zu den unbekannteren Briefen des Neuen Testaments. Er wurde von Martin Luther als „stroherne Epistel" bezeichnet und ziemlich am Ende der Bibel platziert. Doch eine Stelle in diesem Brief wird recht häufig zitiert, die nur wenige Verse nach dem Text für diese Woche zu finden ist. Der Autor des Briefes kommentiert die selbstsicheren Planungen, die manche in der Gemeinde für die kommende Zeit gemacht haben. Seinen kritischen Kommentar begründet er damit, dass man nicht wissen könne, was morgen sein wird (4,14). *Dagegen solltet ihr sagen: Wenn der Herr will, werden wir leben und dies und das tun* (4,15). Das Wissen um die Offenheit der Zukunft und die Unverfügbarkeit der Länge des eigenen Lebens ist eine Einsicht, die zu Bescheidenheit und Selbstbesinnung führen muss.
Diese Passage wird oft mit der lateinischen Formulierung „sub conditione Jacobeae", also „unter dem Vorbehalt des Jakobus", zitiert und manchmal formelhaft abgekürzt: „So Gott will und wir leben." Man hört dies derzeit häufiger; denn die Unsicherheit und Bedrohung durch kriegerische Gewalt, Umweltzerstörung und Klimawandel ängstigt und verunsichert viele Menschen, obwohl viele Gefahren durch Menschen selbst verursacht sind. Die Zukunft in Gottes Hand zu wissen, ist ein tiefgreifender Vertrauensbeweis in unsicheren Zeiten.

Susanne Bammessel

Genesis 37,18–22

*18 Die Brüder sahen Josef schon von Weitem kommen.
Noch bevor er bei ihnen war, beschlossen sie, ihn zu töten.
19 Sie sagten zueinander: „Seht! Da kommt er ja, der
Meisterträumer. 20 Auf, wir erschlagen ihn! Dann werfen
wir ihn in eine Zisterne und behaupten: ‚Ein wildes Tier
hat ihn gefressen.' Dann werden wir ja sehen, was aus
seinen Träumen wird." 21 Als Ruben das hörte, wollte er
Josef vor ihnen retten. Er dachte:
„Wir können ihn doch nicht umbringen!" 22 Zu seinen
Brüdern sagte er:
„Vergießt kein Blut! Werft ihn in die Zisterne da in der
Steppe. Aber tastet sein Leben nicht an!" Das sagte er,
um Josef vor ihnen zu retten und ihn zum Vater zurück-
zubringen.*

BASISBIBEL

Lichtmess – mehr Licht!

Am heutigen Sonntag ist Lichtmess. Schon in früherer Zeit machte man die Erfahrung: Am 2.2. geht's wieder rauswärts. Es wird heller. Die Tage werden spürbar länger. Endlich!! – Auch ich wache langsam wieder auf und schäle mich aus meiner Winterlethargie. Früher nahm das Bauernjahr Fahrt auf ab dem 2.2. Die Dienstboten wechselten ihre Stellen. Sie bekamen ihren Lohn ausgezahlt und meistens war er dann bis zur Mitte der Woche auch gleich wieder weg. Bevor die Knechte zu einem neuen Dienstherrn wechselten, wurde nämlich erst mal gefeiert.
Was feiern wir heute? – Dass das Tageslicht zunimmt. Und: Das Fest jedes Sonntags: Dass wir einen Tag lang frei sind. Frei von Arbeit, von dem, was uns unter der Woche in Atem hält. Königinnen und Könige für einen Tag! Das haben wir von unseren jüdischen Geschwistern gelernt. Tragen wir mit Stolz unsere unsichtbaren Kronen! – Sie sind das Zeichen dafür, dass wir Menschen sind, keine KI, keine Bots, keine Maschinen.
Einen fröhlichen, freien Lichtmess-Tag Ihnen!

Da kommt er ja, der Meisterträumer!
Auf, wir erschlagen ihn!

Lange schon hatte Josef, der Liebling des Vaters, seine Brüder gereizt. Bis aufs Blut! Mit seinem Aussehen, seiner schönen Kleidung, seiner eleganten Gestalt, seiner Nähe zum Vater. Vor allem aber: Mit seinen Träumen. Sie alle, einschließlich Vater und Mutter, hätten sich verneigt vor ihm, so erzählte er als kleiner Junge morgens ganz unbefangen. Als Erntegarben oder als Sterne hätten sie ihm die Ehre erwiesen. Während sie, die älteren Brüder, schufteten, träumte er.
Allein schon ihn aus der Ferne daherkommen zu sehen mit seinem leichten, federnden Schritt macht sie wütend. Ihr Hass bricht sich Bahn. Töten wir ihn – damit endlich Ruhe ist. Damit wir endlich keine Träume mehr anhören müssen. Und keine Hochnäsigkeit mehr ertragen.
Wie schnell schlagen Gefühle um! – Von Annäherung zu wütender Ablehnung. Von Liebe zu Hass. So beginnen Kriege zwischen Menschen und Völkern.

Dann werden wir sehen, was aus seinen Träumen wird.

So steht es auf der Gedenktafel für Martin Luther King. An der Stelle seiner Ermordung in Memphis Tennessee wurde sie 1968 angebracht. *Let us slay him and we shall see what will become of his dreams.* Der Visionär des 20. Jahrhunderts war getötet worden; seine Träume leben weiter. „I have a dream …" – so begann seine Rede vor den vielen, die ihm zuhörten. Und er sprach von der Gleichheit der Söhne und Töchter früherer Sklaven und Sklavenhalter.
Heute, Jahrzehnte später, hat sich weltweit die Bewegung „Black Lives Matter" entwickelt. Sie ist lebendig. Und nach wie vor nötig. Das ist das Schlimme. Denn Alltagsrassismus und gruppenbezogene Menschenfeindlichkeit sind nicht aus der Welt. Im Gegenteil. Neuer Hass flammt auf. Hass gegen Menschenbrüder und -schwestern. Aber eines ist klar: Aretha Franklin, Martin Luther King und viele andere stehen für ein Leben voll Respekt. Das sind keine fernen Träume – das ist notwendige Wahrheit.

Ruben

Er ist der älteste der Brüder. Verantwortung kennt er von klein auf; er trägt sie als Ältester ganz ohne Frage. Wenn möglich vermittelt er. Kommt mir als der Ältesten unter meinen Geschwistern irgendwie bekannt vor. Oft steht die oder der Älteste dazwischen: Zwischen Vater, Mutter und Geschwistern, zwischen den Verpflichtungen zu Hause und der Arbeit woanders, zwischen allen Stühlen.
Dadurch ist aber auch ein Perspektivenwechsel möglich. Als Ruben die Mordlust in den Augen der anderen sieht, stellt er sich ohne Zögern zwischen sie und Josef: „Stopp! – Vergießt kein Blut!" – Hört auf! Werft ihn meinetwegen in die Zisterne da hinein. Aber tötet ihn nicht! „Tastet sein Leben nicht an!" – Rubens Widerstand erhält Josef am Leben.
Josef soll erst einmal „aus den Augen, aus dem Sinn" sein. Dann lässt sich vielleicht noch etwas drehen … – So mag Ruben gedacht haben. Ein Ältester, ein Pragmatiker, ein Verantwortlicher, ein Kompromiss-Sucher.

Juda

Juda, der vierte der Brüder, ist anders. Er will das Begonnene auch zu Ende bringen. – Eine Karawane, die Gewürze und Salben von Gilead nach Ägypten transportiert, kommt ihm gerade recht. Kaufleute, mit denen man verhandeln kann. Sie können sicherlich noch einen jungen Sklaven gebrauchen.

Während Ruben weg ist, wird Josef verkauft. Juda fühlt sich nicht gebunden. Weder an Josef noch an Ruben, noch an den alten Vater. Er handelt entschlossen. Die emotionale Kälte entsteht dadurch, dass hier rein sachlich aus der Täterperspektive erzählt wird. Es läuft keine „Tonspur" mit, die das Schreien Josefs aus dem Loch hörbar machen könnte.

„Salben von Gilead": Das Spiritual vom „balm in Gilead" kommt mir umso eindringlicher in den Sinn. Heilung?? – Fehlanzeige.

There is a balm in Gilead
To make the wounded whole
There is a balm in Gilead
To save a sin-sick soul

Wo soll ich jetzt hingehen?

Als Ruben zurück ist, sucht er nach seinem kleinen Bruder und hört nicht auf damit. Er ahnt das Schlimmste, gerät in Panik. Kein Mensch kann mehr heilen, was passiert ist.
Wo soll ich jetzt hin mit mir?, fragt Ruben. So sagen das diejenigen, denen Unwiederbringliches passiert ist. In einer Klinik sind die Gänge und Warteräume voll mit dieser Frage: Wohin jetzt mit mir? Wenn die Wogen der Trauer über dem eigenen Kopf zusammenschlagen. Wenn kein Ausweg in Sicht ist.
Widerstand heißt in solchen Momenten: Standhalten. Dableiben. Weiter atmen. In den Schmerz hinein. Wie bei den Wehen. Gerade wenn es scheinbar weder vor noch zurück geht. Widerstehen ist schwer. Es braucht Kräfte, die nicht nur aus mir selbst kommen. Kräfte, die tiefer liegen und weiter reichen als meine eigenen. Die Kraft Gottes, die in den Schwachen mächtig ist. Die braucht's, um widerstehen zu können. Mein Gebet in solchen Momenten: „Komm, Heiliger Geist!"

Ihr gedachtet es böse mit mir zu machen …
(Gen 50,20)

Nicht Ruben, nicht Juda, auch nicht der alte Vater Jakob konnten Josef vergessen. Und niemand konnte ihn wiederbringen. Er schien auf immer verloren. Gestorben in der Fremde. Wer hätte auch ahnen können, was für eine wunderbare Geschichte sich noch entfalten würde. Josef kann seine Brüder aus Hungersnot erretten dank kluger Vorratshaltung in Ägypten. Und am Ende kann er sich ihnen zeigen als der, der er ist: ihr Bruder. Alle weinen sie, als sie sich wiedererkennen.
Ihr gedachtet es böse mit mir zu machen, Gott aber gedachte es gut zu machen – so endet die Josef-Erzählung. Und mit ihr auch das Buch Genesis. Es endet, wie es begann: Mit Gottes Wort.

Gott hat das erste Wort. Eh wir zum Leben kamen,
rief er uns schon beim Namen und ruft uns fort und fort.
Gott steht am Anbeginn, und er wird alles enden.
In seinen starken Händen liegt Ursprung, Ziel und Sinn.

(EG 199, 2.5; aus dem Niederländischen von Jan Wit, 1965)

Gerrit Heetderks

Johannes 2,13–17

13 Und das Passafest der Juden war nahe, und Jesus zog hinauf nach Jerusalem. 14 Und er fand im Tempel die Händler, die Rinder, Schafe und Tauben verkauften, und die Wechsler, die da saßen. 15 Und er machte eine Geißel aus Stricken und trieb sie alle zum Tempel hinaus samt den Schafen und Rindern und schüttete den Wechslern das Geld aus und stieß die Tische um 16 und sprach zu denen, die die Tauben verkauften: Tragt das weg und macht nicht meines Vaters Haus zum Kaufhaus!
17 Seine Jünger aber dachten daran, dass geschrieben steht: „Der Eifer um dein Haus wird mich fressen."

LUTHER 2017

Lieber Jesus

Als Kind wurde mir diese Geschichte aus einer Kinderbibel vorgelesen. Eigentlich kannte ich nur den *lieben Jesus*. Nun wurde in dieser Geschichte aus dem *lieben Jesus* der wütende, bedrohliche Jesus, vor dem man Angst haben musste. Wenn wir Kinder Ärger machten, wenn wir sauer waren, dann wurden wir ermahnt, aufzuhören, weil es sonst eine Strafe nach sich ziehen würde. In meinen Kinderaugen sah es so aus, dass Jesus offensichtlich sogar Tische umschmeißen und mit einer Peitsche auf die Menschen einschlagen durfte. Die Bilder aus der Kinderbibel zeigten anschaulich, wie Jesus mit der Peitsche auf die Händler einschlug. Das hat mich als Kind sehr irritiert und es begann für mich eine Distanzierung von diesem Jesus. Ich traute ihm nicht mehr über den Weg. „Der darf das und wir nicht. Wir werden bestraft und der darf alles machen." Die Fragen, die ich hatte, schluckte ich hinunter, weil man den *lieben Jesus* ja nicht kritisieren und ihm Unredlichkeit vorwerfen durfte.

Es ist nicht ungefährlich, Kindern biblische Geschichten zu erzählen, deren Sinn sie nicht begreifen können. Sie werden dann mit einem unangemessenen Gottesbild konfrontiert, das ihnen den Weg zu den vielen befreienden Geschichten der Bibel verwehrt. Welche biblischen Geschichten tragen Sie mit sich herum, die Ihnen Angst machen?

Gewalt gegen Menschen?

Als Jugendlicher im Übergang zum Erwachsenen fand ich diese Geschichte faszinierend. Endlich war da einer, der es den Etablierten zeigte. Die ganze Verlogenheit des herrschenden Systems wurde endlich von Jesus rücksichtslos infrage gestellt: die Tieropfer, die Geldgeschäfte. Diese Lesart passte gut in meine politischen Vorstellungen am Ende der 1960er-Jahre. Jesus als einer, der sich nicht einschüchtern ließ, der bereit war, auch Gewalt einzusetzen, selbst Gewalt gegen Personen. Gewalt gegen Personen lehnte ich persönlich als Kriegsdienstverweigerer zwar ab, aber Gewalt gegen Sachen war meines Erachtens nach zu rechtfertigen. Die Doppelmoral, die in dieser Zeit an vielen Stellen herrschte und sichtbar wurde, stärkte die Rebellion gegen Eltern und Lehrer. Da waren die ehemaligen Nationalsozialisten, die an vielen entscheidenden Stellen in Gesellschaft, Politik, auch in Kirche und ihrer Verwaltung saßen. Beate Klarsfeld ohrfeigte den Bundeskanzler Kiesinger wegen dessen Tätigkeiten als Jurist in der Zeit des Nationalsozialismus.
Das beeindruckt mich bis heute, weil auch sie die Doppelmoral entlarvte. So gibt es viele Assoziationen zu dieser Geschichte, die von Jesu Tempelreinigung erzählt wird, aber sie treffen den Text nur ungenügend.

Der Tempel als ein Wirtschaftsunternehmen

Den biblischen Erzählungen nach kennt Jesus die Not der Menschen. Er wendet sich besonders den Armen zu. Es gibt neben den Reichen auch viele arme Menschen, die sich als Pilger auf den Weg nach Jerusalem machen, um dort zu beten und zu opfern. Weil sie einen weiten Weg vor sich haben, müssen sie in Jerusalem ein Opfertier kaufen. Vielen fällt es schwer, den Aufenthalt in Jerusalem zu finanzieren: die Unterbringung, das Opfertier, die Tempelsteuern, Gebühren für den Geldumtausch ins Tempelgeld. Dagegen steht der Tempel, den Herodes immer größer bauen und immer prachtvoller hatte ausstatten lassen. Der Tempel ist so längst nicht mehr nur ein Ort der Gottesanbetung, sondern auch ein kulturelles Zentrum und ein monumentales Bauwerk, dem selbst die Römer mit Respekt begegneten. Der Tempel ist ein Wirtschaftsunternehmen geworden, an dem viele profitieren und die Armen ihr letztes Hemd lassen. Diesen Widerspruch deckt die Erzählung von der „Tempelreinigung" auf. Es ist die Auseinandersetzung mit der Frage, welche Funktion der Tempel für das religiöse Leben noch hat und ob der Tempelkult nach der Zerstörung des Tempels und Jerusalems 70 n. Chr. für die sich langsam bildenden christlichen Gemeinden noch eine Relevanz hat. Mit den Augen Jesu gesehen hat der Tempel seine eigentliche Funktion verloren.

Gott oder dem Mammon dienen?

Vor einiger Zeit erzählte mir eine Pfarrerin, mit der ich seit einigen Jahren ein Seminar zu Fragen der Theologie für Presbyterinnen und Presbyter anbiete, dass das Seminar im kommenden Jahr nicht mehr stattfinden könne, weil kein Geld mehr dafür im Haushalt eingesetzt sei. Bei der Durchführung ging es nicht um Riesensummen. Die Referent*innen, die wir einluden, bekamen ein bescheidenes Honorar, weil sie von den Honoraren ihren Lebensunterhalt mit bestritten. Referent*innen, die neben ihren beruflichen Tätigkeiten diese Seminare mitgestalteten, bekamen kein zusätzliches Geld.

In der gleichen Zeit, in der „kein Geld mehr da war", wurde das Verwaltungshaus aufwendig umgebaut. Es gab neue Büros, Konferenzräume und Seminarräume, aber kein Geld für die Durchführung der Seminare für diejenigen Menschen, die die geistliche Leitung in der Gemeinde wahrnahmen. Die Kirchensteuereinnahmen sind ja nicht gering, aber vielleicht haben die Verantwortlichen nicht richtig geplant, als sie in jeden Stadtteil ein Gemeindezentrum bauen ließen und immer mehr Hauptamtliche für immer mehr verschiedene Aufgaben einstellten. Die Kirchensteuereinnahmen werden für die Verwaltung der Kirche, für die Rettung der Gebäude, die Sicherung der Pensionen, die Erhebung der Kirchensteuern ausgegeben, aber für die Inhalte unserer Botschaft ist kein Geld mehr da.

Auf dem Weg zu einer säkularisierten Kirche?

„Wenn dein Wort nicht mehr soll gelten, worauf soll der Glaube ruhn?“, fragt Philipp Friedrich Hiller in einem Kirchenlied, und Martin Luther sagt in seiner Verteidigungsrede, dass weder der Papst noch irgendjemand in theologischen Fragen Maßstab für den Glauben ist, sondern die Heilige Schrift allein (Sola scriptura). Wenn dem so ist, dann ist es die vornehmlichste Aufgabe der christlichen Gemeinden, die Menschen mit den Inhalten des Evangeliums bekannt zu machen.
Leider sieht die kirchliche Realität anders aus. Es gibt kaum Orte oder Gelegenheiten, wo man die Bibel kennenlernen kann. Andachten sind Möglichkeiten, auf den Geschmack der biblischen Inhalte zu kommen, aber eine systematische Auseinandersetzung mit den Inhalten der Bibel findet nicht statt. In vielen kirchlichen Berufen und Funktionen sind Menschen tätig, die die Erzählungen der Bibel nicht kennen. Das ist kein Vorwurf an diese Mitarbeiter*innen, sondern eher an diejenigen, die für diese Mitarbeiter*innen zuständig sind. Was würde passieren, wenn ein*e Gewerkschafter*in nicht auskunftsfähig wäre über die Grundlagen der Tarifpolitik? Was würde passieren, wenn ein*e Lehrer*in die Inhalte des Faches nicht kennen würde? Zu Recht würde man diese Menschen nicht als Mitarbeitende einstellen oder man würde ihnen Möglichkeiten aufzeigen, wie sie sowohl das Wissen als auch die Haltung erwerben können.

Kleines Senfkorn Hoffnung

Wenn ich diesen Text schreibe, ist es Osterzeit. Ich muss mich selbst ermahnen, dies in meiner Andacht sichtbar werden zu lassen: *Christ ist erstanden.* Glaube ich noch diesen Satz oder ist Ostern für mich eine Worthülse geworden, die ich mit dem Glaubensbekenntnis „herunterbete"? Glaube ich daran, dass letztlich der Tod keine Macht über die Menschen hat? Die Erzählung von Ostern macht Mut, darauf zu vertrauen, und auch darauf, dass die tödlichen Strukturen in der Kirche nicht unüberwindlich sind. Dies motiviert mich, an der Veränderung der Kirche mitzuarbeiten.

Mit dem Wunsch nach Veränderung, auch in unseren Kirchen, ernte ich nicht nur Zustimmung. Auch in der Erzählung von der Tempelreinigung tritt Jesus auf Widerstand: Und die Hohen Priester und die *Schriftgelehrten hörten es und suchten, wie sie ihn ins Verderben bringen könnten.* Heute brauchen wir zwar keine Angst vor Verfolgung zu haben, aber Institutionen zeichnen sich dadurch aus, dass sie sich nicht freiwillig selbst verändern. Sie sind widerständig und mächtig. Manche kirchlich Mitarbeitenden sind enttäuscht und verbittert, weil sie mit ihren Vorschlägen auf Granit beißen. Man braucht Rückenstärkung.

Die Erzählung der Ostergeschichte ist eine Kraftquelle, die Fantasie, Hoffnung und Mut macht. Die Emmausjünger waren in einem depressiven Zustand. Für sie hatte die Macht der Gewalt wieder einmal gesiegt. Im Hören auf den Mitwanderer schöpften sie mit einmal Hoffnung, dass doch nicht alles umsonst gewesen war, dass Jesus ihnen in veränderter Form begegnet war und der Weg mit Jesus weiterging, anders als sie sich das vorgestellt hatten.

Sehnsucht nach einer neuen Kirche

Mit der Geschichte von der Tempelreinigung im Rücken möchte ich die heutige Situation der Kirche ansehen und mich fragen, wie Jesus wohl reagieren würde, wenn er heute unter uns leben würde. Wenn wir mit den Augen Jesu die Situation der heutigen Kirche ansehen, dann gibt es für mich unterschiedliche Aspekte. Da ist die Liebe zum Vater, die Jesus betont. „Macht nicht das Haus meines Vaters zu einem Kaufhaus." Wo sind bei uns mit der Zeit „Kaufhäuser" entstanden, die den Blick auf den Vater versperren? Wie wird die Liebe zu Gott in der heutigen Kirche sichtbar? Haben wir versucht, allen Menschen in unseren Gemeinden das Evangelium nahe zu bringen oder haben wir uns damit zufriedengegeben, eine soziale Auswahl des Mittelstandes anzusprechen? Menschen, die Probleme haben, erhalten oft in diakonischen Oasen Hilfe. Sie geraten damit mehr und mehr aus den Augen der Gemeinden.
Wie erleben wir das Abendmahl in unseren Gemeinden? Ist es eine Gemeinschaft von Schwestern und Brüdern, die das Brot und den Wein miteinander teilen, oder eine verkrüppelte Form einer Zusammenkunft, bei der man auf keinen Fall schmecken und sehen kann, wie „freundlich" Gott ist. Ich habe Sehnsucht nach einer Kirche, die den Menschen nahe ist: den Klugen und den Dummen, den Kranken und Gesunden, den Fröhlichen und den Traurigen, den Jungen und den Alten. Die Geschichte von der Tempelreinigung öffnet mir die Augen und macht mir Mut in Zeiten von Kirchenaustritten und geringeren Geldern, an einer neuen, lebendigen Kirche mitzuarbeiten.

Gunnar Garleff

Vom Bleiben und von Wandel

Johannes 15,1–17 und Psalm 23

15 Ich bin der wahre Weinstock und mein Vater der Weingärtner. 2 Eine jede Rebe an mir, die keine Frucht bringt, nimmt er weg; und eine jede, die Frucht bringt, reinigt er, dass sie mehr Frucht bringe. 3 Ihr seid schon rein um des Wortes willen, das ich zu euch geredet habe.
4 Bleibt in mir und ich in euch.
9 Wie mich mein Vater liebt, so liebe ich euch auch. Bleibt in meiner Liebe! 10 Wenn ihr meine Gebote haltet, bleibt ihr in meiner Liebe, sowie ich meines Vaters Gebote gehalten habe und bleibe in seiner Liebe. 11 Das habe ich euch gesagt, auf dass meine Freude in euch sei und eure Freude vollkommen werde.
12 Das ist mein Gebot, dass ihr einander liebt, wie ich euch liebe.
16 Nicht ihr habt mich erwählt, sondern ich habe euch erwählt und bestimmt, dass ihr hingeht und Frucht bringt und eure Frucht bleibt, auf dass, worum ihr den Vater bittet in meinem Namen, er's euch gebe. 17 Das gebiete ich euch, dass ihr euch untereinander liebt.

LUTHER 2017

Der Weingärtner

Ich bin der wahre Weinstock und mein Vater der Weingärtner.

Bewusst greift Jesus auf die alte Tradition und den Glauben der Väter zurück, in dem Israel der Weinstock war und Gott der Weingärtner. Gottes Erdung geschah und geschieht in der Welt durch Israel. Und Johannes, der Evangelist, der seine großartige Christuserzählung der Kirche zur Orientierung in der auseinanderbrechenden Vielfalt der Glaubenswege hinterlassen hat, lässt Jesus sagen: *Ich bin der wahre Weinstock und mein Vater ist der Weingärtner.* So wird Jesus Christus zum Zentrum des Glaubens. Er ist der wahre Weinstock, in dem Gott der Vater geerdet ist, in dem er selbst Mensch geworden ist. Aus Jesus Christus lebt die Gemeinde, leben die Christen, leben wir als Reben am Weinstock Christi.

Eine jede Rebe an ihm wird Frucht bringen, wird Leben in der Fülle erfahren, wird gesättigt in den Sehnsüchten, wird das Brot des Lebens gegen allen Lebenshunger geschenkt bekommen, wird in der Dunkelheit das Licht des Lebens haben, wird in der Ausweglosigkeit die Tür sehen und in der Krise des Todes die Auferstehung und das Leben erfahren.

Und doch: Jeder Winzer beschneidet und reinigt seinen Weinstock, damit er mehr Frucht bringt und besser reift. So ist auch der Glaube der Jünger nicht ein für alle Mal da. Der Glaube ist ein Reifungsprozess. Er muss immer wieder betrachtet werden, gereinigt werden, damit er lebendiger Glaube bleibt.

Bleiben

Bleibt in mir und ich in euch.
Wenn es ein Wort gibt, das den christlichen Glauben nach den Ich-bin-Worten Jesu im Johannesevangelium beschreiben kann, dann ist es das kleine Wort „bleiben“. Es legt sich um die sieben Ich-Worte Jesu. Am Anfang sagt er: *Ich bin das Brot des Lebens. Wer mein Fleisch isst und mein Blut trinkt, der bleibt in mir und ich in ihm.* Am Ende fordert er von seinen Jüngern: *Bleibt in mir und ich in euch!*
So wird ein Jünger, wer in Christus bleibt, wer dabeibleibt. Und dieses Bleiben hat quasi mystischen Charakter. In diesem Bleiben kehrt Gott in dir ein. Unser Glaube ist ein Bleiben auf dem Weg, ein Bleiben in Beziehung. Unser Bleiben ist immer wieder kommen, nachfolgen, hineingehen, glauben, erkennen. Unser Bleiben ist Unterwegssein mit offenen Augen für den Auferstanden und offenen Ohren für sein Wort.

Veränderung

Alles Leben ist Veränderung. Es beginnt ganz klein, ein Punkt auf einem schlechten Bild! Eine Frau zeigt es ihrem Mann. Und der ist entzückt, verliebt, erwartungsfroh und beginnt zu planen.
Alles Leben ist Veränderung. Der kleine Punkt auf dem unscharfen Bild. Das bist du. Nur ein Punkt auf einem Ultraschallbild – der alles verändert. Ein Punkt der Verheißung, ein Punkt der Hoffnung, ein Punkt der Liebe und der großen Gefühle.
Alles Leben ist Veränderung. Räume werden gestaltet. Namen werden gesucht und gefunden. Wochen des Wartens, Abschied in Vorfreude, die Zeit des Alleinseins – vorbei. Auf dem unscharfen Bild zeigen sich Arme, Kopf und Beine.
Alles Leben ist Veränderung. Und du bist da. Kind der Liebe, Kind der Hoffnung. Erst liegst du einfach nur da. Schneidest merkwürdige Grimassen, gibst Laute von dir. Obwohl so klein und hilfsbedürftig, bewegst du die Welt. Du faszinierst, ziehst die Blicke an. Und irgendwann brichst du auf, veränderst mit den ersten Bewegungen die Welt, die dich umgibt.
Du lernst den aufrechten Gang. Mit tapsigen und dann immer festeren Schritten gehst du durch deine Welt. Bewegst hier und da Menschen – knüpfst Freundschaften, eroberst immer neue Welten vom Kindergarten bis zur Rentnergang.
Alles Leben ist Veränderung. Aber alles Leben braucht Beständigkeit.
Alles Leben braucht das Bleiben. Bei Gott fällt beides zusammen. Er gibt sich selbst den Namen: *Ich bin, der ich bin. Ich werde sein, der ich sein werde.*

In der Liebe bleiben

Bleibt in meiner Liebe, die so ist wie die Liebe Gottes, erinnert Jesus seine Jünger beim Abschied. Dieses In-der-Liebe-Bleiben ist nicht nur ein passives Geschehen. Ganz im Gegenteil: Diese Erinnerung an das In-der-Liebe-Sein ist aktiv. Du kannst es gestalten, indem du die Gebote Jesu hältst. Seine Gebote sind nichts Großes, nichts Schweres, keine Unzahl von kleinen Aufgaben, sondern letztlich ein einziges Gebot: *Liebt euch untereinander!*
Was bedeutet das? Zunächst und zuvorderst: Lebe deine Freundschaften. Schon in diesem Rahmen fällt einander lieben ja nicht immer leicht, oder anders gesagt: Liebe als Gebot wird hier oft reduziert auf „Seid nett zueinander", „Achtet einander", „Vertraut einander". Aber das ist Liebe ja nicht nur. Die Liebe Gottes ist vor allem auch ehrlich, aufrichtig, verlässlich. Die Liebe Gottes scheut den Konflikt nicht. Ja, sie reizt ihn bis zum Äußersten aus. Der Zorn Jesu, der Zorn Gottes wird oft unter den Tisch gekehrt, aber sie sind bedeutsam, denn sie reizen zur Liebe. Die Liebe Gottes hat ein Ziel: Sie will die Freude am Leben. Sie will, dass du dich in deinem Leben und an deinem Leben freust. Mit der Freude über dich fing alles an, mit der Freude, für die ein Punkt auf dem Ultraschallbild und die Fantasie, dass es ein Bild von dir sei, die Ursache war.
Bleibt in der Liebe. Bleibt in der Freude. Das ist das eine Gebot Jesu: Liebt einander zur Freude.

Frucht bringen

… dass ihr hingeht und Frucht bringt und eure Frucht bleibt.

Der Donnerstag ist mein Schultag. Vier Stunden Religionsunterricht in der dritten und vierten Klasse. Das ist eine besondere Gelegenheit für das Gespräch mit Kindern. Was erzähle ich ihnen, was gebe ich ihnen mit für den Lebensweg? Welche Traditionen sind mir wichtig und welche gilt es zu bewahren? Alles unterliegt dem Wandel und doch ist da immer wieder dieses Wort vom „Bleiben". Wie geht das zusammen?

Wenn ich die Kinder vor mir sehe, dann wünsche ich mir, dass sie in dem Glauben, der mir wichtig ist, bleiben, dass sie sich Gott im Gebet anvertrauen können, dass sie von seinem Wohlgefallen hören, dass sie den Mut und die Hoffnung Jesu nachahmen. Ja, dass ihnen die Geschichten bedeutsam bleiben. Wenn ihnen die Geschichten bleiben, bleiben ihnen auch die Fragen. Gott fragt in den biblischen Geschichten nach den Menschen, die Menschen fragen nach Gott. Jesus wendet sich den Menschen zu mit ihren Fragen. Gewiss, er gibt auch Antworten, aber was wären die Antworten ohne die Fragen?

Im Religionsunterricht üben wir das Fragen als Aufmerksamkeit für die Gegenwart. Aus den Fragen heraus finden wir Antworten. Wer fragen kann, der ist vorsichtig in seinem vorschnellen Urteilen und Verurteilen, ja, er kann sich dem Menschen zuwenden mit Neugier. Aus der Neugier für das Leben keimen die Früchte, die guten Taten, die Zuwendung zum Nächsten, die Wahrnehmung der Schöpfung und die Aufmerksamkeit für die Mitgeschöpfe.

Erwählt!

Nicht ihr habt mich erwählt, sondern ich habe euch erwählt …

Jetzt ist Freitag und die Werkwoche ist vorüber. Ein Blick in mein Mailprogramm zeigt die unbearbeiteten Mails. Immer bleibt etwas zurück. Kann man es eigentlich schaffen – fertig sein?

Es hat ja etwas Gutes an sich, dass die Arbeit nie ausgeht, dass man nie fertig ist, dass immer noch offene Fragen sind, so wird es nicht langweilig. Ein Irrglaube wäre es wohl, wenn ich freitags meine Wochenbilanz ziehe und davon mein Wohl und Wehe des Wochenendes abhängig mache. Wobei: viel zu oft passiert dieses Nacharbeiten am Wochenende.

Und dennoch erinnere ich mich daran immer wieder: Du musst nicht fertig werden! Es darf etwas offenbleiben. Dein Heil hängt davon nicht ab. Der Sabbat kommt so oder so, weil es der siebte Tag ist und Gott ruhte. Nicht alles ist an uns gelegen!

Was das mit Erwählung zu tun hat? – Wir brauchen uns die Freundschaft nicht zu erarbeiten. Jesus erwählt seine Jünger als seine Freunde. Ihr Auftrag ist, diese Freundschaft zu gestalten, und das kann manchmal auch bedeuten: Durchatmen, sich und den anderen wahrnehmen, aus der Freundschaft Kraft gewinnen und erkennen: Nicht alles ist an dir gelegen!

Freunde auf grünen Auen

Samstag – vor dem Auferstehungssonntag, mein Ruhetag.
Ich genieße das Ausschlafen, mein Nachbar backt die Brötchen, ein entspanntes Frühstück mit den Kindern, dann ein Gang über den Markt. Ein Tag zum Schlendern, Verweilen und Bleiben.
Das Bild vom Weinstock und seinen Reben ist das eine, es ist das Bild für die Energie und das Frucht-Bringen. Das andere aber ist das zweite naturnahe Bild für die Gottesbeziehung aus dem 23. Psalm, das der jüdische Theologe und Philosoph Martin Bieber so übersetzt: *Auf Grastriften lagert er mich, zu Wassern der Ruh führt er mich. Die Seele mir bringt er zurück …*
So wie der Weingärtner den Weinstock pflegt, damit die Reben gute Frucht bringen, so weidet mich Gott, der Hirte, auf saftigen Wiesen. Ich kann die Seele baumeln lassen, loslassen, dem Alltag entfliehen, zur Ruhe kommen.
Gerade in diesem Innehalten bringt mir Gott die Seele zurück, den Atem Gottes in mir und die Lebenswärme. Ich bleibe bei ihm und er bei mir. Vielleicht ist es kein Zufall, dass die Abschiedsreden des guten Hirten Jesus im Johannesevangelium immer wieder vom Bleiben sprechen und der 23. Psalm mit den Worten schließt: *Ich werde bleiben im Hause des Herrn immerdar.*

Hacer Brooks

Sure 16, Verse 90–92

Gott gebietet, Gerechtigkeit zu üben, Gutes zu tun und die Verwandten zu beschenken. Er verbietet das Schändliche, das Verwerfliche und die Gewalttätigkeit. Er ermahnt euch, auf dass ihr es bedenket. 90 Und haltet den Bund Gottes, wenn ihr einen Bund geschlossen habt, und brecht nicht die Eide nach ihrer Bekräftigung, wo ihr Gott zum Bürgen über euch gemacht habt. Gott weiß, was ihr tut. 91 Und seid nicht wie jene, die ihr Garn, nachdem es fest gesponnen war, wieder in aufgelöste Strähnen brechen, indem ihr eure Eide untereinander als Mittel des Betrugs nehmt, weil ja eine Gemeinschaft zahlreicher ist als eine andere Gemeinschaft. Gott prüft euch damit. Und Er wird euch am Tag der Auferstehung gewiss das deutlich machen, worüber ihr uneins wäret. 92

DER KORAN (ADEL THEODOR KHOURY)

Widerstehen

Ein guter Teil unseres Alltags wird von unseren Grundbedürfnissen bestimmt: Essen, Trinken, Schlafen, Wohnen, Arbeiten, Lieben, Freundschaften pflegen ... Unsere körperlichen Belange sowie Neigungen und Lüste nehmen so viel Raum ein, dass uns kaum noch Zeit für spirituelle Erfahrungen bleibt. Häufig verwischen dazu noch die Grenzen zwischen dem Notwendigen und dem Übermaß, sodass es uns bei der heutigen Fülle an Möglichkeiten schwerfallen kann, kürzerzutreten.
Das Fasten kann gerade hierbei eine hilfreiche Maßnahme sein, um Tag für Tag Zähmung zu üben sowie Mäßigung und bewussten Verzicht zu trainieren. Wer es schafft, sich innere Zügel anzulegen, wird schnell den positiven Effekt auf die Selbstbeherrschung und die guten Auswirkungen auf den Charakter beobachten können. Das Fasten und insbesondere der Fastenmonat helfen dabei, unseren Körper und unsere Seele einer gründlichen (Um-)Erziehung zu unterziehen. Physisch lernen wir, uns auf das Nötigste zu beschränken, seelisch hingegen gewöhnen wir uns schlechte Eigenschaften ab und (neue) gute Eigenschaften an. Das eigentliche Ziel des religiösen Fastens ist somit das Anerziehen von Moral sowie Tugenden und dadurch die geistige Reifung des Menschen. Der Weg dahin ist mit vielen Versuchungen ausgestattet, sodass nur jener das Ziel erreicht, der voranschreitet, ohne ihnen nachzugeben, und daher widerstehen kann.

Widerstand lernen durch regelmäßiges Widerstehen

Das Fasten lehrt, mit Gewohnheiten zu brechen und die inneren Neigungen unter Kontrolle zu bringen. Der neue Rhythmus und die einhergehende Einschränkung führen unvermeidlich dazu, dass der Mensch aus den gewohnten Strukturen ausbricht und sich neu ordnet. Bei dieser Umstrukturierung sind die Prinzipien Gottes maßgebend. Der Fastende erkennt die höheren Werte, die im Fastenmonat einmal mehr hervorgehoben werden, und lernt, für diese Werte die niederen Gelüste zu unterbinden und sich selbst zurückzunehmen.
Der Mensch versteht, dass es Wichtigeres gibt, als den inneren Trieben nachzugehen, und dass er sich gewissen Prinzipien unterzuordnen hat. Dies erfordert einen hohen Grad an Opferbereitschaft und Selbstlosigkeit. Hat der Mensch begriffen, dass er für ein höheres Ziel sein Selbst vergessen und sich für die gute Sache einbringen soll – im Idealfall ohne auch nur einen Augenblick zu zögern –, so wird er nicht allein im religiösen Kontext so handeln, sondern diese Einstellung verinnerlichen und auch im gesellschaftlichen Miteinander an den Tag legen. Sieht er ein Unrecht, wird er kurz entschlossen und ohne sich groß über die Konsequenzen für sich selbst den Kopf zu zerbrechen demjenigen beistehen, dem Unrecht widerfährt. Diese Zivilcourage kann jedoch nur dann sofort abgerufen werden, wenn die Uneigennützigkeit gut antrainiert ist.

Widerstand als moralisches Gebot

Der Fastenmonat schafft mit seinen Regeln und Prinzipien eine Atmosphäre, in der das Fasten ein Schutzschild gegenüber Schlechtem und Bösem sowie ein Tor für Gutes wird. Der Mensch besänftigt die physischen Begierden mit Nahrung für die Seele, sodass die Maßstäbe Gottes, moralische Werte, den höchsten Rang im Leben eines Gläubigen einnehmen. Somit wird er Verwerfliches und Ungerechtes stets ablehnen, und sollte es zu einem sozialen Phänomen werden, wird er sich nicht wegducken oder gar mitlaufen. Der im Glauben Aufrichtige wird es als seine Verantwortung sehen, das Richtige aufzuzeigen und einzufordern. Dabei gilt die Maxime, dass jeder im Rahmen seiner Möglichkeiten verantwortlich gemacht wird: *„Gott fordert von niemandem mehr, als er vermag."* (2:286)

In einer islamischen Überlieferung werden die Handlungsoptionen eines Gläubigen wie folgt beschrieben: *„Wer von euch etwas Verabscheuungswürdiges sieht, der soll es mit seiner Hand (d. h. der Tat) verändern, und wenn er das nicht vermag, dann mit seiner Zunge (den Worten), und wenn er (auch) das nicht vermag, dann mit dem Wunsch seines Herzens, und das ist das wenigste an Glauben."* (Ṣaḥīḥ Muslim, Kapitel 2, Ḥadīṯ-Nr. 70) Wer aber nicht leistet, was er vermag, wird zum Mittäter und kann somit zur Rechenschaft gezogen werden. Sollte daher ein Einschreiten möglich sein, so darf es nicht unterlassen werden.

Widerstand leisten, aber nicht übertreten!

Nach einer islamischen Überlieferung verlangt der Glaube nicht nur, dass dem Leidtragenden geholfen wird, sondern auch dem Übeltäter, *„[...] indem du seine Hände mit der Tatkraft vom Unrecht abhältst!“* (Sahih al-Bukhari, Kapitel 41, Hadith-Nr. 2444) Es ist dabei wichtig, das Übel am besten schon im Vorfeld abzuwenden und, wenn dies nicht möglich ist, ihm entgegenzutreten, sobald es um sich greift. Vorgaben zu Art und Weise, wie eingeschritten werden soll, gibt es allerdings nicht, da dies dem Ermessen eines jeden selbst überlassen wird. Leitgedanken sind hierbei, dass jene Maßnahmen ergriffen werden sollen, die am wirksamsten zu sein scheinen, und dass nur so weit dagegen angekämpft werden darf, wie es notwendig ist. Der Grundsatz der Verhältnismäßigkeit ist unbedingt zu beachten, denn wer das Notwendige überschreitet, wird selbst zum Übeltäter: *„[...] und begeht keine Übertretungen. Gott liebt die nicht, die Übertretungen begehen.“* (2:190)
Das Fasten lehrt in diesem Zusammenhang auch das Zügeln der Emotionen, auf dass sich der Mensch mit seinem Tun im Griff hat. In einigen Aussagen des Propheten Muhammad wird klargestellt, dass das alleinige Verzichten auf Essen und Trinken nicht im Sinne des Schöpfers ist. Wer dabei auf Schändlichkeiten nicht verzichten kann, dessen Fasten ist nicht vollständig. Wer in Rage gerät oder provoziert wird, soll sich auf sein Fasten besinnen und Ruhe bewahren. Diese Erziehung der Gefühle sollte sich auch außerhalb der Fastenzeit bemerkbar machen.

Der Kampf des Widerstands

Mitgefühl gehört zum Fundament eines guten gesellschaftlichen Zusammenlebens. Insbesondere die Schwächeren in der Gesellschaft brauchen couragierte Mitbürger, die sich für ihre Rechte einsetzen, damit sich der – allzu oft als Naturgesetz betrachtete – Sieg des Stärkeren nicht zuungunsten des Schwächeren auswirkt. Die ethischen Tugenden, die moralischen und religiösen Werte geben dem Menschen eine Richtschnur, um sich im richtigen Verhalten zu üben. Wer jedoch Übles sieht und nichts dagegen unternimmt, wird allmählich taub und stumpf, ja gewöhnt sich an das Unrecht und profitiert irgendwann vielleicht sogar selbst davon. Dadurch verliert der Mensch seine gesunden Sinne und damit auch die Orientierung.
Um sich selbst vor dem schleichenden Verderben bewahren und zugleich Vorbild für andere sein zu können, die sich ebenfalls verloren fühlen oder nicht wissen, was zu tun ist, hat der Mensch die Pflicht, das Rechte und Gute zu gebieten und das Schlechte zu verbieten (3:110). Dies kann vom freundlichen Tadel bis hin zum offenen Kampf gegen das Unrecht reichen. Es gehört sogar zur Rechtschaffenheit, sich gegenüber dem Aggressor zur Wehr zu setzen, denn die Würde des Menschen ist unantastbar und daher auch zu verteidigen. Der Kampf darf allerdings nicht zum Selbstzweck verkommen. Sobald der Übeltäter aufhört und aufrichtige Reue zeigt, ist Vergebung besser als Strafe: *„Eine schlechte Tat soll mit etwas gleich Bösem vergolten werden. Wer aber verzeiht und Besserung schafft, dessen Lohn obliegt Gott. Er liebt ja die nicht, die Unrecht tun."* (42:40)

Widerstand gegenüber dem Gewaltherrscher

Es erfordert Mut, bei einer Auseinandersetzung zweier Parteien einzuschreiten, und noch größeren Mut, wenn ein unbändiger Angreifer einem Unterdrückten gegenübersteht. Die größte Courage aber zeigt laut eines berühmten Hadith („Tradition des Propheten") derjenige, der einen Gewaltherrscher durch ein gerechtes Wort zur Ordnung ruft. Durch diese Handlung riskiert die betreffende Person eine Menge; vielleicht sogar alles, denn der Tyrann ist zur schlimmsten Bestrafung fähig, und es gibt unter den danebenstehenden Menschen meist niemanden, der sich trauen würde, ihn daran zu hindern. Aus diesem Grund kommt auch hier dem Ermessen der Wirksamkeit eine wichtige Rolle zu: Sollte durch eine couragierte Initiative keine Auswirkung erwartet werden und unter den gegebenen Umständen gravierende Folgen des Unrechts zu spüren sein, so ist dem Menschen auch erlaubt, das Gebiet dieses Herrschers zu verlassen und einen neuen Ort mit Sicherheit und mehr Freiheiten aufzusuchen (4:97). Ein sinnloser Kampf ist daher zu vermeiden. *„Wer auf dem Weg Gottes auswandert, findet auf der Erde viele Auswege und ergiebige Versorgung. […] Und Gott ist voller Vergebung und barmherzig."* (4:100) Und: *„Diejenigen, die glauben und ausgewandert sind und sich auf dem Weg Gottes mit ihrem Vermögen und mit ihrer eigenen Person eingesetzt haben, haben eine höhere Rangstufe bei Gott. Das sind die Erfolgreichen."* (9:20) Dies ist jedoch nur dann als Option in Erwägung zu ziehen, wenn andere Maßnahmen erfahrungsgemäß nicht erfolgversprechend erscheinen.

Widerstand zur Erhaltung der Selbstachtung

In der modernen Zeit können wir eine gravierende Verkehrung der moralischen Werte beobachten: Viele der einst positiv geltenden Tugenden werden heutzutage als Schwäche oder gar Unzulänglichkeit aufgefasst; andere Verhaltensweisen hingegen, die einst als Unart betrachtet wurden, werden gelobt und als Stärke demonstriert. Wer das dargebotene Schauspiel nicht mit wachsamem Auge betrachtet und die zu etablieren versuchte (neue) Normalität kritisch sieht, den vermag der Strom schneller mitzureißen als erwartet. Es wird insbesondere dann schwierig, wenn die Gesellschaft in ihrer Mehrheit die neue Situation nicht nur unreflektiert annimmt, sondern auch von all ihren einzelnen Mitgliedern erwartet, dabei vorbehaltlos mitzugehen.
Hier gegen den Strom zu schwimmen, der verordneten Wahrheit Widerstand zu leisten und – auch im Sinne der Selbstachtung – für die eigenen Werte einzutreten, kann unter Umständen Isolation und Vereinsamung bedeuten. Es rührt jedoch von religiöser und sozialer Verantwortung, für das Gute und Richtige einzustehen, mit seiner Haltung ein Zeichen zu setzen, ohne Angst vor den Konsequenzen zu haben, denn moralische Leitfiguren werden gerade in solcher Not benötigt und noch dazu ist diese Welt für die Gläubigen ein Ort der Prüfung: *„– oder meint ihr, dass ihr ins Paradies eingehen werdet, noch ehe Gott in Erfahrung gebracht hat, wer von ihnen sich eingesetzt hat? – und damit Er in Erfahrung bringe, wer die Standhaften sind.“* (3:142)

Renate Kirsch

In dieser Woche feiern wir Weltgebetstag, er kommt von den Cookinseln und hat den Titel:

„I MADE YOU WONDERFUL“
Wunderbar geschaffen

Der zentrale Bibeltext ist: Psalm 139,1–17

Lebendige, du hast mich erforscht und kennst mich. 2 Du weißt, ob ich sitze oder stehe, du verstehst meine Gedanken von fern. 3 Mein Gehen und mein Liegen – du misst es ab. Mit all meinen Wegen bist du vertraut. 4 Kein Wort ist auf meiner Zunge – Lebendige, du kennst sie alle. 5 Von hinten und von vorn hast du mich umschlossen und deine Hand auf mich gelegt. 6 Wunderbar ist die Erkenntnis für mich, unbegreiflich, ich kann es nicht fassen. 7 Wohin kann ich gehen vor deinem Geist, wohin fliehen vor deinem Angesicht? 8 Stiege ich hinauf zum Himmel – du bist dort, schlüge ich im Totenreich mein Bett auf – sieh: Du bist da! 9 Nähme ich die Flügel des Morgenrotes und ließe mich nieder am äußersten Rand des Meeres, 10 auch dort würde deine Hand mich leiten und deine Rechte mich festhalten. 13 Ja, du hast meine Nieren gebildet, hast mich gewebt im Leib meiner Mutter. 14 Ich danke dir, dass ich auf erstaunliche Weise ***wunderbar geschaffen bin.*** *Wunderbar sind deine Taten, meine Lebenskraft weiß darum. 17 Wie kostbar sind mir deine Gedanken, Gott, wie unermesslich ihre Summe!*

BIBEL IN GERECHTER SPRACHE

„I am fearfully and wonderfully made"

Psalm 139,14, eine im Englischen bekannte stehende Redewendung, wird in der Liturgie zum Weltgebetstag aus den Cookinseln sehr hübsch übersetzt: „Ich danke dir, dass ich auf erstaunliche Weise wunderbar geschaffen bin". Mit diesem Staunen ist dann auch der Titel für den deutschen Weltgebetstagsgottesdienst gefunden worden: ***Wunderbar geschaffen.*** Und zugleich ein schöner Auftakt am Sonntagmorgen zu Beginn einer neuen Woche. Wunderbar geschaffen – ein Morgengruß von weither.
Die Frauen von den Cookinseln leben, von Pazifikwellen umspült, für uns am anderen Ende der Welt. Sie leben ganz anders, sie glauben ganz anders, sie beten mit einer so beglückenden Gewissheit und Fröhlichkeit – vielleicht genau das, was viele von uns nach einem bleischweren Weltgebetstag 2024 aus Palästina nun nötig haben. Das „Band des Friedens" kann uns verknüpfen über Länder und Meere hinweg mit den fröhlichen Christinnen von den Cookinseln und uns Mut machen, hoffnungsvoll in die neue Woche zu starten.

Kia orana

So begrüßen sich die Menschen auf Maori, der Sprache auf den Cookinseln: „Ich wünsche dir, dass du lange und gut lebst, dass du leuchtest wie die Sonne und mit den Wellen tanzt." Das ist weit mehr als unser dahergesagtes „Hallo!".

Wunderbar geschaffen – das Staunen setzt bei den Cookfrauen auch beim Atmenkönnen an. Beim Atem, wie er ein- und ausströmt, denken sie gern an Meereswellen – naheliegend für pazifische „Wasserfrauen". Und machen zu Beginn des Gottesdienstes auch den originellen Vorschlag, per CD Meereswellenrauschen aus ihrer Heimat in unsere Kirchen einzuspielen. „Was für ein großes wunderbares Geschenk ist unser Atem. Ist es nicht fantastisch, wie Gott unseren Körper geschaffen hat?" Wann sind wir je so körperbewusst, so aufmerksam fromm im Gottesdienst? Aber ja doch, wenn wir das Lied 432 im Gesangbuch aufschlügen: „Gott gab uns Atem, damit wir leben", dann könnten auch wir beim staunenden Lobpreis der Schöpfung zusammen mit den Cookfrauen singen: *Wunderbar geschaffen.*

„Jede und jeder Einzelne von uns ist einzigartig"

In Deutschland wäre das zurzeit ein hochaktueller Satz. Ist es doch ein „Menschenwürdesatz". Etwas über zwei Jahre ist es her: Eine hochpolitische Hinterzimmerversammlung, die, als sie aufgedeckt und öffentlich wurde, in ganz Deutschland Hunderttausende auf die Straße trieb. Gibt es wirklich zweierlei Menschen in unserem Deutschland? Die Blutsdeutschen, die hierhergehören (früher waren das die mit dem „Ariernachweis") – und dann gibt es noch die aus aller Welt, die hier nicht hergehören? Flüchtlinge, Emigranten, vor Verfolgung, Krieg und Elend aus der Heimat weggegangen. „Jede und jeder Einzelne von uns", sie gehören zu uns. Es gab einmal die „Deutschen Christen", da wurden solche Christen, die aus einer jüdischen Vergangenheit kamen, ausgeschlossen, abgestoßen. Sie emigrierten oder wurden umgebracht. Soll es etwa wieder so weit kommen, dass sortiert wird, wer hierhergehört und wer nicht? Die Christinnen aber aus der fernen Inselwelt sagen zu Recht: *Jede und jeder Einzelne von uns ist einzigartig.*

Gott schuf uns wunderbar ...

Drei Frauen erzählen in der Gottesdienstordnung ihre Lebensgeschichte im Licht des 139. Psalms, dessen Verse den Gottesdienst durchziehen. Da ist Frau Doktor Dawn, eine Ärztin, die von sich, ihrem Werdegang und ihrem Beruf erzählt. Voller Freude spricht sie ihr Dankgebet: *Ich danke dir, Gott, dass ich auf erstaunliche Weise wunderbar geschaffen bin.* „Es war unendlich schwer für mich, Ärztin zu werden“, erzählt sie, „aber es war es wert, dass ich alle Mühe auf mich genommen habe.“ Ärztin zu sein, für Menschen da zu sein, darin fühlt sie sich von Gott beschenkt. Ihr Beruf ist für sie „Gottesdienst im Alltag der Welt“. Alltagsleben und Beruf im Gleichgewicht. Stolz und glücklich macht es sie, dazu beigetragen zu haben, dass seit 1995 auf den Cookinseln keine Frau mehr während Schwangerschaft oder Geburt gestorben ist. Kenntnisreich engagiert sie sich für eine bessere medizinische Grundversorgung, wo immer Hilfe gebraucht wird.

Nähme ich Flügel der Morgenröte ...

Mit den wunderschönen Versen 7 bis 12 wird die Geschichte der jungen Vainiu eingeleitet oder besser: gestützt. Es braucht Kraft und Hilfe, ein eigener Mensch zu werden und dabei identisch zu bleiben. Eine Herausforderung für jeden jungen Menschen. Vainiu leidet in der Schule, weil sie sich fremd fühlt. Den Kindern soll die Muttersprache Maori ausgetrieben werden. Die Zukunft sei englisch und die traditionelle Lebensart, so empfindet es die junge Vainiu, wird als altmodisch verlacht. Sie möchte so leben, wie man es von alters her auf den Cookinseln gewohnt war, möchte lernen, einen Erdofen zu bauen und die Subsistenzwirtschaft zu betreiben.
Die Großmutter lebte noch nicht vom Tourismus, aber heute gibt es Supermärkte voller „fremder" Produkte aus aller Welt. Der Fremdenverkehr erfordert das und hat viel Lebensart verändert. Omas Gemüse, Eier und das Schwein schmecken nicht mehr allen. Restaurants und Hotels haben mit neuer Lebensart die weite Welt ins Land gebracht. Und die spricht englisch und nicht polynesisch Maori. Aber die junge Vainiu wird sich mit Gottvertrauen in der neuen Zeit zurechtfinden, denn sie weiß sich bewahrt und gehalten – *auch am äußersten Rand des Meeres,* wie es im vorangestellten Psalm 139 versprochen ist.

Wunderbar geschaffen

Die Weltgebetstagsgeografie bringt uns in diesem Jahr ans andere Ende der Welt. In 34:30 Flugstunden können wir die 16.570 km von München bis zu den Cookinseln schaffen. Für einen der seefahrenden Entdecker, den britischen Kapitän James Cook, war es eine Weltreise. Dafür wurden dann 50 Jahre später die 15 Inseln mitten im Pazifik nach ihm benannt. Heute versucht die Regierung – seit 1968 unabhängig in freier Assoziation mit Neuseeland – den Namen mitsamt der Kolonialzeit los zu werden. Bisher gelingt es aber nicht. Denn als parlamentarisch-demokratische Monarchie im Commonwealth ist Charles III. ihr König.
Nicht nur die vulkanische Hauptinsel Rarotonga mit der Hauptstadt Avarua lockt weltweit Touristen an zum Baden, Tauchen, sogar Bergsteigen und Genießen in tropischem Meeresklima. Doch der ansteigende Meeresspiegel wird touristisch meist unterschlagen und in der Weltgebetstagsordnung nicht erwähnt. Wird er „weggebetet", wie viele Insulaner, die seit der Kolonialzeit durchweg christlich sind, hoffen? 55 % gehören zur Christian Church, gut 17 % sind katholisch, fast alle anderen gehören zu kleinen christlichen Kirchen. Die Cookmenschen haben eine geradezu religiöse Verbindung zum Meer und können sich seelisch kaum vom Pazifik trennen, auch wenn sie, wie sehr viele, im Ausland leben (müssen).

Wunderbar

„Wir Cookinselmenschen sind stolz auf unsere einzigartige und besondere Lebensart. Wir sind freundlich, beweglich, farbig, mutig, gastfreundlich und begeisterungsfähig." Zitat des WGT-Komitees für den Gottesdienst 2025.
Die Menschen auf den Cookinseln sind besonders. Sie kennen sogar außer Männern und Frauen ein drittes Geschlecht: die Mahu. Oft sind sie Heiler oder Führer. Seit April 2023 ist LSBTIQ allgemein anerkannt und damit auch sie.
Wunderbar sind vor allem die Frauen. Mit vielfarbigen Blumenkränzen im Haar schmücken sie sich nicht nur bei traditionellen Festen oder zum Gottesdienst, auch in den Supermarkt geht man nicht ohne. Und dass sie als die adipösesten Frauen der Welt gelten, wissen sie mit fantasievoller Kleidung aufzufangen. Cookinselfrauen sind nicht nur schön, sie nahmen und nehmen immer wieder diverse Führungsrollen ein. In der Gemeinschaft, auch in der Regierung.
Die Rolle der Frauen in vorkolonialer Zeit muss bedeutend gewesen sein – bis die europäischen christlichen Männer kamen! Heute fehlt es den Frauen nicht an Selbstbewusstsein, sie wissen sich von Gott wunderbar geschaffen. Ihr christlicher Glaube macht sie dankbar und zuversichtlich. Fröhlich luden sie am 7. März 2025 weltweit Männer und Frauen zum Beten ein.

Heidi Sprügel

Weniger ist mehr

Brief an die Römer 12,2

Stellt euch nicht dieser Welt gleich, sondern ändert euch durch Erneuerung eures Sinnes, damit ihr prüfen könnt, was Gottes Wille ist, nämlich das Gute und Wohlgefällige und Vollkommene.

LUTHER 2017

Ablegen

Und Gott segnete den siebenten Tag und heiligte ihn, weil er an ihm ruhte von allen seinen Werken. (Gen 2,3)

Heute, am Sonntag, trete ich bewusst kürzer. Ich verplane den Tag nicht und versuche, den Kopf zu leeren. Ich nehme mich heraus aus dem Schnell-Schnell der Arbeitswoche und stelle meine Antenne auf Empfang. Da ist Weite und Wärme, Ruhe und Heimat. Gott ist denen nahe, die ein empfangsbereites Herz haben. Wie bekomme ich ein ungefülltes Herz? Kann eine Überflutung so einfach abfließen? Es passt manchmal nichts mehr hinein in mein Leben. Alles ist voll: der Kalender, die Hände, die Gedanken, die To-do-Listen. Da ist viel zu schultern: Verantwortung, Krisen – nah und fern, Pflichten. Ich will heute ablegen. Ich will ausräumen und Platz schaffen. Weniger ist mehr. Ich will langsamer tun und den schmaleren Pfad nehmen. Und ich will nach dem Himmel Ausschau halten. Gott möge mein Herz füllen. Da sei nichts anderes: nur Gott.

Schublade

Sammelt euch aber Schätze im Himmel, wo sie weder Motten noch Rost fressen und wo Diebe nicht einbrechen und sie stehlen. Denn wo euer Schatz ist, da ist auch euer Herz. (Mt 6,20–21)

In Kommoden werden die wichtigen Sachen immer ganz oben aufbewahrt. Und unten, in der untersten Schublade findet sich alles, worauf es nicht so ankommt. Den Ausdruck „unterste Schublade" kennen wir auch im übertragenen Sinn. In der heutigen Zeit werden die „oberen Zehntausend", die Mächtigen, die Raffinierten, die Egoisten der Gewinnerseite zugeordnet.
Jesus hat einen völlig anderen Blick auf die Schätze der Welt. Er preist Glaube und Mitmenschlichkeit. Er weist auf die Dinge hin, die mit dem Himmel zu tun haben, und unterscheidet sie von den vergänglichen und in seinen Augen wertlosen. Er sagt: Gier häuft Geld an, nur Bescheidenheit führt zu Erfüllung. Hass gebiert Gewalt, nur Liebe hat Vollmacht. Lärm verschafft sich Gehör, nur Stille führt zu Verständnis. Ausbeutung macht Rendite, Ehrfurcht vor Gott macht dankbar. Jesus benennt Dinge, die unserer Welt und unserer Seele guttun. Schätze des Herzens, die in die oberste Schublade gehören. Immer griffbereit!

Früchte

Und Gott der Herr ließ aufwachsen aus der Erde allerlei Bäume, verlockend anzusehen und gut zu essen. (Gen 2,9)

Unser blauer Planet trägt ein grünes Kleid. Pflanzen in ihrer Vielfalt sind die Zierde jeder Landschaft: Sie sind verlockend anzusehen und bewundernswert in ihren Lebensäußerungen. Das Motiv „Weniger ist mehr" lese ich an ihrer Vermehrungs-Strategie ab. Gräser leben nur eine Saison. Sie bilden innerhalb kürzester Zeit tausendfach winzige Samen, die der Wind regelrecht verschleudert. Das Gegenteil sieht man an höher entwickelten, langlebigen Pflanzen. An Kokospalmen oder Kakaobäumen bilden sich wenige dicke Kraftpakete von befruchteten Samen. In ihnen stecken viel Zeit und Energie, die die Mutterpflanze der neuen Generation mitgibt.
Die hochentwickelten Bäume sind mir Beispiel für Sorgfalt und Konzentration. Was gebe ich weiter an Mitwelt und Nachwelt? Wie klug verpacke ich diese „Samen"? Ja, weniger Früchte sind tatsächlich mehr!

Wüste

Er führte mich hinaus ins Weite, er riss mich heraus; denn er hatte Lust zu mir. (Ps 18,20)

Die Wüste ist öd, leer und unheimlich. Aber dieser einzigartige Lebensraum birgt auch Wunder. Wenn es in der chilenischen Atacama-Wüste einmal regnet, blühen Millionen Blumen auf. Pflanzen und Tiere, die in der Wüste überleben wollen, müssen Besonderes leisten. Kamele können bis zu zwei Wochen ohne Wasser auskommen, und wenn dann endlich die Oase erreicht ist, trinken sie in wenigen Minuten bis zu 100 Liter.
Gerade wegen ihrer Kargheit ist die Wüste immer auch ein religiöser Ort. Stille und Klarheit tut Menschen gut, die von der lauten, hektischen Welt erschöpft sind. In der Wüste finde ich unter dem Sternenhimmel nichts als Weite: Wenig, das doch sehr viel ist. Die Wüste lehrt mich, immer auf Gott zu zählen. Sie ist Herausforderung und Zumutung. Doch sie kann auch der Ort sein, an dem ich wie einst Elia Gottes Versorgung erfahre: ein Krug Wasser, Brot vom Himmel, ein Bote – völlig unerwartet, von Gott geschickt. Er hat mich allezeit im Blick.

Gesang

So oft nun der böse Geist von Gott über Saul kam, nahm David die Harfe und spielte darauf. So wurde es Saul leichter, und es ward besser mit ihm, und der böse Geist wich von ihm. (1. Sam 16,23)

Als Teresa von Ávila starb, fand man in ihrem Gebetbuch ein kleines Gedicht: „Nichts soll dich verstören, nichts dich erschrecken, alles vergeht, Gott ändert sich nicht. Geduld erträgt alles; wer Gott hat, dem fehlt nichts: Gott nur genügt."
Einige Hundert Jahre später werden die Worte vertont und uns als Taizé-Gesang geschenkt. Wenige Töne, große Wirkung. Das schlichte Lied „Nada te turbe" entfaltet sich, wenn man es vielfach wiederholt, laut und leise, so lange, bis es das Herz verstanden hat: Sólo Dios basta – Gott allein genügt.
Auf der Suche nach Mut und neuer Kraft erinnert mich der Gesang an das, was ich im Trubel vergessen habe: Gott ist da, er weiß den Weg. Selbst wenn die Welt aus den Angeln fällt, kann sie nicht aus seinen Händen fallen. Ich freue mich über Lieder, die in ihrer Einfachheit schon Millionen Menschen das Herz ermutigt haben. Nicht nur in Taizé.

Geldmünze

Und es kam eine arme Witwe und legte zwei Heller ein. Wahrlich, ich sage euch: Diese arme Witwe hat mehr in den Gotteskasten eingelegt als alle anderen, die etwas von ihrem Überfluss eingelegt haben. Diese aber hat von ihrer Armut alles, wovon sie lebt, ihre ganze Habe, eingelegt. (Mk 12,42–44)

Reiche haben gegenüber Armen keinen Vorzug. Selbst in dem, worin sie den Armen voraus zu sein scheinen, in Geld und Gut, können sie von den Armen überholt werden. Wenn die arme Witwe objektiv zwar wenig, subjektiv aber ihre ganze Habe hergegeben hat, hat sie im Gegensatz zu den Reichen nicht nur etwas, sondern sich selber gegeben. Sie lebte das, was Jesus lehrte: wie die Vögel unter dem Himmel sorglos sein und täglich im Vaterunser um das Nötige bitten. Im Tempel fühlt die Witwe sich Gott nah. Sie gewinnt dort etwas für sich zurück von der Hoffnung des Volkes Gottes. Ich lerne von ihr: Es geht nicht um reiche Vorräte in Scheunen, sondern um das Vertrauen: Ich werde versorgt.

Bild

Ich will dich in ein Land bringen, da Milch und Honig fließt. (Lev 20,14)

Es ist ein großer Moment für das Volk Israel, als es endlich das Ziel seiner Hoffnungen und Träume erreicht. An der Schwelle zum Gelobten Land bekommt es von einem Boten folgendes Zukunftsbild: alles ist in Fülle vorhanden, das Land wird uns beschenken mit Naturgütern, von denen es überfließt, mit Milch und Honig.
Traumhafte Bilder nutzt auch die Werbung der heutigen Zeit. Unter dem Begriff „Paradies auf Erden" verkündet sie, dass bestimmter Konsum glücklich macht und absolut erstrebenswert ist. Nie erwähnt sie wachsende Güterberge oder überlastete Menschen. Die Müllflut verändert unseren Planeten und macht auch etwas mit uns.
Alles, was wir in die Hand nehmen und wem und was wir Zeit und Aufmerksamkeit geben, prägt uns mehr, als wir glauben. Ich möchte gegensteuern. Ich möchte mich vom biblischen Bild formen lassen und mit ihm die Zukunft unter die Füße nehmen. Das Paradies ist dort, wo Milch und Honig fließen.

Sabine Ost

Exodus 1,15–2,19; 4,14 f.

Da rief der König von Ägypten die Hebammen und sprach zu ihnen: Warum tut ihr das, dass ihr die Kindlein leben lasst? (1,18)
Da sprach die Tochter des Pharaos: Es ist eines von den hebräischen Kindlein … Und sie sprach zur Mutter: Nimm das Kindlein mit und stille es mir. (2,6.9)
Willst du mich auch umbringen, wie du den Ägypter umgebracht hast? (2,14)
Ein ägyptischer Mann rettete uns aus der Hand der Hirten (2,19)

Da wurde der HERR sehr zornig über Mose (4,14)
Und Gott sprach zu Mose: Was schreist du zu mir? Sage den Israeliten, dass sie weiterziehen. (4,15)

Als Mose aber … das Kalb und das Tanzen sah, entbrannte sein Zorn … Und Mose sprach zu Gott: Vergib ihnen doch ihre Sünde … (32,19)

LUTHER 2017

Frauensolidarität I

Exodus 1,1-15 ff.

Mose ist der wichtigste jüdische Prophet, zentral für den christlichen Glauben, und im Koran ist sein Name Musa der am häufigsten genannte Prophetenname.
Die Mose-Geschichte ist voll von Widerstand gegen Mächtige, andere Menschen und Gott. Warum? Wie reagiert Gott? Dem spürt diese Woche nach.

Ein Kind kündigt sich an – nicht unbedingt Grund zur Freude.
Manchmal ist die Mutter zu jung, manchmal zu alt. Die Wohnung ist zu klein, das Geld knapp. Oder die Zeiten sind zu schlecht, will/darf man einem Kind Krieg, Klimakrise, Inflation zumuten? Lebensgefahr von Anfang an? Möglicherweise Flucht und Vertreibung?
Vielleicht auch hindert das Kind die Karriere. Oder es wurde nicht in Liebe gezeugt, sondern mit Gewalt. Darf es dennoch leben, die Mutter tagtäglich an das Schreckliche erinnern?
Manchmal spricht alles gegen das Kind.
Mächtige trachten ihm nach dem Leben, wie einst der ägyptische Pharao. Nur die Mädchen dürfen die Hebammen Schifra und Pua am Leben lassen, fordert er, die Jungen sollen sie töten. Die Frauen entgegnen ihm aber: *Die hebräischen Frauen sind kräftiger als die ägyptischen und haben bereits geboren, bevor wir zu ihnen kommen.*
Frauensolidarität als Überlebensmittel? Wunderbar!

Frauensolidarität II

Exodus 2,1–9

Das Knäblein weinte. Da sprach die Tochter des Pharaos: Es ist eines von den hebräischen Kindlein … Und sie sprach zur Mutter: Nimm das Kindlein mit und stille es mir. (2,6.9)

Jede hebräische Mutter kennt den schrecklichen Willen des Pharaos. Eine gebiert heimlich einen Sohn und versteckt ihn drei Monate lang. Ich ahne ihre Anspannung und Angst, jemand könnte den Kleinen weinen hören, wenn er Hunger oder Bauchweh hat oder herumgetragen werden will – ewig kann das nicht so weitergehen. Da kommt ihr eine verwegene Idee: Sie legt das Baby in ein wasserdichtes Körbchen und versteckt es am Nil nahe der Badestelle der Tochter des Pharaos. Wird die das Kind dort finden? Es gar retten? Die große Schwester Miriam beobachtet alles.

Tatsächlich: Als die Ägypterinnen das Baby hören, wissen sie sofort, es ist ein todgeweihter hebräischer Junge. Sie bitten das Mädchen, eine Amme zu holen. Die Mutter darf also ihren Sohn offiziell aufziehen, bis er groß genug ist für den Palast der Prinzessin.

Die Klugheit seiner Mutter, die Verschwiegenheit der Schwester und vor allem die Empathie und der Widerstand der Pharaonentochter gegen den eigenen Vater retten ihm das Leben!

Wer bin ich?

Exodus 2,10

Willst du mich auch umbringen, wie du den Ägypter umgebracht hast?

„Wer bin ich, woher komme ich, wo sind meine Wurzeln?“, fragen sich viele. Pflege- und besonders Adoptivkinder fühlen schmerzlich die Leerstellen in ihrer Geschichte, wenn andere von ihren Großeltern und anderen Verwandten erzählen.
Spürt Mose seine gespaltene Identität? Sein Name bedeutete *ich habe ihn aus dem Wasser gezogen* – warum nannte man ihn so?
Plötzlich gehen dem ägyptischen Prinzen die Augen auf für seine Privilegien und sein verwöhntes Luxusleben im Palast. Er erkennt: Viele haben es viel schlechter als ich. Manche werden schikaniert, unterdrückt, ausgebeutet – nur, weil sie Hebräer sind. Das empört ihn.
Als er eines Tages den besonders brutalen Übergriff eines Aufsehers beobachtet, rastet er aus: Heimlich erschlägt Mose den Ägypter. Der Prinz ist zum Rächer der Entrechteten geworden. Als die Tat doch ruchbar wird, flieht er.
Warum hatte er das getan? Was verband ihn mit den Hebräern? Handelte er allein aus Wut oder trieb ihn Widerstand gegen das Unrecht?

Neues Glück?

Exodus 2,16–21

Die Mädchen sagten: Ein ägyptischer Mann rettete uns aus der Hand der Hirten und schöpfte für uns und tränkte die Schafe …

Widerstand kostet einen hohen Preis, erlebten und erleben viele. Wohin soll ich gehen? Wo finde ich Zukunft, neues Leben, neue Perspektiven? Viele Menschen müssen weite Wege auf sich nehmen, um neue Chancen zu finden – nicht nur Geflüchtete.
Doch mit Glück treffen sie hilfreiche Menschen, so wie Mose im heute unbekannten Land Midian. Er heiratet und darf die Schafe seines Schwiegervaters hüten. Aus dem Prinzen wurde ein Schäfer. Ein krasser gesellschaftlicher Abstieg – bis heute bittere Realität für viele Geflüchtete.
Mit eisernem Willen, Unterstützung zugewandter Menschen und Glück können sich manche hocharbeiten zu neuem Ansehen und Wohlstand, so wie die Selfmade-people in den USA. Zimperlich sein darf man / frau dabei nicht, sondern muss bereit sein, Rückschläge zu verkraften, Anfeindungen und Neid auszuhalten. Aber: Integration und neuer Aufstieg können gelingen, das zeigen viele Lebensgeschichten von Geflüchteten und Heimatvertriebenen auch bei uns.

Mehr Kompetenz als gedacht

Da wurde Gott sehr zornig über Mose und sprach …: Ich weiß, dass dein Bruder Aaron beredt ist … Dabei sollst du die Worte in seinen Mund legen. Und ich will … euch lehren, was ihr tun sollt. (4.14 f.)

Manchmal stehen wir uns selbst im Weg, nicht nur wir Frauen. Viele halten sich schüchtern zurück, wenn eine Position mit Leitungsverantwortung zu besetzen ist, während mancher Mann im Brustton der Überzeugung behauptet „Das kann ich!“, auch wenn er ungeeigneter ist.
So will auch Mose Gottes Auftrag, die geknechteten Hebräer aus Ägypten zu führen, nicht übernehmen. *Ich habe eine schwere Zunge, ich kenne deinen Namen nicht, sie werden mir nicht glauben* – widerspricht er Gott.
Der Gott Abrahams, Isaaks und Jakobs gibt nicht nach. Er gibt sich Mose zu erkennen als *Ich bin, der ich bin* oder *Ich werde sein, der ich sein werde.* (Bis heute umschreiben Juden diesen Gottesnamen als „Adonai“.) Das reicht Mose immer noch nicht. Da verspricht Gott, ihm seinen wortgewandteren Bruder Aaron an die Seite zu stellen. Nun endlich gibt Mose seinen Widerstand auf. Und erlebt ähnlich wie wir heute: Teamarbeit bündelt Kompetenzen und stärkt!

Befreiung
(Exodus Kapitel 13 und 14)
Und der HERR sprach zu Mose: Was schreist du zu mir? Sage den Israeliten, dass sie weiterziehen. (Ex 14.15)

Kann man sich aus bedrückenden Verhältnissen befreien? Vielleicht. Aber zuerst muss man sich seine Situation eingestehen – etwa die falsche Wahl getroffen zu haben in Beruf oder Partnerschaft. Wenn alles Gut-Zureden nicht hilft, bleibt nur die Trennung. Aber wie?
Die Kinder sollen nicht unter ihr leiden, weiter in die vertraute Kita und Schule gehen. Und das Geld muss reichen für eine neue Wohnung (vielerorts fast unmöglich). Der Partner muss zustimmen und zur Trennung bereit sein. Tut er das nicht, muss alles streng geheim vorbereitet werden.
Ähnlich ergeht es Mose und den Israeliten. Schon oft hatte er den Pharao aufgefordert, das Volk auswandern zu lassen – immer vergeblich. Statt es besser zu behandeln, steigerte der die Unterdrückung immer unerträglicher. Aber das Volk ist nicht allein, sondern hat Mose und Aaron als Führer an seiner Seite und Gottes Unterstützung. Darum wagt es die gefährliche Flucht.
Wer hilft Unterdrückten und Bedrückten heute? Wie könnte ich ihnen helfen?

Widerstand ohne Ende?
Als Mose aber … das Kalb und den Tanz sah, entbrannte sein Zorn, und er … zerbrach die Tafeln … Und Mose sprach zu Gott: Vergib ihnen doch ihre Sünde …
(Ex 32,19.32)

Nur dank des Widerstands von Frauen kann der kleine Mose heranwachsen. Sein Widerstand gegen die Unterdrückung der Hebräer zwingt ihn zur Flucht.
Später widersteht er Gottes Auftrag, das Volk aus Ägypten zu retten. Er gibt erst nach, als Gott ihm seinen Namen offenbart und seinen Bruder Aaron an die Seite stellt. Dann führt Mose das Volk mit Gottes Geleitschutz aus der Sklaverei in Ägypten bis ans ihm von Gott verheißene *Land Kanaan, wo Milch und Honig fließen.*
40 Jahre dauert die Wüstenwanderung. Immer wieder lehnt das Volk sich auf gegen Mose und Gott und seine Zehn Gebote, weil es sich zurücksehnt nach den „Fleischtöpfen Ägyptens".

Als Mose einmal länger ausbleibt, betet es ein von Aaron gemachtes goldenes Kalb als neuen Gott an. Wieder rastet Mose aus. Zuletzt zeigt Gott ihm das Gelobte Land von ferne, betreten darf Mose es nicht mehr.

Thomas Begrich

Gott widersteht den Hochmütigen

Petrus schreibt (1. Petr 5,1–3; 5–9):

Die Ältesten unter euch ermahne ich …:
Weidet die Herde Gottes, die euch anbefohlen ist, und achtet auf sie,
nicht gezwungen, sondern freiwillig, wie es Gott gefällt,
nicht um schändlichen Gewinns willen, sondern von Herzensgrund,
nicht als solche, die über die Gemeinden herrschen, sondern als Vorbilder der Herde.
…
Alle aber miteinander bekleidet euch mit Demut;
denn Gott widersteht den Hochmütigen, aber den Demütigen gibt er Gnade.
So demütigt euch nun unter die gewaltige Hand Gottes,
damit er euch erhöhe zu seiner Zeit.
Alle eure Sorge werft auf ihn; denn er sorgt für euch.
Seid nüchtern und wacht; denn euer Widersacher, der Teufel, geht umher wie ein brüllender Löwe und sucht, wen er verschlinge.
Dem widersteht, fest im Glauben,
und wisst, dass ebendieselben Leiden über eure Brüder und Schwestern in der Welt kommen.

LUTHER 2017

Die Ältesten unter euch ermahne ich

Irgendwie ist das fast ein nerviger Text. Immer diese Ermahnungen! Das wissen wir doch eh alles, oder? Ich bin in der DDR aufgewachsen und wurde wegen Wehrdienstverweigerung von der Universität verwiesen. Arbeit fand ich zunächst in einem volkseigenen Betrieb. Obwohl ich bei der Staatssicherheit als „feindlich-negatives Element" geführt wurde, förderte mich erstaunlicherweise mein Chef, Hauptbuchhalter (Finanzchef) und immerhin Parteisekretär der SED in diesem Betrieb. So wurde ich später gar zum Abteilungsleiter für das Controlling befördert. Nun als „Führungskader" musste ich zu einem Lehrgang über „Sozialistische Leitungswissenschaft".

Ich fand das zunächst abwegig. Aber: Was ich da an Wissen über Führen und Leiten gelernt habe, habe ich wirklich gut brauchen können. Es war, wenn man von der Ideologie absieht – das gestehe ich heute – einfach bemerkenswert gut. So gut, dass ich später, wenn ich mit manchen kirchlichen Leitungspersonen in Kontakt kam, immer mal denken musste: Ach, hätten die doch auch mal derartige Schulungen besucht! Oder die Hinweise und Mahnungen dieses Petrustextes wirklich beachtet! Da steht eigentlich schon alles: kurz, knapp und deutlich. Wer das beherzigt, der wird so, dass man mit Martin Buber sagen könnte:

„Der Mensch, der nicht sich meint, dem gibt man alle Schlüssel."

So wie Jesus dem Petrus.

Nicht um schändlichen Gewinns willen

Woran eigentlich ist die DDR gescheitert? Natürlich an dem Machtmissbrauch der SED. Dann aber – und vor allem auch daran –, dass die Kategorie „Gewinn“ in der sozialistischen Ökonomie verpönt war. Gewinn wurde den staatlichen und den wenigen privaten Unternehmen genommen. Verzicht oder Enteignung von Gewinn durch eine übermäßige Besteuerung führte geradezu zum Stillstand. Damit nahm man den Betrieben die Möglichkeit, selbst zu entscheiden, wie und wohin sie sich entwickeln wollten. So wurden sie unproduktiv, nicht mehr konkurrenzfähig und verrotteten sogar.
Gewinn ist aber eine wesentliche Voraussetzung für weitere Entwicklungen, Investitionen und Zukunftsgestaltung. Jesus sah das bemerkenswert klar: *Wenn ihr nun mit dem ungerechten Mammon nicht treu seid, wer wird euch das wahre Gut anvertrauen?* (Lk 16,11) Mit *Mammon* meinte er nicht etwa Geld an sich, sondern den ungerechten, also „schändlichen“ Gewinn. Erst der Missbrauch von Gewinn führt zu Ungerechtigkeit und Missbrauch von Macht. Petrus sagt das also ganz bewusst: Der verantwortliche und transparente Umgang mit den anvertrauten Pfunden ist eine Grundpflicht der Kirche. Darum muss der Umgang untereinander ganz genauso gestaltet sein. Es geht nicht um oben und unten, sondern um den gemeinsamen Auftrag: SEIN Wort zu verkünden – und zu leben.

Nicht herrschen, sondern ein Vorbild sein

Mein einstiger Chef, Hauptbuchhalter eines Volkseigenen Betriebes, war zugleich der Parteisekretär des Betriebes. Warum nur förderte er mich, der ich doch als systemkritisch galt und keiner einzigen der üblichen staatstreuen Organisationen, wie etwa der Einheitsgewerkschaft FDGB, angehörte? Er delegierte mich zum Fernstudium, beförderte mich gar zum Abteilungsleiter und gab mir immer wieder Aufträge, besondere Problemlagen in dem großen Betrieb zu untersuchen. Und: Wenn ich eine Aufgabe gut gelöst hatte, nahm er mich mit in die Leitungskonferenz, ließ mich vortragen und lobte mich. Gelang mir das allerdings nicht, erklärte er: Tut mir leid, ich konnte das Problem nicht lösen.
Unglaublich: Für das Positive lobte er mich, das Negative verantwortete er selbst! Ich fragte ihn, warum er das so mache. Ist es doch immer viel einfacher, Schuld auf andere abzuwälzen. Nein, sagte er, ich bin der Chef, ich verantworte alles, was hier geschieht, also darf ich nicht dich verantwortlich machen, wenn es nicht geklappt hat. Und ich kann doch stolz sein, wenn ich gute Mitarbeiter habe und eben diese dann auch loben!
Was hat mich das beeindruckt! Und ich habe die Lektion (hoffentlich) für mein Leben gelernt! Mein Chef aber war Atheist und hatte diesen Text aus dem Petrusbrief bestimmt nicht gelesen. Wir aber, wir können es.

Alle miteinander bekleidet euch mit Demut

Was Petrus wohl gemeint hat? Wie gehen wir miteinander um? „Die da oben …" Das scheint unser Alltag: Wer auch immer regiert, macht alles falsch. Man traut niemandem zu, etwas für die Sache, für die Menschen zu wollen. „Die denken nur an sich und kassieren ab." „Wir Steuerzahler werden zur Kasse gebeten." Und „die da oben?", dort heißt es dann: „Hört doch mal richtig zu. Informiert euch richtig. Denkt nicht immer nur an euch …" Eine ewige Litanei. Das Leben miteinander wird dadurch vergiftet. Warum nur?

Es fehlt an Demut: „Hätten wir das wirklich besser gemacht? Ich bin es doch nicht, der all die Probleme lösen könnte." Und es fehlt an Vertrauen: „In schwierigen Situationen muss man aufeinander vertrauen – wollen!" Schließlich braucht es Akzeptanz. Wenn es nicht so geht, wie man will, muss man dem anderen das Recht einräumen, auch eigene Vorstellungen einzubringen. Unüberbrückbares kann man stets nur mit Demut überwinden: Miteinander ins Gespräch kommen, zuhören. Bereit sein, den anderen als gleichwertig zu akzeptieren. Bereit, eigene Fehler einzugestehen. Wie schwer das alles sein mag: Ohne Demut „alle miteinander" nimmt eine jede Gemeinschaft Schaden. *Gott aber hat uns nicht den Geist der Furcht und des Hasses, sondern der Kraft, der Liebe und der Besonnenheit gegeben.* Dann nehmen wir bitte diese Gabe auch an – in Demut.

Demütigt euch unter die gewaltige Hand Gottes

In einem kleinen Dorf in Sachsen-Anhalt wollte die Kirchengemeinde Anfang der 1950er-Jahre ein Mahnmal für die Opfer des Krieges errichten: Ein etwa vier Meter hohes Kreuz auf dem Friedhof und einen großen Stein mit diesem Satz: „Demütigt euch unter die gewaltige Hand Gottes, damit er euch erhöhe zu seiner Zeit." Wegen dieses Spruches verbot es die SED-Kreisleitung. Sie hatte zwar kein Recht dazu, aber sie hatte die Macht. Nun wurde nur das Kreuz aufgestellt. Die Gemeinde aber feiert seitdem vor diesem Kreuz jeden Ostermorgen ihren Gottesdienst: Christ ist erstanden! Das konnte die SED-Kreisleitung schwerlich verhindern. Dann, nach der Friedlichen Revolution von 1989 in der DDR, wurde der Stein endlich doch noch aufgestellt. Es war der Kirchengemeinde wichtig, an den Krieg und seine Folgen zu erinnern: Hätten doch die Menschen und auch die Kirchen im letzten Jahrhundert Demut gegenüber Gott gezeigt – wie viele schreckliche Leiden wären der Welt erspart geblieben!

Das Erstaunliche an dieser Geschichte ist, dass die SED-Kreisleitung den Vers scheinbar verstanden hatte und eben darum untersagte: Sich unter die Hand Gottes *nicht* zu demütigen, das findet womöglich immer ein schlimmes Ende … Als hätten sie geahnt, dass es auch mit ihrer Macht einmal ein Ende haben könnte. Gott sei Dank: Das hatte es.

Seid nüchtern und wacht

Noch einmal ein Blick auf die Zeit der Friedlichen Revolution 1989/90. Was waren die Worte, die die Menschen damals bewegt, ja angetrieben haben? Nach den ersten staatlichen Übergriffen war es „Wachet und betet!", gesprochen und gesungen in und vor den Kirchen. Dann allerorten auf den Straßen: „Keine Gewalt!" Schließlich hieß es: „Deutschland, einig Vaterland!" und zuletzt? „Kommt die DM nicht zu uns, kommen wir zu ihr …" Da war es vorbei mit der Nüchternheit: So schnell wie möglich „Westen" sein. So ging auch die Wachsamkeit verloren. Denn es kam auch: der gewöhnliche Kapitalismus. Der Gier nach dem Mammon, dem ungerechten Gewinn, waren viele Menschen ahnungslos erst einmal ausgeliefert. Grundstücke gingen für billiges (West-)Geld weg. Alte Autos wurden zu überhöhten Preisen ver- und gekauft … Arbeitsplätze gingen verloren; das war auch dem Niedergang der vielen maroden Betriebe geschuldet. Aus Euphorie wurde schließlich Frust.
Und die Kirchen? Nun waren sie wieder leer. Kein Vertrauen. Auf Gott nicht, auf niemanden. Nun wurde sogar der Rückblick gepflegt: Ja, damals in der DDR … Ein so gewaltiger gesellschaftlicher Umbruch – das kann leider nicht reibungslos funktionieren. Immer heißt es nüchtern zu sein. Dazu braucht es Geduld und: Gottvertrauen. Doch ohne Gottvertrauen nimmt eine Gesellschaft offenbar leicht Schaden …

Widersteht

Es war 2018: Die islamistische Boko Haram entführte in Nigeria zahlreiche junge Mädchen aus einem christlichen Dorf. Ihre Freilassung war nach bangen Wochen an die Bedingung geknüpft, sich zum Islam zu bekehren. Alle machten es. Nur die 15-jährige Leah Sharibu nicht: Sie wollte ihren Glauben nicht verleugnen. So blieb sie gefangen – bis heute. Was aus ihr geworden ist? Man weiß es nicht.
Ähnliches geschieht immer wieder. Christen werden in vielen Ländern dieser Erde diskriminiert und verfolgt. Millionenfach und systematisch. Und sie widerstehen! Sie halten aus! Wie gut es uns da geht! Wegen unseres Glaubens müssen wir hier nicht leiden – auch wenn wir manchmal dafür belächelt werden. Oder wenn wir für Fehler der Kirchen mitverantwortlich gemacht werden, wenn wir das nicht ertragen können. Oder wenn wir uns über manche Seichtheit und Oberflächlichkeit der Kirche ärgern. Manchmal sind wir vielleicht auch selbst ein wenig Schuld daran. Leiden hat viele Facetten. Aber sich schämen für seinen Glauben? Das ist, wie ihn zu verleugnen. Denn unser Auftrag ist es doch, die Frohe Botschaft weiterzugeben, sie zu leben! Da müssen wir nicht äußeren Kräften widerstehen, sondern auf einmal: uns selbst. Da hilft es vielleicht, sich an die schwierige Situation so vieler Christen, an ihre Leiden und an ihre Geduld zu erinnern. Und sie nicht zu vergessen.

Walter Joelsen († 2023)
(Text aus WeiterGehen 2009)

2. Mose 16,17–20

17 Die Israeliten taten es und sammelten ein, der eine viel, der andere wenig. 18 Als sie die Gomer zählten, hatte keiner, der viel gesammelt hatte, zu viel, und keiner, der wenig gesammelt hatte, zu wenig. Jeder hatte so viel gesammelt, wie er zum Essen brauchte. 19 Mose sagte zu ihnen: Davon darf bis zum Morgen niemand etwas übrig lassen. 20 Doch sie hörten nicht auf Mose, sondern einige ließen etwas bis zum Morgen übrig. Aber es wurde wurmig und stank. Da geriet Mose in Zorn über sie.

LUTHER 2017

Das ist keine Geschichte für alle Tage. Alle Tage ist nicht Wüstenzeit. Alle Tage bin ich nicht am Verhungern. Weder äußerlich noch innerlich. Es ist eine Geschichte zum Zuschauen. Und zum Lernen. Und zum Ausprobieren. Weil es sein kann, dass irgendwann einmal doch meine Vorräte aufgezehrt sind: Mein Vorrat an Lebenskraft, an Geduld. Mein Vorrat an Liebe. Weil es sein kann, dass irgendwann einmal doch meine Vorräte aufgezehrt sind: Mein Vorrat an Widerstandskraft, an Hoffnung.
Und weil es dann sein kann, dass ich wissen möchte, wie ich so weiterleben soll. Dann wünsche ich mir, dass mir diese Geschichte einfällt. Dann wünsche ich mir, dass ich schon Erfahrungen gemacht habe, dass Gottes Gaben auf dem Weg liegen, viel näher, als ich denke. Dann wünsche ich mir, dass ich schon Erfahrungen gemacht habe mit Gottes zärtlicher Fürsorge, die alle Morgen neu ist. Dann wünsche ich mir, dass ich schon Erfahrungen gemacht habe, dass ich unter Gottes Begleitung auch manchmal von der Hand in den Mund leben kann, ohne zugrunde zu gehen.
Keine Geschichte für alle Tage. Oder doch? Eine Lerngeschichte voll Zuversicht, dass mir die Augen aufgehen und ich die Nähe Gottes erfahre.

In der Wüste wächst die Sehnsucht nach der Verlässlichkeit der Welt. Wenn das Wasser knapp wird und die Vorräte gestreckt werden müssen, beginnen die Zweifel an der Treue Gottes. Und es braucht Zeit und einen Mose, bis sie sich erinnern, was Gott ihnen verheißen hat, bis ihnen die Augen aufgehen und sie sehen, wie die Zeichen der Treue Gottes auf der Straße liegen: Wachteln und Tamarisken-Harz. Ihr Weg ist gesegneter, als sie dachten.
Es fällt mir schwer, die Spuren Gottes auf meinem Weg zu sehen, wenn die Verlässlichkeit meiner Welt ins Wanken gerät. Wenn die Gesundheit nicht mehr stabil ist, wenn meine Arbeitskraft und meine Fähigkeiten nicht mehr gebraucht werden, wenn sich Lebensziele nicht erfüllen lassen. Da hätte ich manchmal gerne so einen Mose, damit auch mir die Augen dafür aufgehen, dass mein Weg gesegneter ist, als ich denke.
Gottes Wunder fallen nicht nur vom Himmel. Oft begegnen sie mir in dem, womit ich lebe: In einem Menschen, der zu mir hält. In meiner eigenen Kraft, mich zu wehren für mich und für andere. In meiner Geduld, etwas oder jemand wachsen und reifen zu lassen. Ich brauche Zeit, damit mir die Augen dafür aufgehen, dass die Zeichen der Treue Gottes auch auf meiner Straße liegen.

Das muss man erst lernen: Von der Hand in den Mund zu leben. Vor allem, wenn man die Fleischtöpfe Ägyptens gewöhnt ist. In der Dritten Welt müssen es Millionen. Und nie ist sicher, dass die Hand, die zum Mund geht, auch gefüllt ist.
Und bei uns werden sie auch zahlreicher: Obdachlose, Langzeitarbeitslose. Aber wer von der Hand in den Mund lebt, der ist nicht konkurrenzfähig. Denn nur überleben ist ja noch nicht leben. Und im Leben geht es doch nicht nur um Haben, sondern um Mehr-Haben, heißt es. Nur Wachstum sichert die Zukunft. Was stagniert, geht verloren, heißt es.
Aber Wachstum gibt es nur, wo welche auf der Strecke bleiben. Das lerne ich täglich. Das ist in der Beziehung zur Dritten Welt so. Und in der Beziehung zu denen, die bei uns ausgemustert werden, damit es weitergeht, ganz genauso.
In dieser Wüstengeschichte unterbindet Gott jede Konkurrenz. Die mehr haben wollen, erleben ein Fiasko.
Es ist halt keine Geschichte für alle Tage.
Und doch kann sie für mich einmal Alltag werden. Dann muss ich von der Hand in den Mund leben. Auf die tägliche Portion Gnade hoffen. Und manchen Tag überbrücken mit der Gnade von gestern. Manchmal, Gott, mutest Du mir viel zu.

Es heißt nicht, dass alle das Gleiche haben. Sondern dass alle so viel haben, wie sie zum Essen brauchen. Und sie brauchten sicher nicht alle gleich große Portionen. Wenn Gott seine Fürsorge austeilt, schert er nicht alle über einen Kamin.
Mein Maß möchte ich gerne finden. Entdecken, was ich wirklich brauche. Und wo ich über mein Maß lebe. Ich möchte dann manchmal Fasten üben, Verzichten ausprobieren. Ich will nicht asketisch leben. Aber dann und wann auf etwas verzichten, um wieder deutlicher zu spüren, wie es ist mit meinem Maß. Und mit der Fürsorge Gottes.
Vielleicht merke ich dann auch, wie viel Lebenskraft frei wird, wenn ich mich nicht immer daran messen muss, ob ich nicht zu kurz komme.
Wenn ich nicht jeden Tag mein Maß nach dem bestimmen muss, was heute in, was heute out ist. Es braucht Zeit, bis ich begreife, dass Gott nicht nur in der Fülle nahe ist. Vielleicht kann ich manchmal auch unter Schmerzen leichter entdecken, was wirklich mein Maß ist, wenn Gott einmal zu knausern scheint mit dem, womit er mich immer verwöhnt hat.
Mein Maß finden. Und dann beides können: Einmal im Maß leben. Und einmal im Übermaß leben. Und entdecken, wie ich teilen kann, wenn ich mein Maß kenne.

Was für ein Traum. Es reicht für alle. Keiner muss sich etwas versagen, damit auch andere satt werden. Gott teilt allen und immer von Neuem zu.
Aber da sind dann die Cleveren, die meinen: Das kann gar nicht funktionieren, dass man sich Tag für Tag so auf Gott einlässt. Sie übergehen das Angebot Gottes stillschweigend. Sie sammeln mehr, als für sie nötig ist. In unserer Geschichte wird erzählt, dass das verfault, was nicht zum Heute gehört. Weil Gott Vertrauen will und nicht Cleverness.
Heute, in meiner Welt, verfault das nicht, was über das täglich Gebrauchte hinausgeht. Im Gegenteil: Es macht reicher, unabhängiger. Das Wüstenethos passt nicht in meine Welt. Und doch habe ich Sehnsucht danach, dass es gerechter zugeht in der Welt, dass die Schere zwischen Arm und Reich nicht immer weiter auseinanderklafft.
Und statt horten möchte ich teilen lernen. Möchte meine Angst überwinden, Gott könne mich morgen hängen lassen, wenn ich heute das eine oder andere teile. Möchte, dass mir die Augen aufgehen für das, was ich habe und was andere brauchen.
Und möchte entdecken, wie wichtig ich dafür bin, dass auch andere die Verlässlichkeit ihrer Welt erfahren können, vielleicht gerade durch mich erfahren.

Teilen statt horten. Das möchte ich. Auch wenn in der Geschichte gar nichts vom Teilen steht. Weil ja Gott jedem alles zuteilt.
Wachteln und Manna. Nichts Außergewöhnliches. Das, was ihnen jeden Tag vor den Füßen liegt. Aber plötzlich gehen ihnen die Augen auf, dass es das ist, was sie satt machen kann. Gott lässt manchmal durch das Naheliegende satt werden. Teilen statt horten. Vielleicht sieht das für mich so aus: Wenn jemandem die Augen aufgehen, dass ich mich dann entdecken lasse als Teil der naheliegenden Fürsorge Gottes. Dass ich mich nicht verstecke hinter Ausreden von mangelnder Kompetenz oder mangelnden Fähigkeiten. Sondern dass ich dann da bin, wenn in mir jemand die Fürsorge Gottes sucht. Dass ich dann da bin, wenn jemand zehren will von meiner Güte, von meiner Fähigkeit, zuzuhören, von meiner Fähigkeit, fremde Schuld auszuhalten, die Verzweiflung, den Schmerz eines anderen Menschen auszuhalten. Oder Glück zu teilen. Das gibt es ja auch. Ich möchte da sein, wenn Gott einem Menschen fürsorglich durch mich und meine Gaben begegnen will. Weil ich morgen schon darauf angewiesen sein kann, dass jemand anderes sich als Fürsorge Gottes für mich zeigt. Und weil ich nicht möchte, dass jemand an Gottes Fürsorge irre wird, weil ich mich versteckt habe.

Ich erlebe es als befreiend, wenn ich auf Vorräte zurückgreifen kann. Nicht Angst haben muss um den kommenden Tag. Ich kenne eine ganze Reihe Menschen, die haben sich hart erarbeitet, was sie haben. Und haben große Sorgen, die Rücklagen könnten zu knapp sein, nicht ausreichen. Da möchte ich nicht vorschnell diese Geschichte zitieren.

Bevor ich sie anderen vorhalte, möchte ich sie selbst buchstabieren. Möchte selbst lernen, von der täglichen Fürsorge Gottes zu leben.

Gott möchte, dass ich nichts aufspare, sondern gebe, was ich habe. Nicht immer nur materielle Dinge. Auch meinen Glauben, meine Liebe, meine Hoffnung. Dass ich da nicht horte, sondern täglich verbrauche. Mein tägliches Stück Glauben übe. In der Hoffnung, dass der morgige Tag für das Seine sorgt. In der Wüste ist das Gehortete verfault. Und bei mir erlebe ich, dass nicht gebrauchter Glaube erstarrt im Aberglauben, nicht gelebte Liebe sich erschöpft im Egoismus und ungenützte Hoffnung zur Verzweiflung an Gott und der Welt führt.

Die Geschichte eröffnet mir einen Weg. Von heute auf morgen schaffe ich den nicht. Aber jeden Tag etwas ausprobieren. Manches freiwillig. Und manches wohl auch ganz unfreiwillig.

Rudolf Atsma

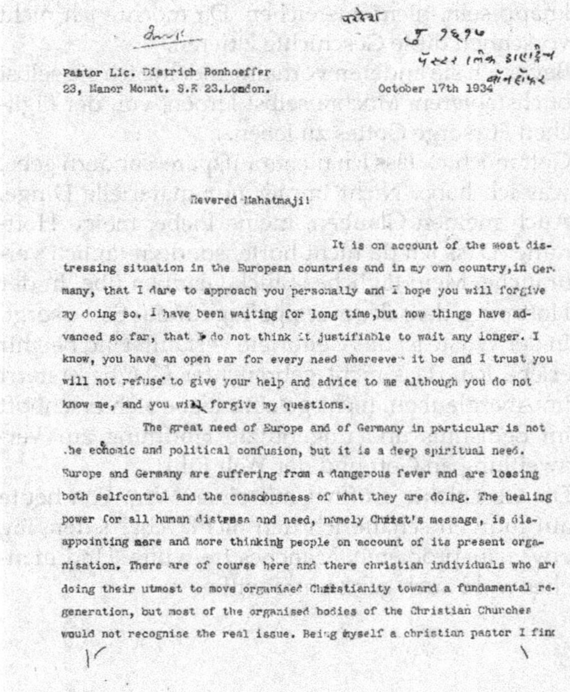

Pastor Lic. Dietrich Bonhoeffer
23, Manor Mount. S.E 23.London.

October 17th 1934

Revered Mahatmaji!

It is on account of the most distressing situation in the European countries and in my own country, in Germany, that I dare to approach you personally and I hope you will forgive my doing so. I have been waiting for long time, but now things have advanced so far, that I do not think it justifiable to wait any longer. I know, you have an open ear for every need whereever it be and I trust you will not refuse to give your help and advice to me although you do not know me, and you will forgive my questions.

The great need of Europe and of Germany in particular is not the economic and political confusion, but it is a deep spiritual need. Europe and Germany are suffering from a dangerous fever and are loosing both selfcontrol and the consciousness of what they are doing. The healing power for all human distress and need, namely Christ's message, is disappointing more and more thinking people on account of its present organisation. There are of course here and there christian individuals who are doing their utmost to move organised Christianity toward a fundamental regeneration, but most of the organised bodies of the Christian Churches would not recognise the real issue. Being myself a christian pastor I find

Originalbrief Bonhoeffers vom 17. Oktober 1934
(Teilausschnitt)

Ein lange unentdeckter Brief

Orientierung war nötig. Die braune Ideologie der Nazis hatte auch die Kirchen erreicht. Ende Mai 1934 hatte die Bekenntnissynode von Barmen dagegen sechs Thesen formuliert. Angesichts der Irrlehren der ‚Deutschen Christen' eine klare Wegweisung, der Botschaft Jesu gemäß.
Dietrich Bonhoeffer war damals 28 Jahre alt und betreute zwei deutsche Auslandsgemeinden in London. Auch hier erreichten ihn die Nachrichten über die zunehmende Entrechtung und Verfolgung der jüdischen Bevölkerung in Deutschland.
Orientierung war nötig. Lange schon war Bonhoeffer beeindruckt von der gewaltfreien Widerstandsbewegung Mahatma Gandhis. Bereits während seines Vikariates in Barcelona 1928 plante er, nach Indien zu reisen, um Gandhi persönlich kennenzulernen. Der Brief, den er dann im Oktober 1934 an Gandhi schrieb, um ihn in seinem Aschram zu besuchen, war lange Zeit verschollen. Doch Gandhis Antwort war bekannt.
Fast zufällig wurde dieser Brief nun im Jahr 2018 in den Gandhi-Papieren gefunden, die im Nehru Memorial in New Delhi aufbewahrt werden. In einer deutschen Übersetzung von Bischof Wolfgang Huber wurde er im Jahr 2020 veröffentlicht [1].
Ein wegweisender Text, der uns in der kommenden Woche begleiten wird. Insbesondere am 9. April, dem 80. Jahrestag der Hinrichtung Bonhoeffers. Vieles in diesem lange unentdeckten Brief könnte für uns heute geschrieben sein angesichts der zahlreichen aktuellen Konfliktfelder und Brennpunkte – Orientierung ist nötig.

1) Wolfgang Huber in: Zeitzeichen 4/2020 S. 12 ff
https://zeitzeichen.net/node/8180

Die Dinge haben sich zugespitzt

Pastor Lic. Dietrich Bonhoeffer
23, Manor Mount. S.E 23. London. 17. Oktober 1934

„Verehrter Mahatmaji!
Es geschieht auf Grund der außerordentlich bestürzenden Situation in den europäischen Ländern und in meinem eigenen Land, Deutschland, dass ich es wage, mich persönlich an Sie zu wenden; und ich hoffe, Sie werden mir das verzeihen. Ich habe lange Zeit gewartet, aber nun haben die Dinge sich so zugespitzt, dass ich es nicht für gerechtfertigt halte, länger zu warten. Wie ich weiß, haben Sie ein offenes Ohr für jede Notlage, wo auch immer sie auftritt; deshalb vertraue ich darauf, dass Sie es nicht ablehnen, mir Hilfe und Rat zuteilwerden zu lassen, obwohl Sie mich nicht kennen, und mir meine Fragen nachsehen.“

Großer Respekt und hohe Erwartung prägen bereits die ersten Sätze des Briefes. Heute ist es fast schon eine Kostbarkeit, einen solch persönlichen Brief an einen berühmten einflussreichen Menschen, der mich gar nicht kennt, zu formulieren. Unsere digitale Kommunikation wirkt oft so oberflächlich und inflationär. Wo heute „Dinge sich so zugespitzt“ haben wie bei den zunehmend spürbaren Klimaveränderungen, den andauernden Kriegen und den großen Flüchtlingsbewegungen weltweit, ist es vergleichsweise bequem, nur mit meiner Unterschrift im Internet einen Protest zu unterstützen. Ein persönlicher Brief und eventuell sogar die Bitte um ein Gespräch bei Abgeordneten oder Mitgliedern der Kirchenleitung könnte wohl mehr bewirken.

Die große Not in Europa

„Die große Not in Europa und besonders in Deutschland besteht nicht in der wirtschaftlichen und politischen Unordnung, sondern es geht um eine tiefe geistliche Not. Europa und Deutschland leiden unter einem gefährlichen Fieber und sind dabei, sowohl die Selbstkontrolle als auch das Bewusstsein für das zu verlieren, was sie tun. Die heilende Kraft für alle menschliche Bedrängnis und Not, nämlich die Botschaft Christi, enttäuscht immer mehr nachdenkliche Menschen auf Grund ihrer gegenwärtigen Organisationsform."

Kaum zu glauben, dass diese Zeilen vor mehr als 90 Jahren geschrieben wurden. Das „gefährliche Fieber" wirtschaftlicher und politischer Probleme äußert sich allerdings im globalen Kontext heute noch weitaus gefährlicher als damals in den 30er-Jahren. Und auch die „tiefe geistliche Not" zeigt sich nicht zuletzt in unglaublich hohen kirchlichen Austrittszahlen. Ob da die überall greifenden kirchlichen „Strukturveränderungen" etwas verbessern können, wird die Zukunft zeigen. Doch Bonhoeffer war klar, dass nicht die ‚Zahlen' entscheidend sind, sondern vor allem die glaubwürdig vermittelte und gelebte Botschaft Jesu Christi.

Wunderbare Verwandlung

Heute gedenken wir des Todestages von Dietrich Bonhoeffer vor 80 Jahren. „Stationen auf dem Wege zur Freiheit" nannte er ein Gedicht, das er während seiner Haftzeit in Berlin-Tegel am 25.7.1944 geschrieben hat. Vier Strophen, vier Stationen, Schritte auf dem Wege zur Freiheit. „Zucht, Tat, Leiden, Tod" hat er die einzelnen Strophen überschrieben. Diese Schritte hat Bonhoeffer für sich vollzogen, bis zum letzten. Am 8. April, dem Sonntag nach Ostern, hält Bonhoeffer für seine Mitgefangenen eine Andacht über die Tageslosung aus Jes. 53,5: *… durch seine Wunden sind wir geheilt …* – Es dauert nicht lange, da wird die Tür geöffnet: „Gefangener Bonhoeffer, fertigmachen und mitkommen". Er kann noch ein paar Sachen zusammenraffen, einem englischen Freund trägt er Grüße auf; dann seine letzten Worte: *„Das ist das Ende – für mich der Beginn des Lebens."* Nach einem Standgerichtsverfahren in der Nacht im KZ Flossenbürg wird Bonhoeffer am Morgen des 9. April zusammen mit Admiral Canaris und General Oster hingerichtet. – Er war 39 Jahre alt.

Als dritte Station auf dem „Weg zur Freiheit" hatte Bonhoeffer über das „Leide" geschrieben: *„Wunderbare Verwandlung. Die starken, tätigen Hände sind dir gebunden. Ohnmächtig, einsam siehst du das Ende deiner Tat. Doch atmest du auf und legst das Rechte still und getrost in stärkere Hand und gibst dich zufrieden. Nur einen Augenblick berührtest du selig die Freiheit, dann übergabst du sie Gott, damit er sie herrlich vollende."*

Aus der Bergpredigt neu geboren werden

„Es hat keinen Sinn, die Zukunft vorauszusagen, die in Gottes Hand liegt; aber wenn uns nicht alle Zeichen täuschen, läuft alles auf einen Krieg in naher Zukunft hinaus; und der nächste Krieg wird gewiss den geistlichen Tod Europas zur Folge haben. Deshalb brauchen wir in unseren Ländern eine wirklich geistlich geprägte und lebendige christliche Friedensbewegung. Die westliche Christenheit muss aus der Bergpredigt neu geboren werden."

„Mit der Bergpredigt kann man keinen Staat machen ...", hat ein ehemaliger Bundeskanzler gesagt. Mag sein, aber die Christenheit und ihre Kirchen können „aus der Bergpredigt neu geboren werden". Welch ein Leitmotiv wäre das für all die heutigen mühsamen kirchlichen Bemühungen, „zukunftsfähig" zu werden!
Das Abstoßen zu teuer gewordener ‚Baulasten', die Verringerung von Pfarrstellen, die Reduzierung kirchlicher Bürokratie bedeuten da nur oberflächliche Maßnahmen. Überzeugend und einladend werden die verschiedenen Konfessionen und Kirchen nur sein, wenn sie die Botschaft Jesu, wie sie in der Bergpredigt konzentriert zu finden ist, für die Menschen von heute glaubwürdig leben.

Was mit dem Wirklichwerden des Glaubens gemeint ist

„Aus all dem, was ich von Ihnen und Ihrer Arbeit weiß, nachdem ich Ihre Bücher und Ihre Bewegung über einige Jahre studiert habe, schließe ich, dass wir westlichen Christinnen und Christen von Ihnen lernen sollten, was mit dem Wirklichwerden des Glaubens gemeint ist und was ein Leben erreichen kann, das dem politischen Frieden und dem Frieden zwischen ethnischen Gruppen gewidmet ist. Wenn es irgendwo ein sichtbares Beispiel für das Erreichen solcher Ziele gibt, sehe ich es in Ihrer Bewegung. Ich weiß selbstverständlich, dass Sie kein getaufter Christ sind; doch die Menschen, deren Glauben Jesus pries, gehörten zumeist auch nicht zu der offiziellen Kirche ihrer Zeit."

Die Friedensbewegung Mahatma Gandhis war für Dietrich Bonhoeffer ein „Wirklichwerden", eine überzeugende Realisierung der Botschaft des ‚Bergpredigers' Jesus. Wie er es kaum in der zerstrittenen Kirche seiner Zeit fand, sah er dort die wesentlichen Inhalte der Botschaft Jesu in konkretes, politisch wirksames Handeln übersetzt. Nicht anders als das klare Bekenntnis von Barmen zeigt der Brief Bonhoeffers, welcher gesellschaftliche Auftrag sich mit der Verkündigung des Evangeliums für alle Zeiten verbindet.

Ihr mit Ihnen verbundener Dietrich Bonhoeffer

„In ganz Europa bin ich gereist und habe ich gelebt. Ich fuhr in die USA, um zu finden, wonach ich suchte; doch ich fand es nicht. Ich möchte mir nicht selbst vorwerfen müssen, dass ich eine große Gelegenheit in meinem Leben versäumt habe, um die Bedeutung christlichen Lebens, eines wirklichen Gemeinschaftslebens, von Wahrheit und Liebe in der Wirklichkeit zu verstehen. Die Frage, die ich Ihnen vorlegen möchte, ist, ob ich die Erlaubnis erhalte, mit Ihnen einige Zeit in Ihrem Aschram zu verbringen, um Ihre Bewegung zu studieren. (…) Nochmals bitte ich Sie um Entschuldigung dafür, dass ich mich persönlich an Sie gewandt habe.
Ich verbleibe, verehrter Mahatmaji, sehr ehrerbietig.
Ihr mit Ihnen verbundener
Dietrich Bonhoeffer"

So persönlich, wie er ihn begonnen hat, beendet Dietrich Bonhoeffer auch seinen bedeutsamen Brief an Gandhi. – Dieser hat bereits am 1. November 1934 geantwortet und den jungen Theologen zu sich eingeladen. Doch Bonhoeffer hat die Reise nicht angetreten. Wolfgang Huber deutet diese Entscheidung im Blick auf seine Gründung des Predigerseminars in Finkenwalde: *„Die Aufgabe, Pfarrer auszubilden, die etwas gegen die geistliche Auszehrung der Christenheit in Deutschland tun und sie dadurch auch zum Widerstand fähig machen könnten, war für ihn dringlicher." (a.a.O.)* – Für uns bleibt sein lange unentdeckter Brief ein eindrückliches und ermutigendes Dokument, bedeutsam und wegweisend. Nötige Orientierung.

Wolfgang Hochstrate

Jesus im Widerstand gegen die Erwartungen von Freunden und Feinden

Matthäus Kapitel 26 und 27

Wir alle kennen die Passionsgeschichte nach dem Evangelisten Matthäus, besonders in der musikalischen Gestalt der Matthäuspassion von Johann Sebastian Bach. Zudem ist schon unendlich viel Schönes und Gutes gesagt und gedacht worden in Predigten, geschriebenen Andachten, Romanen und sogar Filmen zu diesen weltgeschichtlich bedeutenden Tagen zwischen Palmarum und Karsamstag. Da wird uns Jesus als Vorbild der Widerstandslosigkeit, der duldenden Gewaltlosigkeit dargestellt, sozusagen als die Erfüllung seiner Bergpredigt am eigenen Leibe.

Wir wollen aber in dieser Woche einmal herausarbeiten, dass in Jesus doch mancher Widerstand zu finden ist, nämlich gegen die naheliegenden Erwartungen von Freunden und Feinden, wie er sich gefälligst verhalten solle. Als Prophet hat er alles vom möglichen Ende her gedacht: Wenn er als Davids Sohn (als Nachfolger des legendären Königs David) zum Anführer einer zelotischen Freiheitsbewegung gegen die Römer gemacht würde, dann würde das Ganze in einem Blutbad und in der Vertreibung des jüdischen Volkes enden – so wie es 40 Jahre später im Jahre 70 am Ende des ersten jüdischen Krieges wirklich eingetreten ist mit der Zerstörung Jerusalems und des Tempels. Aus Liebe zu seinem Volke wollte Jesus diesen Irrweg vermeiden!

Oder meinst du, ich könnte meinen Vater nicht bitten, dass er mir sogleich mehr als zwölf Legionen Engel schickte? (Mt 26,53)

Als Jesus auf einem Esel in Jerusalem einzog und die Menge rief: *Hosianna dem Sohn Davids! Gelobt sei, der da kommt im Namen des Herrn! Hosianna in der Höhe!* da hat vermutlich mancher Anhänger gedacht: Das mit der ärmlichen Gestalt von Jesus, das ist bestimmt nur Strategie und Taktik, die Verhüllung seines zukünftigen glorreichen Siegeszuges gegen die verhassten Römer.
Selbst bei der Gefangennahme im Garten Gethsemane gibt es die Auffassung, dass Judas als Zelot mit dem Verrat seinen Herrn und Meister nur zwingen wollte, zu zeigen, was er als Gottessohn so alles drauf hat. ‚Bevor mein Freund Jesus sich gefangen nehmen und hinrichten lässt, wird er doch alle Register ziehen, um dieses zu verhindern.' Auch ein anderer Jünger (bei Matthäus nicht eindeutig Petrus!) scheint dieser Meinung zu sein: Einer muss doch anfangen mit dem Kämpfen! Er greift zum Schwert, schlägt nach des Hohenpriesters Knecht und haut ihm ein Ohr ab. Doch welche Enttäuschung: Kein Signal zum Kampf von Jesus, sondern die Worte: *Stecke dein Schwert an seinen Ort! Denn wer das Schwert nimmt, der soll durchs Schwert umkommen.* Und wenn dann Jesus sich gefangen nehmen lässt und offensichtlich der Todesstrafe entgegengeht, dann kann sich Judas als Verräter des Freundes nur noch aufhängen. Jesus im Widerstand gegen die zelotischen Widerstandskämpfer!

Da antwortete Judas, der ihn verriet, und sprach: Bin ich's, Rabbi? Er sprach zu ihm: Du sagst es.
(Mt 26,25)

Als die Jünger am Gründonnerstagabend beim letzten Mahl sitzen, sagt Jesus: *Wahrlich, ich sage euch, einer unter euch wird mich verraten.* Die Jünger mit ihren komplizierten Lebensläufen trauen sich wohl selbst nicht über den Weg und fragen einer nach dem andern: *Herr, bin ich's?*
Stellen wir uns vor, Jesus wäre der Versuchung erlegen und hätte verkündet: Hier, Judas, unser Schatzmeister, ist dieser Übeltäter. Er hat den Plan, mich ans Messer zu liefern ... Was hätten die anderen Jünger wohl gemacht? Ihn gelyncht oder so zusammengeschlagen, dass er nicht mehr zum Hohen Rat hätte laufen können? Doch dann wäre das ganze heilige Geschehen des Karfreitags, die Opferung des Sohnes Gottes am Kreuz, ausgefallen. Später bei der Gefangennahme sagt Jesus: *Wie würde dann aber die Schrift erfüllt, dass es so geschehen muss?*
Indem Jesus der Versuchung widersteht, einen Namen zu nennen, lässt er zugleich zu, dass Judas am weiteren Abendmahl teilnehmen darf und auch er diese heiligen Worte zugesprochen bekommt: *Das ist mein Blut des Bundes, das vergossen wird für viele zur Vergebung der Sünden.*
Auf den Bildern der alten Meister wird Judas oft mit einem schwarzen Heiligenschein dargestellt, nicht mit einem goldenen. Selbst den dunklen Heiligenschein muss man sich als Verräter und damit Werkzeug Gottes erst einmal verdienen

Und alsbald trat er zu Jesus und sprach: Sei gegrüßt, Rabbi! und küsste ihn. Jesus aber sprach zu ihm: Mein Freund, dazu bist du gekommen? (Mt 26,49 f.)

Wenn ich heute noch einmal auf Judas zurückkomme, hat das natürlich auch biografische Gründe, denn in der Zeit vor 30 Jahren bin ich selbst gelegentlich bezichtigt worden, wegen meiner Stasi-Verstrickung ein Judas gewesen zu sein. Dann wollte ich gelegentlich die Ehre des Judas retten, indem ich auf seine zelotische Zielrichtung beim Freiheitskampf hingewiesen habe. Es sei ihm nicht um das Geld gegangen, ansonsten hätte er mit den 30 Silberlingen außer Landes gehen und sich ein schönes Leben machen können. Doch wie das Leben so kompliziert sein kann: Warum sollten sich damals beide Motive gegenseitig ausgeschlossen haben? Vielleicht hat sich Judas Iskariot gesagt: Wenn erst der Freiheitskampf gewonnen und Jesus der König über das neue Großreich Judäa ist, dann braucht er auch einen bewährten Schatzmeister und Finanzminister. Dann werde ich an den Quellen des Goldes sitzen und über 30 mal dreißigtausend Silberlinge verfügen. Wer wird sich denn mit 30 Silberlingen begnügen, wenn ihm ganz andere Schätze winken? Und wenn der ganze Plan schiefgeht, dann kann ich mich immer noch aufhängen …
Auch andere Jünger (die Söhne des Zebedäus in Mk 10,35–45) haben darum gestritten, wer zur Rechten und wer zur Linken des Thrones von Jesus sitzen darf. Auch gegen jede Form solcher allzu menschlichen Gedanken ist Jesus ein „Widerstandskämpfer“, allerdings nur mit den Waffen seines Wortes: *Wer unter euch der Erste sein will, der soll aller Knecht sein.*

Ich beschwöre dich bei dem lebendigen Gott, dass du uns sagst, ob du der Christus bist, der Sohn Gottes. (Mt 26,63)

Als Jesus nach der Gefangennahme vor Kaiphas steht zum ersten Verhör, denkt sich der Hohepriester vielleicht: Warum muss ich mir kurz vor dem Fest die Nächte um die Ohren schlagen? Dieser aufsässige Pseudoprophet Jesus von Nazareth braucht doch nur zu widerrufen, und dann sind wir das Problem los. Warum ist er denn vorhin im Garten Gethsemane vor der Gefangennahme nicht einfach abgehauen? Dann könnten wir ihm noch etwas Spott wegen Feigheit hinterherschicken. Wir sind doch nicht scharf darauf, neue Märtyrer zu schaffen …
Und so stellt Kaiphas diese ungeheuerliche Frage, deren Bejahung das sofortige Todesurteil wegen Blasphemie bedeuten würde. Vielleicht hofft er, dass Jesus antwortet: Ach, so war das alles nicht gemeint. Ich habe doch nur in Gleichnissen etwas angedeutet, was man auch ganz anders verstehen kann. Lasst mich gehen, dann will ich zukünftig besser auf meine Worte achten …
Doch was macht Jesus? Er antwortet ganz lapidar: *Du sagst es!* Später wird dies auch das einzige Wort sein, das – so Matthäus – Jesus zu Pilatus sagt auf die Frage, ob er der König der Juden sei. Vor Kaiphas fügt Jesus hier aber noch diese Worte an (de facto das eigene Todesurteil): *Doch sage ich euch: Von nun an werdet ihr sehen den Menschensohn sitzen zur Rechten der Kraft und kommen auf den Wolken des Himmels!*
Doch Jesus beginnt seinen Opfergang nach dem Willen des himmlischen Vaters, indem er mit seinen mutigen Worten Widerstand leistet gegen alle Vermittlungsbemühungen der Gegner.

Und er antwortete ihm nicht auf ein einziges Wort, sodass sich der Statthalter sehr verwunderte.
(Mt 27,14)

Nach den Berichten des Matthäus ist Jesus bei den Verhören durch Kaiphas und Pontius Pilatus sehr wortkarg gewesen. Lediglich zweimal dieses *Du sagst es.* Fast scheint es, als hätte Jesus sein eigenes Wort aus der Bergpredigt sehr ernst genommen: Eure Rede aber sei: *Ja, ja; nein, nein: Was darüber ist, das ist von Übel.* (Mt 5,37) Ist es nun eine Form von Widerstand, mit den Vernehmern im Verhör gar nicht erst zu reden? Für diese ist es ja immer wieder durch alle Zeiten eine Art Unterhaltungsprogramm, mit Todgeweihten über deren Beweggründe zu reden. Da fühlt man sich so unendlich überlegen, weil man die Macht hat über Leben und Tod. Auch Rudolf Freisler hat vor dem Volksgerichtshof gerne vor den Angeklagten herumgeschwafelt über deren Motivationen, obwohl die Todesurteile schon längst feststanden.
Nach der Überlieferung des Johannes ist Jesus so sehr auf die Gespräche mit Pilatus eingegangen, dass man ihn dort fast schon eine „Plaudertasche“ nennen könnte. Da ist auch für einen Jesus-Bass-Sänger die Johannes-Passion musikalisch viel ergiebiger als die Matthäus-Passion. Bei Johannes sagt Jesus: *Ich bin ein König. Ich bin dazu geboren und in die Welt gekommen, dass ich die Wahrheit bezeugen soll. Wer aus der Wahrheit ist, der hört meine Stimme.* (Joh 18,37) Anschließend fragt Pilatus resigniert und entnervt: *Was ist Wahrheit?*
Wir könnten beim Nachdenken über alle diese Dinge mit Pilatus heute fragen: Was ist Widerstand?

Mein Gott, mein Gott, warum hast du mich verlassen? (Mt 27,46)

So wie nach den Lehren des Islam (für den Jesus auch ein bedeutender Prophet ist) Jesus nicht wirklich am Kreuz gestorben ist, so kann man auch beim Evangelisten Johannes den Eindruck haben, Jesus am Kreuz hätte diese ganze Geschichte gar nicht viel ausgemacht. Da kann er in aller Seelenruhe sich um seine Mutter und den Jünger Johannes kümmern. Da spricht er: *Mich dürstet!* – damit die Schrift erfüllt würde. Und dass man mit dem letzten Atemzug spricht: *Es ist vollbracht!* – davon träumt jeder fromme Mensch. Beim Evangelisten Lukas, dem Johannes nahestehend, hat Jesus noch die innere Ausgeglichenheit, für die Feinde zu beten, mit den anderen Gekreuzigten über deren Heilsperspektiven zu reden und beim letzten Atemzug einen Psalmvers zu beten.
Doch bei Matthäus nur ein entsetzlicher Schrei, wie auf dem Isenheimer Altar von Matthias Grünewald in Colmar zu sehen. Kein göttliches Theater, sondern die gequälte Kreatur an sich, wie wir sie in jeder Folterkammer dieser Welt, auf jedem Schlachtfeld dieser Welt, in jedem erbärmlichen Sterben eines Krebskranken auf dieser Welt sehen. Gottes Sohn teilt das Leid eines jeden leidenden Mensch an Leib und Seele. Doch dabei finden wir auch Widerstand: Gegen die Versuchung, die Feinde und das eigene Geschick zu verfluchen; gegen das Bedürfnis, die Feinde zu bitten, das eigene Leiden mit der Lanze zu verkürzen; gegen die Gefahr, das ganze zurückliegende Leben für sinnlos zu erklären. Diese ewige menschliche Klage „Wie kann Gott das zulassen?" – hier findet sie ihre existenzielle Berechtigung.

Und wenn es dem Statthalter zu Ohren kommt, wollen wir ihn beschwichtigen und dafür sorgen, dass ihr sicher seid. (Mt 28,14)

An diesem Karsamstag möchte ich einmal bedenken, dass es auch einen Widerstand der Jerusalemer Oberschicht gegen die aufkommende Osterbotschaft gab. Da werden extra von Pontius Pilatus römische Soldaten erbeten, die das Grab von Jesus bewachen sollen, damit die Jünger nicht den Leichnam von Jesus stehlen und behaupten, er wäre auferstanden. Die Soldaten haben also eine hohe Motivation, besonders aufmerksam zu sein. Doch später heißt es: *Die Wachen aber erschraken aus Furcht vor dem Engel des Herrn und wurden, als wären sie tot.*
Als die Wachen geschockt in die Stadt kommen und den Hohepriestern erzählen, was geschehen war, scheinen diese gar nicht den Bericht an sich zu bezweifeln. Die Soldaten werden nicht beschimpft, was sie doch für dämliche Idioten gewesen seien. Es wird ihnen aber viel Geld gegeben mit der Auflage: *Sagt, seine Jünger sind in der Nacht gekommen und haben ihn gestohlen, während wir schliefen.* Mehr Wahrheit interessiert die Ältesten nicht.
Und wenn der Stadthalter auf die Idee kommen sollte, die Soldaten für ihre Unaufmerksamkeit zu bestrafen, dann wird man auch Wege finden, Pilatus zu beschwichtigen.
Was ist damals wirklich gewesen? Gegen diese unnützen Fragen habe ich meinen eigenen Widerstand und beteuere: Selbst wenn an einem entlegenen Ort in der Wüste zweifelsfrei die Gebeine des gekreuzigten Jesus von Nazareth gefunden würden – sie sprächen für mich nicht gegen die österliche Botschaft von der Auferstehung! Was sind schon ein paar menschliche Knochen?

Fulbert Steffensky

Johannes 21,1–13.24

Danach offenbarte sich Jesus den Jüngern noch einmal am See Tiberias … Es waren beieinander Simon Petrus und … Da sagte Simon Petrus zu ihnen: Ich will fischen gehen. Sie sagten zu ihm: Dann wollen wir mit dir gehen. Sie gingen hinaus und stiegen ins Boot, aber in dieser Nacht fingen sie nichts. Als es schon Morgen war, trat Jesus ans Ufer, aber die Jünger wussten nicht, dass es Jesus war. Da sagte Jesus zu ihnen: Kinder, habt ihr nichts zu essen? Sie antworteten ihm: Nein. Er aber sagte zu ihnen: Werft das Netz an der rechten Seite des Bootes aus, so werdet ihr etwas finden. Da warfen sie es aus und konnten es nicht mehr herausziehen vor lauter Fischen. Da sagte der Jünger, der Jesus lieb hatte, zu Petrus: Es ist der Herr! Als Simon Petrus hörte, dass es der Herr war, warf er sich das Obergewand über, denn er war nackt, und sprang ins Wasser. Die andern Jünger aber kamen mit dem Boot …
Und zogen das Netz mit den Fischen hinter sich her. Als sie an Land stiegen, sahen sie ein Kohlenfeuer und Fische darauf und Brot … Da sagte Jesus zu ihnen: Kommt und haltet das Mahl! Niemand aber unter den Jüngern wagte, ihn zu fragen: Wer bist du? Denn sie wussten, dass es der Herr war. Da kam Jesus und nahm das Brot und gab's ihnen, ebenso auch die Fische. 24. Das ist der Jünger, der dies alles bezeugt und aufgeschrieben hat, und wir wissen, dass sein Zeugnis wahr ist.

LUTHER

Ich will fischen gehen

Petrus, Thomas, Nathaniel und einige andere der Jünger Jesu am See Tiberias: Am Ufer jenes Sees hat es angefangen. Dort hat Jesus den Simon weggeholt von seinen Netzen, von seinem alltäglichen Beruf und von seiner Familie. Dort hat die Zeit der großen Hoffnung begonnen. Sie haben gesehen, wie Blinde ihr Augenlicht wieder bekamen; Lahme ihren Tanz. Die Vertreibung der bösen Lebensgeister haben sie erlebt. Dann der große Zusammenbruch: Ihr Verrat und der Tod dessen, auf den sie ihre Hoffnung gesetzt hatten. Jetzt wieder am See und bei ihren Netzten. *Ich will fischen gehen,* sagt Petrus den Freunden. Ein Satz, den er im alten Leben vor der Zeit der Hoffnung oft gesagt hat. War die Hoffnung nur ein trügerisches Zwischenspiel? War es die kurze Zeit der großen Illusion, die die Enttäuschung nur noch grausamer macht? Wir kennen den Ausgang der Geschichte, die Erscheinung des Auferstandenen. Bleiben wir einen Augenblick vor jenem Ausgang, bei der Trauer der Jünger über die verlorene Hoffnung! Es sind Menschen, die keine Hoffnung mehr haben, nachdem sie alles auf die eine Karte gesetzt hatten; auf den einen Menschen, von dem Petrus gesagt hat: *Du bist Christus, der Sohn des lebendigen Gottes.* Und nun nur noch die Resignation, die sie von Alters her kannten: Lasst uns zur alten Welt der Mühsal und der Hoffnungsarmut zurückgehen! Wir wollen fischen gehen! Das bleibt uns noch, mehr nicht!

Als es schon Morgen war, stand Jesus am Ufer, aber die Jünger wussten nicht, dass es Jesus war

Die Hoffnung und der Glaube kommen langsam nach dem großen Zusammenbruch. Nach der Nacht des vergeblichen Fischfangs sehen sie einen am Ufer stehen, *aber die Jünger wussten nicht, dass es Jesus war.* Die Ostergeschichten sind wie Erzählungen aus dem Morgengrauen, die Konturen sind noch undeutlich. Der Fremde, der da im Garten vor dem Grab steht, kann der Gärtner sein, es kann auch Christus sein. Der Fremde, der mit auf dem staubigen Weg nach Emmaus geht, scheint ein Fremder, aber es ist Christus. Der Glaube muss lesen lernen. Er muss Christus lesen im Fremden am Ufer, im Gärtner vor dem Grab, im Wanderer, der den langen Weg mitgeht. Gott ist höflich. Er überzeugt nicht mit Donnerschlägen von der Wahrheit der Hoffnung. Die Glaubenden müssen sie entdecken. Es müssen ihnen die Augen aufgehen. Sie haben noch eine Arbeit vor sich: sie müssen lesen lernen. Nur in der gröbsten, in der unpoetischsten Ostergeschichte ist es anders, in der Geschichte des ungläubigen Thomas. Er will erst glauben, wenn er Beweise hat. Er will erst glauben, wenn er die Hand in die Wunde Christi gelegt hat. Sein Herz will erst eine Garantie, ehe es sich auf den mühseligen Glaubensweg macht. Schöner und erwachsener sind die anderen, die sich schon im Morgengrauen auf den Glaubensweg machen, in der Zeit der Undeutlichkeit und des Wagnisses.

Er sprach zu ihnen: Werfet das Netz aus! … Sie konnten es nicht mehr ziehen wegen der Menge der Fische. Da spricht der Jünger: Es ist der Herr.

Unsere Lage als Glaubende: die Situation der Jünger und Jüngerinnen vor der großen Klarheit und vor den Zeichen. Wir haben eine Erzählung von dem Fischwunder, wir haben kein Wunder. Wir haben die Erzählung davon, dass Thomas Christus an seinen Wunden erkannte; wir haben kein Wunder. Und sollte gelegentlich ein Wunder geschehen, dann macht dies nur umso schmerzhafter deutlich, wie viele Wunder ausbleiben. Kein Wunder, dass vielen dieser wunderlose Glaube schwer wird! Wir leben in Zeiten, in denen man wetten muss, wenn der Glaube überleben will. Man wettet darauf, dass Gott seinen Gesalbten nicht der Verwesung überlassen hat. Man setzt darauf, dass Gott lebendiger ist als unsere karge Hoffnung und der geringe Glaube. Man wettet gegen sich selbst und das schwache Herz. Ja, ich weiß, Wetten kann man verlieren. Aber davon lassen die sich nicht bannen, die das Leben lieben und die alles auf diese Karte der Hoffnung setzen. Wir haben keine Wunder, aber wir haben die großen Erzählungen von den Gotteswundern, und gelegentlich lesen wir sie dem eigenen schwachen Herzen vor.

Spricht Jesus zu ihnen: Kommt und haltet das Mahl!

Das Mahl ist versprochen, wenn das Reich des Friedens angebrochen ist. Darum die Vision vom großen Gastmahl im Reiche Gottes. Darum das Mahl Jesu mit den Jüngern in Emmaus; darum teilt Christus am See Brot und Fisch mit seinen Jüngern. Welche wundervolle Poesie: Im Reiche Gottes wird nicht nur das Notwendige vorhanden sein, sondern auch das Überflüssige: Wein, Musik und Spiel. Gott liebt den Überfluss, nicht die Kärglichkeit. Ein Schatten von diesem Überfluss fällt auf unsere Kirche, das Abendmahl, das wir miteinander feiern. Es ist der große Vorgriff auf die Versöhnung; es ist das Angeld auf das Spiel, das einmal endgültig gespielt werden soll. Was aber ist aus dem Spiel geworden, das die Kirchen geerbt haben? Bitterer Ernst! Sie zanken sich kindisch darüber, was die genauen Spielregeln sind. An den Spielregeln sind sie mehr interessiert als am Spiel. Sie streiten sich darüber, wer mitspielen darf und wer vom Spiel auszuschließen sei. Sie machen aus der Poesie ein Gesetz und ein geregeltes Verfahren. Es gibt in den Kirchen so viel Verschwendung der Schönheit des Glaubens. Vielleicht müssen wir Theologen uns einmal vor Gott dafür verantworten, dass wir die Gemeinden in die falschen Fragen verstrickt haben und die wichtigen vergessen haben.

Niemand unter den Jüngern wagte, ihn zu fragen: Wer bist du? Denn sie wussten, dass es der Herr war.

Die Figur am Ufer im Morgengrauen. Es dämmert, und es dämmert den Jüngern: Es ist der Herr. Im Dämmerlicht sind die Figuren verwechselbar: Der Fremde im Garten – der Gärtner? Der Fremde auf dem Weg – Christus? Der Mann am Ufer in der Morgendämmerung – ein Fremder? Oder Christus? Oder doch ein Fremder? Oder der Fremde als Christus? Nein, es liegt nicht nur am fahlen Morgenlicht. Christus erscheint in den fremden Gestalten. Auch das ist Auferstehung, dass Christus nicht mehr gebannt ist in die Figur seines irdischen Leibes: Der heimatlose Fremde, das hungernde Kind, die vergewaltigte Frau, alle Liebenden, alle Geliebten, die Unglücklichen, die Glücklichen, aber vor allem die Unglücklichen – wir wagen nicht, sie zu fragen, denn wir wissen, dass es der Herr ist. An die Auferstehung glauben, heißt, die Gesichter Christi erkennen unter den fremden Gestalten. Man kann nicht an die Auferstehung glauben und zugleich die fremden Gestalten Christi verkennen. Für das Glück der Glücklichen danken; weinen über das Unglück der Unglücklichen – das ist nicht eine Frage von Moral, sondern eine Frage des Glaubens an die Auferstehung. Christus steht im Garten und wartet darauf, dass wir ihn erkennen. Er ist anzutreffen auf den staubigen Lebenswegen und sehnt sich danach, von uns erkannt zu werden. Christus erkennen, seine Auferstehung bezeugen: Ihn ehren in den fremden Gestalten.

Als Petrus hörte, dass es der Herr sei, warf er sich ins Wasser.

Schon einmal wurde erzählt, dass Petrus sich ins Wasser geworfen hat. In jener Geschichte wäre er um ein Haar untergegangen. Hier geht er nicht unter. Es ist nach der Auferstehung. Er schreit nicht mehr kläglich: *Herr, hilf mir, ich gehe zugrunde!* Petrus ist freier und schöner geworden. Er flieht nicht mehr feige. Er verrät nicht mehr, wie er damals Jesus verraten hat. Der Glaube an die Auferstehung führt in eine neue Lebensschönheit. Auf nichts zu setzen als auf den Gott, der für uns ist, ist die Realisation dieses Glaubens. Über die falschen Wichtigkeiten zu lachen; die Sehnsucht nach dem Leben ist die Realisation dieses Glaubens. Auf Gott setzend, frei und furchtlos, lachend und das Leben liebend – so möchte man leben. Das ist der Charme des Glaubens an die Auferstehung. Es ist dieser Charme, der mich dazu verlockt, an den Sieg über den Tod zu glauben. Ich brauche diesen Glauben wie das tägliche Brot. Aber es ist in diesem Glauben auch etwas, was über den Gebrauch hinausgeht: Schönheit und Charme. Wenn der Glaube an die Auferweckung Christi schwer fällt, so könnte man die Geschichten, die davon erzählen, doch schön finden. Etwas schön zu finden, ist wichtiger, als an etwas nur zu glauben.

Dies ist der Jünger, der dies alles bezeugt und aufgeschrieben hat. Und wir wissen, dass sein Zeugnis wahr ist.

Meine verstorbene Frau und ich haben gerne voneinander abgeschrieben, wenn uns Eigenes nicht einfiel; ein schönes Bild für das, was in der Kirche geschieht. Oft sind der eigene Glaubensverstand und das eigene Hoffnungsvermögen nicht groß genug um zu leben. Man schreibt den Glauben von den Herzen der Geschwister ab, die schon kräftigere Glaubenslieder singen können als man selber. Man liest den Toten den Glauben von den Lippen, wenn man ihre Lieder singt und ihre Zeugnisse hört. Das eigene Herz allein ist zu schwach, den Glauben zu bezeugen. Da sind die Jünger und Jüngerinnen, *die dies alles bezeugen.* Da sind unsere Toten, die in den Kirchen, in denen wir beten, ihre Gebete gestammelt, ihre Tränen geweint und ihre Hoffnungen gesungen haben. Wir schreiben vom Glauben der Toten ab, und man muss nicht an der eigenen Kärglichkeit verhungern. Sie haben *alles bezeugt.* Sie sind unsere Väter und Mütter im Glauben. Ich glaube daran, dass das Grab Christus nicht gefangen gehalten hat, weil Johannes es geglaubt hat; weil Paul Gerhardt die Auferstehung besungen hat und weil Dietrich Bonhoeffer im Gefängnis nicht von diesem Glauben gelassen hat. Wenn man glaubt, ist man immer auch Gast in fremden Glaubenszelten und lebt nicht nur in der windschiefen Hütte der eigenen Hoffnung.

Bernd Reuther

Psalm 23,3a (in der Übersetzung von Martin Buber)

Die Seele mir bringt er zurück.

An fremden Orten

Wer mit Douglas Adams durch dessen interstellare Fantasien reist, braucht zwei Dinge: ein Handtuch und den Ratgeber „Per Anhalter durch die Galaxis".
Dieser hilft einem, sich mit neuen Situationen an bisher unbekannten Orten zurechtzufinden.
Ein Ort, an dem auch der beste Ratgeber keine Hilfe mehr sein kann, ist ein Raumschiff der Vogonen.
Keine Spezies ist bürokratischer und schlechter gelaunt. So muss man sich nicht wundern, wenn man sich im Würgegriff eines vogonischen Kadetten wiederfindet, dessen einziger Satz, selbstverständlich gebrüllt, lautet: „Widerstand ist zwecklos".
Zum Glück sind Vogonen nur das Produkt der literarischen Fantasie. Orte, an denen, und Situationen, in denen einem angst und bange werden kann, gehören zur Realität.
Manchmal fühle ich mich wie im Würgegriff und ich höre die Stimme „Widerstand ist zwecklos" durch alle meine Glieder hallen.
Ich bin wie gelähmt.
Meine Urteilskraft kauert leblos irgendwo in mir.
Ich finde meine Seele nicht mehr in mir.

An fremden Orten in mir

Jetzt ist sie weg, alles ist weg, ich bin alleine, durch so viele Formen geschritten, jetzt alleine in mir, ohne Halt, spüre mich nicht mehr, nur noch den Schmerz, nichts, nur kalt und spitz auf meiner Haut, in meiner Haut, ich in mir, in einem leeren Raum, jeder Atemzug hallt tausendfach in mich zurück, es bleibt nur die Leere, kein zweites Ich, kein gezeichnetes ...
Worte für die Leere zu finden, auch mit lyrischer Unterstützung, bleibt immer ein Tasten. Am fremden Ort der Leere gibt es nur Sprachlosigkeit, gibt es keine Worte, schon gar keine, die auch nur annähernd Lichtsinn brächten.
Die Atempause nach dem Lager, die nächtlichen Stunden der Schlaflosigkeit nach der Diagnose, nach dem Abschied.
Der Wille kauert leblos irgendwo in der Leere.
Die Seele ist nicht mehr da.

Vor dem Fundbüro

„Eine Entscheidung ist genau dann frei, wenn der Betreffende am Ende aus demjenigen Willen heraus handelt, der seinem abgewogenen Urteil entspricht, wenn also sein Urteil Regie über seinen Willen führt. Aus Unfreiheit würde er handeln, wenn er von einem Willen getrieben würde, gegen den sein Urteil nichts vermöchte." So schreibt es der Philosoph Peter Bieri in seinem Buch vom „Handwerkszeug der Freiheit".
Die Fähigkeit, zu beurteilen, zu abgewogenen Urteilen zu kommen, ist also das wichtigste Handwerkszeug des Widerstands. Des Widerstands gegen Orte, an denen ich nur noch ein Getriebener fremden Willens bin. Orte, an denen das gilt, was schon immer war, Orte, an denen Gewalt und Tod zur Logik politischen Handelns gehören, Orte in mir, an denen ich jegliche lebendige Beziehung nach außen verloren habe.
Ich behaupte: Für solches Urteilen brauche ich Geist und Seele.
Auf ins Fundbüro! Meine verlorenen Schlüssel habe ich dort auch wiederbekommen, warum nicht auch meine Urteilskraft und meine Seele.

Im Fundbüro drinnen

Verständnislose Blicke können ins Mark treffen. Der Blick der Mitarbeiterin im Fundbüro, mit der dazu in Falten gezogenen Stirn traf voll ins Schwarze. „Ich dachte halt nur …“, drei Lügen in einem Satz: ich, ohne Seele? – dachte, ohne Urteilskraft? – nur, Gedanken sind niemals „nur“. Diese Gedanken verstärkten ihren Blick noch. Flucht, ein stilvoller Abgang nicht mehr möglich.

Es gibt wenig, was ein längerer Spaziergang am Fluss nicht zumindest etwas wieder gerade rücken kann. Wichtig ist nur, dass der Weg anfangs in die entgegengesetzte Richtung der Strömung geht.

Schlüssel und Seele (nach der Urteilskraft hatte ich nicht gefragt, glücklicherweise), beide verloren, gleich zu setzen und dies auf den Ort des Findens zu übertragen, war naiv. Obwohl: Ohne Schlüssel komme ich nicht in meine Wohnung, ohne Seele nicht zu mir und zur Welt …

Der Spaziergang heute ist lang und anstrengend. Wo ist der Ort, den ich suche, an dem ich mich wiederfinde? Hilft es, bis zur Quelle zu laufen, oder ist es besser Richtung Mündung zu gehen? Oder doch alles sinnlos, kein Ort, nirgends.

U-Turn

Zum Glück hilft es zu laufen. Schritte, die in ein Erkennen münden.
Die Seele mir bringt er zurück.
Es geht nicht um Fluchtpunkte, nicht um Orte, an denen etwas gefunden werden kann.
Die Seele mir bringt er zurück.
Wenn ich die Seele verloren habe, finde ich sie an keinem Ort der Welt wieder.
Die Seele mir bringt er zurück.
Er, von dem ich sie habe, er, der sie mir eingehaucht hat, als er mich gebildet hat aus Erde und Lehm.
Die Seele mir bringt er zurück.
Er wendet mich auf meinem Weg, lässt mich alles neu sehen.
Die Seele mir bringt er zurück.
Er, in dessen Nähe ich neu zu atmen beginne

Quasimodogeniti

Der Sonntag dieser Woche hat einen ganz besonderen Namen: *Wie neu geboren.*
Die Seele mir bringt er zurück.
Wie in der ersten Schöpfung erfüllt mich der Odem Gottes neu und ich bin wie neugeboren.
Die neue Schöpfung, das Wunder neu anzufangen.
Altes ist vergangen, Neues geworden.
Nicht dass sich jeder Verlust, jede Leere sofort ins Gegenteil verkehrt.
Kein Ort, nirgends. Es ist Teil des Widerstands, die Leere zu ertragen, aber nicht um ihr Freund zu werden.
Die Seele mir bringt er zurück.
Diese gewisse Hoffnung ist die wichtigste Frucht des Glaubens. (Sorry Paulus, aber gerade glaube ich, dass die Hoffnung die größte unter den Dreien ist.)
Die Seele mir bringt er zurück.
Neu anfangen dürfen, das Gegenwort zu aller Leere, allem Hass, aller Gewalt, das Gegenwort zu den so scheinbar unveränderlichen Strukturen jeder Weltzeit.

Widerstand ist zwecklos

In der literarischen Fantasie Douglas Adams' rettet ein unwahrscheinliches Wunder die beiden zentralen Figuren des Buches. (Hauptdarsteller können ja auch schwerlich nach dem ersten Viertel des Buches sterben.)
Mit den Gedanken dieser Woche:
Um immer wieder Kraft zum Widerstand zu haben, bedarf es meiner Seele und meiner Urteilskraft. Vor allem aber bedarf es der gewissen Hoffnung, dass mir beides nicht geraubt werden kann, oder besser, dass selbst wenn mir die Welt die Seele raubt und die Urteilskraft vernebelt, mir beides immer wieder neu geschenkt wird.
Manchmal sagt man von Menschen, dass sie einen funktionierenden inneren moralischen Kompass haben. Andere Worte für Seele und Urteilskraft sind da.
Um immer wieder die Kraft zum Widerstand zu haben, bedarf es der Erfahrung des Neugeborenseins.
Die Seele mir bringt er zurück.
Gott schenkt mir seinen Odem, er macht mich neu.
Er bringt mir zurück, was ich zum Leben brauche.
Er macht mich und alles neu.
Die Seele mir bringt er zurück.

Marianne Riecke

Das Vertrauen einer Frau

Matthäus 15,21–28

21 Jesus ging weg von dort und zog sich in das Gebiet von
Tyrus und Sidon zurück.
22 Und siehe, eine kanaanäische Frau aus jener Gegend
kam zu ihm und rief: Hab Erbarmen mit mir, Herr, du
Sohn Davids! Meine Tochter wird von einem Dämon ge-
quält.
23 Jesus aber gab ihr keine Antwort. Da traten seine Jün-
ger zu ihm und baten: Schick sie fort, denn sie schreit
hinter uns her!
24 Er antwortete: Ich bin nur zu den verlorenen Schafen
des Hauses Israel gesandt.
25 Doch sie kam, fiel vor ihm nieder und sagte: Herr, hilf
mir!
26 Er erwiderte: Es ist nicht recht, das Brot den Kindern
wegzunehmen und den kleinen Hunden vorzuwerfen.
27 Da entgegnete sie: Ja, Herr! Aber selbst die kleinen
Hunde essen von den Brotkrumen, die vom Tisch ihrer
Herren fallen.
28 Darauf antwortete ihr Jesus: ***Frau, dein Glaube ist***
groß. Es soll dir geschehen, wie du willst. *Und von*
dieser Stunde an war ihre Tochter geheilt.

EINHEITSÜBERSETZUNG

Gott sei Dank, es ist Sonntag!

Sonntag! In jeder Woche ist dieser Tag besonders hervorgehoben, ein Ruhetag, ein Tag zum Kräftesammeln. An diesem ersten Sonntag im Mai gibt es dafür viele Möglichkeiten. Es ist Frühling, Zeit des Aufbruchs. Wir erleben einen der Sonntage nach Ostern, eine Erinnerung an die Auferstehung. Dunkle Zeiten und Todesnächte haben nicht das letzte Wort. Leben setzt sich durch. Daran können dieser Tag und die Bibelworte erinnern. *Jesus zog sich zurück,* beginnt die Überlieferung. Eine gute Idee, auf anstrengende Tage mit Rückzug zu reagieren. So kann man Turbulenzen hinter sich lassen, zur Ruhe kommen, sich erholen, sich neu einbalancieren.
Vielleicht ist so eine geschenkte Zeit mit einem Rückblick verbunden. Der Kirchentag in Hannover geht heute zu Ende. Sein Motto „mutig, stark, beherzt" (1. Kor 16,13–14) kann sich breitmachen und im Alltag Spuren hinterlassen. Sonntagserkenntnisse haben die Chance, in die Tat umgesetzt zu werden. Der Mai ist gekommen, frischer Wind, Ermutigung und Vertrauen auch. Gott sei Dank!

Urlaubsreif, und dann?

Jesus war urlaubsreif. Nach den vielen Veranstaltungen und dem großen Streitgespräch mit Pharisäern und Schriftgelehrten wollte er nur noch weg. Dieses Mal zog er sich nicht allein zurück. Seine Jünger sollten mitkommen. Eine neue Gegend, wo ihn keiner kannte, schien ihm passend. Über die Grenze wollte er, dahin, wo bestimmt niemand hinterherkommen würde. Deshalb wanderten sie an der Küste entlang zwischen Tyrus und Sidon, dem heutigen Libanon. Mit der Bevölkerung, die eine andere Religion und Kultur hatte, wollten seine Landsleute nichts zu tun haben. Schon damals gab es dort große Spannungen. Jesus und seine Leute waren auf dem Weg, als ihnen prompt eine Frau, die dort wohnte, hinterherlief. Sie rief laut, sie schrie. Verzweifelt versuchte sie, sich Gehör zu verschaffen. Als Kanaanäerin oder als syrophönizische Frau wird sie in den Überlieferungen bezeichnet.

Eine unangenehme Situation. Gerade war alles so harmonisch und jetzt das. Muss Jesus darauf reagieren, am ersten Urlaubstag schon wieder aktiv werden, statt sich zu erholen? Konflikt statt Problemlosigkeit?

Was mache ich in solchen Situationen? Überhöre ich solche Notrufe? Schütze ich mich selbst vor Überforderung? Lasse ich den Konflikt zu?

Ich sehe aus dem Fenster: Es ist Frühling! In Gottes Schöpfung gibt es keinen puren Frühling. Immer erwächst er aus Vorherigem, aus trockenem Laub, aus Verfallenem. Das heißt für mich: Ich muss auch Störendes, Unbequemes zulassen und in den Blick nehmen. So kann Neues, gutes Leben, Schönheit, Harmonie und Frieden wieder wachsen.

Tu doch was!

Wir lesen von einer Frau in einer extremen Belastungssituation. Sie ruft öffentlich um Hilfe. Es geht um ihre Tochter, die von einem bösen Geist gequält wird. Ob die Ursachen dafür durch eine Krankheit, Soziales, Wirtschaftliches oder anderes hervorgerufen wurden, ist nicht benannt. Nicht auszuhalten ist die Not von Tochter und Mutter. Es ist wirklich ernst. Ein Kind soll geheilt werden. Das ist lebensnotwendig.
Alles, was die Frau bisher versucht hat, lief ins Leere. Sie hält es nicht mehr aus. Verzweifelt rennt sie auf die Straße und schreit das Unerträgliche heraus. So verhält sie sich normalerweise nicht. Jetzt ist es ihr egal, ob sie aneckt und was andere über sie denken. Sie will Hilfe! Die Frau hatte wohl von Jesus gehört, dass er hilft, heilt und sich den Menschen in ihren Lebenssituationen zuwendet, Kindern und Frauen besonders. Da war er! Sie musste handeln, rannte und schrie hinter ihm her. Ihre ganze Hoffnung setzte sie auf diesen Mann, den sie „Sohn Davids" nannte. Die Einheimische kannte sich aus im Judentum. „Herr, erbarme dich – Kyrie Eleison." Diese Frau sieht in Jesus ihre Rettung. Lebensverändernde Hilfe könnte wahr werden. Ihr ganzes Vertrauen setzt sie auf ihn.
Ich stelle mir die Situation vor und denke an die übermäßige Willensstärke dieser Frau. Obwohl sie in ihrem Leben und mit ihrer Tochter bis zur Grenze des Erträglichen gegangen ist, hat sie sich einen inneren Vertrauenskern bewahrt. Unkaputtbar! Sie lässt sich durch die Umstände nicht lähmen, gib nicht auf, wendet sich an Jesus und vertraut.

Geht's noch?

Jesus antwortete kein Wort. *Kein Wort,* so überliefern es Matthäus und auch Markus. Eine Frau kommt in großer Not zu diesem bekannten Helfer und er behandelt sie wie Luft. Unglaublich! Das tut beim Lesen weh! Was ist denn mit ihm los? Ich habe ein ganz anderes Bild von Jesus. Er ist Sohn Gottes und verwirklicht Liebe, Respekt und tatkräftige Unterstützung. Er hört zu und heilt. Wie kann er eine Frau, die unüberhörbar hinter ihm her schreit, nicht hören? Seine Jünger sind genervt und bitten ihren Leiter darum, sie wegzuschicken. Eine weitere Unverschämtheit folgt. Über den Kopf der Frau hinweg antwortet Jesus den Jüngern, als sei sie nicht da. Erniedrigend!

Die Frau reagiert, indem sie dazwischengeht und sich vor Jesus auf die Knie wirft. Nicht zu übersehen und nicht zu überhören, bittet sie erneut um Hilfe. Ist es zu fassen? Jesus weist sie wieder ab und erklärt, dass er nicht zuständig ist. Damit kommt er bei ihr nicht durch. Sie lässt sich nicht mehr kränken. Die Demütigungen scheinen an ihr abzuperlen. Diese Frau beharrt nicht lautstark kämpferisch auf ihrem Recht. Stattdessen spricht sie ruhig, konzentriert und argumentativ geschickt. Jetzt begegnen die beiden sich auf Augenhöhe, von Mensch zu Mensch. Die Frau scheint Jesus von seiner eigenen göttlichen Botschaft zu überzeugen.

„Gottes Sohn wurde ganz Mensch", erinnere ich mich. Dieser Mensch, mit seinen Schattenseiten, Jesus, stellt verändert fest: *Frau, dein Vertrauen ist groß. Es soll dir geschehen, wie du willst.*

Wir müssen reden!

In dieser Begegnung prallen zwei Welten aufeinander. Entwürdigung, Rechthaberei und Überheblichkeit sind nur einige Worte, die mir zu diesem Spannungsfeld einfallen. Wie ist ein Gespräch möglich bei einer so tiefen, verletzt-verletzenden Kluft?
Die Frau lässt sich nicht mundtot machen. Sie nimmt sogar die Argumentation von Jesus auf, als er im Gespräch dreist sagt, dass Kinder, die am Tisch sitzen, den Vorrang haben vor Hunden unter dem Tisch (damit scheint er sie und die anderen Einwohner der Region zu meinen). Sie setzt dagegen, dass auch Hunde zur Tischgemeinschaft gehören. Unabhängig von der Wertigkeit eines Oben oder Unten ist genug für alle da. Selbst kleine Brotkrümel reichen, damit *alle* versorgt sind.
Jesus ist beeindruckt und verändert.
Da muten sich zwei Menschen einander zu, trotz extremer Unterschiede, Denkweisen und Emotionen. Im Gespräch ereignet sich das Wunder. Dranbleiben, sachlich, geistesgegenwärtig und unerschütterlich vertrauend – welcher Einsatz!
Heute, 80 Jahre nach Ende des Zweiten Weltkriegs, werden Erinnerungen und Zukunftsaussichten bedacht. In der überlieferten Geschichte der kanaanäischen Frau geht es um Leben und Nichtleben. Die Lösung entwickelte sich im Gespräch. Haben Zuhören, gegenseitiger Respekt und hartnäckiges Beharren auf einem Gespräch eine Chance?
An diese unglaubliche Frau, die meinen Glauben beeinflusst, möchte ich mich immer wieder neu erinnern.

Und jetzt?!

Von Anfang an ist diese Geschichte herausfordernd. Ich bin noch lange nicht fertig damit. Das Ereignis kratzt wie ein Stein im Schuh. Fast nebenbei wird berichtet, dass die Tochter geheilt wurde. Das wesentliche Wunder hat sich vorher entwickelt, im gemeinsamen Gespräch. Wahrnehmungen und Weltanschauungen prallten aufeinander. Trotz himmelschreiender Not und Ignoranz entwickelte sich in der Begegnung Offenheit. Abstand wurde überwunden, unterschiedliche Überzeugungen zugelassen.
Sowohl die Frau als auch Jesus muteten sich einander zu. Ein echtes Gespräch konnte entstehen und wirksam werden. Das sehe ich als Appell, mich von Aussichtslosigkeit nicht blockieren zu lassen und eine Auseinandersetzung trotz Hindernissen zuzulassen. Gottvertrauen möchte ich beherzt in den Blick nehmen und entsprechend handeln. Es könnte sich als wundervoll erweisen.
Frau, dein Glaube ist groß. Es soll dir geschehen, wie DU willst, sagt Jesus ihr. Diese Aussage lese ich wiederholt. Kaum zu glauben! Jeden Sonntag wird gebetet „Dein Wille, Gott, geschehe!" Verdreht! Was wird geschehen, wenn ich diese Aussage in meine Lebenssituation einbeziehe?
Das muss weitererzählt werden. Der Autor, Matthäus, nimmt in seinem letzten Kapitel diesen Gedanken auf: *Geht hin und verkündet es der ganzen Welt!* beauftragt er seine Jünger und uns.
Der unglaubliche Einsatz dieser namenlosen Frau hat Geschichte gemacht. Über zwei Jahrtausende ist dieses Beispiel vom Zusammenfinden im Gespräch wirksam – nicht aufzuhalten, dieser Segen.

Du,
Namenlose

Du bist nicht wirklich namenlos.
Gott gab dir viele Namen:

Überzeugende
Widerständige
Hilfesuchende
Entschlossene
Verletzte
Beherzte
Aufständische
Hartnäckige
Dialogsucherin
Leben Verteidigende
Geistesgegenwärtige
Kämpferin für Gerechtigkeit
Überwinderin von Vorurteilen
Aussichtslosigkeit nicht Zulassende
Würdevolle
Standhaltende
Unerschütterliche
Bewundernswerte
Gott Vertrauende

Du hast dir einen Namen gemacht, der seit Jahrtausenden weitererzählt wird und wirksam ist.
Gott sei Dank!

Ulrike Glatz

Unser Vater im Himmel!
Dein Name werde geheiligt.
Dein Reich komme.
Dein Wille geschehe wie im Himmel so auf Erden.
Unser tägliches Brot gib uns heute.
Und vergib uns unsere Schuld,
wie auch wir vergeben unsern Schuldigern.
Und führe uns nicht in Versuchung,
sondern erlöse uns von dem Bösen.
Denn dein ist das Reich und die Kraft
und die Herrlichkeit in Ewigkeit.
Amen.

Finden Sie es abgedroschen, sich mit diesem Gebet zu beschäftigen, das zu allen Zeiten tausende Christen zuvor schon beteten? Wenn ja, überblättern Sie einfach diese Woche! Wenn Sie sich mit mir jedoch noch einmal auf diesen Text einlassen wollen, dürfen Sie von mir keinen exegetischen Bericht darüber erwarten. Ich möchte meinen ganz persönlichen Bezug zu diesen Worten erzählen und danke schon jetzt für Ihr Vertrauen.

Wann bete ich mit diesen Worten?

- Im Gottesdienst nach den vielen wohlgemeinten Fürbitten, dem Ausdruck meiner Empathie gegenüber all dem Leid in meinem Umfeld und in der ganzen Welt.
- Wenn ich mich vor dem Abendmahl oder der Eucharistie auf meine sehr intime Verbindung mit GOTT einstelle.
- Im Bett, wenn ich nicht einschlafen kann.
- Oder wenn ich von irgendetwas ergriffen bin und mir selbst keine besseren Worte in dieser Situation einfallen.

Da gibt es bei mir noch zig andere Gelegenheiten. Ich denke da etwa an meinen achtjährigen Enkel, der hinter dem Grabstein seines von ihm so geliebten Opas stand und uns fragte: „Seid ihr bereit?“ Ich wusste nicht, wozu und war nicht wenig erstaunt, als wir dann unter seiner Anleitung das Vaterunser beteten.

Ob heruntergeleiert oder mit Inbrunst Wort für Wort deklamiert. Für mich ist es wie ein Bekenntnis, wie ein intimes Gespräch. Es entlastet mich. Es tut mir einfach gut. Wann beten Sie mit diesen Worten?

In manchen Situationen bete ich dieses Gebet wie ein Mantra, so, wie eine Katholikin den Rosenkranz betet. Ich brauche da nicht nach Formulierungen zu suchen. Sie sind einfach da. Eine Alternative ist, in die Stille zu gehen, aber dazu braucht es Zeit und eine innere Bereitschaft loszulassen, sich einfach hinzugeben – ohne Erwartung, ohne Anliegen. Beim Jesusgebet ist das anders. Es steht in einer langen Tradition. Wenn ich es bete, stehe ich hinter jedem einzelnen Wort.
Als „Vatertochter" fällt mir schon der erste Anruf Gottes leicht. GOTT wie einen *Vater* anrufen zu können und zu verehren, stellt meine liebevolle Beziehung zu IHM dar. Ich lasse mich darauf ein und empfinde es gleichzeitig als Geschenk, nicht für alles verantwortlich zu sein, denn sein Wille geschehe wie im Himmel so auf Erden. Und doch entbindet es mich nicht von Entscheidungen. Wie verhalte ich mich in herausfordernden Situationen? Schaue ich nur zu, wenn Unrecht geschieht, oder greife ich ein? Bin ich bereit, Widerstand zu leisten, auch wenn ich mich damit unbeliebt mache oder Nachteile dafür in Kauf nehmen muss? Mache ich den Mund auf, wenn in sogenannten gebildeten Kreisen auch nur andeutungsweise rassistische oder rechtsorientierte Äußerungen fallen?
Bei meinen Freunden gelte ich als „streitlustig", wenn ich z. B. eine gendergerechte Sprache für längst überfällig und damit für angebracht halte. Welche Partei wähle ich? Bei vielen meiner Äußerungen stoße ich auf Widerstand, leiste ihn verbal auch selbst, ich gebe jedoch zu, nicht immer habe ich recht. Aber ich fühle mich gestärkt und empfinde stets eine tiefe uneingeschränkte Geborgenheit.

Unser tägliches Brot gib uns heute …

Um welches Brot bitte ich da? Glücklicherweise bewohne ich den Teil der Erde, in dem es vermutlich wohl nie an Brot fehlen wird. „Hunger" kenne ich nur, wenn ich gerade mal wieder eine Abmagerungskur mache. Wenn ich aber um *Unser tägliches Brot* bitte / bete, dann identifiziere ich mich mit allen Menschen, auch mit denen, bei denen es nicht selbstverständlich ist, satt werden zu dürfen. Reicht es da, für genau die zu beten? Oder sollte ich eher etwas unternehmen gegen diese Ungerechtigkeit auf der Welt? Welchen kleinen Beitrag in diesem Kampf gegen den Hunger kann ich leisten gegen alle inneren Widerstände? Widerstände wie die eigene Bequemlichkeit. Schaffe ich es, aus der eigenen Komfortzone herauszutreten? Das „schicke Kleid" gegen das vom Eine-Welt-Laden auszutauschen? Die Avocado gegen das regionale Gemüse? Mein Auto in der Garage stehen zu lassen und zu Fuß zu gehen? Auf das eine oder andere kostspielige Vergnügen zu verzichten und das Geld nach Afrika zu spenden. Und, und, und …

Der bequemere Weg, mir aber wichtige ist es, andächtig im Gottesdienst um das Brot oder die Hostie zu bitten, um die spirituelle Vereinigung mit dem, den wir GOTT nennen, um meine innere Bereitschaft, mich IHM zu öffnen.

… und vergib uns unsre Schuld, wie auch wir vergeben unsern Schuldigern.

Wenn ich diese Worte reflektiere und sie nicht einfach herunterbete, spüre ich gleich mehrere Widerstände in mir. Um Vergebung meiner Schuld bitten zu können, muss ich sie mir erst einmal eingestehen. Wie schnell finden sich da Entschuldigungen für das eigene Tun oder Lassen. Oft genug fallen mir da die besten Ausreden ein. Meine Schuld einzugestehen kommt einer Beichte gleich, und die ist lange genug in Verruf geraten. Es fällt mitunter leichter, um Vergebung im Gebet zu bitten als bei einem Menschen. In beiden Fällen setzt es eine gewisse Demut voraus. Ich entblöße mich sozusagen vor meinem Gegenüber, und das fällt mir oft verdammt schwer.
Wenn ich aber bereit bin, meinen Schuldigern zu vergeben, gehen dem oft auch viele Widerstände voraus. Aber wie kann ich Barmherzigkeit erwarten, wenn ich selbst nicht zur Versöhnung bereit bin? Wenn mich jemand bis ins Innerste verletzt hat, betrogen hat, beim Erben über den Tisch gezogen hat …?
Gotteseidank gibt es wunderbare Beispiele, und nicht nur in der Bibel, wie das funktionieren kann: Der Franzose, dessen junge Frau und Mutter seines Kindes beim Attentat auf Charlie Hebdo starb, der den Attentätern verzeihen konnte. Die beiden Väter, ein Israeli und ein Palästinenser, die beide ihre Söhne im Krieg verloren und sich nun die Hand reichten. Solche grausamen Verletzungen lassen sich nicht vergessen, aber ich bete für die innere Bereitschaft, den Tätern zu verzeihen, auch wenn es noch so schwerfällt.

... und führe uns nicht in Versuchung

In meiner Gemeinde gibt es eine Frau, die genau diese Worte nicht beten kann, da sie fest davon überzeugt ist, ein allmächtiger, liebender Gott könne sie erst gar nicht in Versuchung führen. Sie mag ja recht haben. Auch wenn wir immer auf die berühmt-berüchtigte Frage der Theodizee stoßen, d. h. *Warum lässt Gott das Böse zu?* Eine ehrliche Antwort darauf kann wohl niemand geben. Aber genau diese Bitte spreche ich immer ganz bewusst und deutlich aus. Dabei denke ich gar nicht, dass ein Gott mich in Versuchung führen kann. Aber ich bitte, manchmal sogar flehe ich IHN an, von Anfechtungen verschont zu bleiben. So groß sind oft die Verlockungen, mich unmoralisch zu verhalten! Ihnen zu widerstehen ist oft verdammt schwer! Beim Gang in den Supermarkt: Gehe ich dorthin oder setze ich mich schnell ins Auto, um Zeit zu sparen? Kaufe ich das Schnäppchenangebot oder unterstütze den Kleinbauern und greife zu seinen nicht ganz so ansehnlichen und dazu noch teureren Früchten? Achte ich bei meinen Reisen auf meinen ökologischen Fußabdruck und verzichte auf die doch so günstige Flugreise? Es ist mir bewusst, dass unter jedem preisgünstigen Angebot gleich welcher Art irgendjemand leiden muss. Ich kann jedoch nicht glauben, dass ein Gott mich da immer wieder in Versuchung führt. Fest steht jedoch, ich bin ihr tagein, tagaus ausgesetzt. Vielleicht richte ich ja meine Bitte gar nicht an einen GOTT, sondern an mein Innerstes. Doch indem ich es ausspreche, ist auch schon mein Wille da, all den Verlockungen zu widerstehen. Und wo ein Wille ist, ist meist auch ein Weg!

... sondern erlöse uns von dem Bösen.

Ein Atheist sagte mir mal, kein Mensch sei ein Sünder. Dazu würde man durch die Kirche erst gemacht. Auf den Begriff der „Sünde“ möchte ich nicht detailliert eingehen. Das bedürfte einer gesonderten Abhandlung. Das Unmoralische, das „Böse“ ist jedenfalls nur ein Teil davon. Das „Böse“ verstehe ich ausschließlich als unmoralisch. Und auch ohne ständig im Büßergewand oder in Sack und Asche einherzugehen, ist mir sehr wohl bewusst, dass es bei mir keinen Tag ohne Verfehlungen gab, gibt und geben wird. Immer wieder kommt es dazu, dass ich etwas tue, was unrecht ist. Mal geschieht das bewusst, mal ist es mir erst später bewusst. Wie gut tut es mir da, um die „Erlösung von dem Bösen“ zu beten. Und an wen richte ich da diese Bitte? An einen GOTT? An mein Innerstes? Schon allein darum zu bitten, bedeutet für mich eine kleine Entlastung. Ich gebe damit mein Fehlverhalten zu und mein schlechtes Gewissen ab, wem auch immer. Ich nenne IHN GOTT. Dieses Abgeben, Loslassen befreit mich in einer gewissen Weise. Nicht umsonst schrieb Martin Luther „Von der Freiheit eines Christenmenschen“.

Unser Vater im Himmel!
Dein Name werde geheiligt.
Dein Reich komme.
Dein Wille geschehe wie im Himmel so auf Erden.
Denn dein ist das Reich und die Kraft
und die Herrlichkeit in Ewigkeit.
Amen.

Wenn ich das Gebet mit den Augen eines Malers betrachte und spreche, so sehe ich es wie ein Gemälde in einem Rahmen. Und zwar in einem sehr üppigen! All meine Bitten und Fürbitten sind da eingebettet in einen breiten, kunstvoll gestalteten goldenen Rahmen – in die Verherrlichung und tiefe Verehrung dessen, zu dem ich bete. Die einen nennen ihn GOTT, andere ALLAH. Solch einer Verehrung geht eine große Demut voraus. Ich gebe mich dieser unermesslichen, mir unbekannten Größe hin. Ich weiß in dem Moment, dass ich nichts weiß, schenke IHM aber mein größtes Vertrauen – öffne mich IHM. In diesem „Rahmen" spreche ich die schon vor 2.000 Jahren formulierten Bitten. Sie sind noch immer gleichsam aktuell.
Ob Kirchgänger oder der Kirche eher ferne Menschen, sie kennen und können das Vaterunser, und ich bin mir recht sicher, dass sie es in dem einen oder anderen Fall sprechen – in prekären Situationen, beim Tod eines Nahestehenden, bei der Trauung des eigenen Kindes, bei der Taufe des Enkels und ähnlichen Anlässen.
Ich halte mich an diesen Worten des Vaterunsers fest. Sie verleihen mir eine innere Stärke gegen alle Widerstände in meinem Leben einerseits, und sie ermutigen mich, dort selbst Widerstand zu leisten, wo es nötig ist, andererseits. Diesen Worten ist nichts hinzuzufügen – außer vielleicht „Danke".

Claudia Nietsch-Ochs

Brief an die Kolosser 3,12–17

12 Bekleidet euch also, als Erwählte Gottes, Heilige und Geliebte, mit innigem Erbarmen, Güte, Demut, Milde, Geduld!
13 Ertragt einander und vergebt einander, wenn einer dem anderen etwas vorzuwerfen hat! Wie der Herr euch vergeben hat, so vergebt auch ihr!
14 Vor allem bekleidet euch mit der Liebe, die das Band der Vollkommenheit ist!
15 Und der Friede Christi triumphiere in euren Herzen. Dazu seid ihr berufen als Glieder des einen Leibes. Seid dankbar!
16 Das Wort Christi wohne in seinem ganzen Reichtum bei euch. In aller Weisheit belehrt und ermahnt einander! Singt Gott Psalmen, Hymnen und geistliche Lieder in Dankbarkeit in euren Herzen!
17 Alles, was ihr in Wort oder Werk tut, geschehe im Namen Jesu, des Herrn. Dankt Gott, dem Vater, durch ihn.

LUTHER 2017

Welch eine Anrede!
Erwählte Gottes, Heilige und Geliebte

Was für eine Anrede! Erwählt, heilig und geliebt! Ich würde es gerne umdrehen. Im Anfang sind Eltern und Menschen, die ein Kind liebevoll zugewandt begleiten. Freund*innen, Lebens-Menschen und Partner*innen zeigen ihre Liebe und Wertschätzung. All diese – hoffentlich reichlichen – Erfahrungen mit menschlicher Liebe führen zum Urgrund: Dass wir zuallererst geliebte Töchter und Söhne Gottes sind.
Die Anrede *Heilige* hat vielleicht ein Fragezeichen. Was ist heilig und wer ist heilig? Für mich hat heilig nichts mit vollkommen und fehlerlos zu tun, heilig ist für mich eher etwas wie ‚ganz und vollständig'. Es ist ein Weg der Vervollständigung, der Integration meiner verschiedensten Gaben, Bedürfnisse und Mängel im lebenslangen Versuch, daraus ein gutes Leben anzustreben und zu führen, für mich, für die Mitmenschen, die Mitwelt und vor Gott. Der Schreiber des Briefes an die Kolosser gibt sozusagen einen Vorschuss!
Daraus kann die Aufmerksamkeit entstehen dafür, was wir besonders gut können, worin unsere Erwählung bestehen kann: „An dieser Stelle bist Du gemeint! Hier und jetzt wirst Du gebraucht mit Deinen Gaben! Andere wählen Dich aus als ihre Nächste!"

Kleider machen Leute!

Bekleidet euch als Gottes Erwählte, Heilige und Geliebte

Früher war an der Kleidung sehr viel zu erkennen. Dieses Erkennen am Äußeren ist heute schwieriger. Wir können frei wählen, was wir tragen. Kleidung kann täuschen oder auch verbergen: Der Hai im Anzug / Die elegante Zicke / Der gute Mensch in schwarzer Gothic-Kleidung.
Wie kleiden wir uns? Was kann Kleidung zeigen? Heute werden ethische Kriterien immer wichtiger! Wo wurde etwas gefertigt? Unter welchen Bedingungen? Ist meine Kleidung fair, nachhaltig, klima- und sozialfreundlich produziert? Damit kann ich eine Haltung sichtbar machen!
Wenn Kleider Leute machen, wer möchten wir sein? Was passt zum eigenen Lebensentwurf und zu den Werten? Bestimmen Mode, Trends und Werbung, was wir tragen, oder entscheiden wir, was zu uns passt? Das braucht Haltung und Selbst-Stand in einer Zeit, in der die Kleidungs-Müllberge wachsen und Menschen unter lebensverachtenden Bedingungen Billigware für schnelle „Schnäppchen" produzieren müssen.

Kleidung, mal ganz anders – eine Herausforderung!

Bekleidet euch … mit innigem Erbarmen, Güte, Demut, Milde, Geduld!

Der Apostel wählt das Bild des Anziehens ganz anderer Kleidung: Inniges Erbarmen, Güte, Demut, Milde, Geduld.
Als wenn wir am Morgen aufstehen, vor einen imaginären Kleiderschrank treten und wählen. Die Vorschläge des Apostels haben es in sich! Schaffe ich das jeden Tag, mit dieser „Arbeits"-Kleidung in den Tag zu gehen?! Jedes dieser Kleidungsstücke ist an manchen Tagen eine Herausforderung! Es begegnen mir Menschen, die etwas ganz anderes tragen: Ungeduld, Ärger, schlechte Laune, Trauer, latente Aggressivität. Der Briefschreiber rechnet damit, dass wir – auch in der eigenen Gemeinschaft – allen Emotionen und Haltungen begegnen, und ergänzt: *Ertragt einander.*
Wenn es mir gut geht und ich mich für die Gewänder Freundlichkeit, Milde und / oder Langmut entscheiden kann, bleibe ich dabei und schaue neugierig und kreativ, vielleicht mit Gnade auf die Möglichkeiten einer Begegnung. Fulbert Steffensky spricht von dem Wortpaar Großmut und Demut. In beiden steckt der Mut, bei der eigenen gewählten Haltung zu bleiben, vor allem dann, wenn es mir schwerfällt, diesen „Dresscode" zu halten. Gegenseitiges Aushalten und Versöhnung sind auf jeden Fall ein guter Rat.

Was ziehe ich an? Eine kleine Doppeldeutigkeit …

Wie der Herr euch vergeben hat, so vergebt auch ihr!

„Wie man / frau in den Wald hineinruft, so schallt es heraus" – eine Alltagsweisheit für vielerlei Begegnungen.
Wie gehe ich in ein Gespräch, eine Verhandlung, eine Konfliktbereinigung? Was ziehe ich an? In diesen Zeiten von „Rüstung anziehen" zu sprechen braucht Vorsicht. Aber im übertragenen Sinn machen wir es manchmal, dass wir innerlich aufrüsten mit Fantasien, unserem Ärger, unserem „Im-Recht-Sein", und uns einen Panzer anlegen. Der macht unbeweglich und herzstarr. Manchmal gelingt es, auch etwas von diesen Schutzwesten wieder auszuziehen, dann kommt Bewegung ins Miteinander oder Gegeneinander …
Und was ziehen wir an? Was kommt uns entgegen, was sucht uns? Wo bestehen Anziehungskräfte? Es sind Begegnungen, in denen uns signalisiert wird „Mit Dir bin ich gerne zusammen" oder „Du bist anziehend"!
Fridolin Stier übersetzt diesen Vers so: *Wie der Herr euch Gnade geschenkt hat, so tut auch ihr.* Der Apostel bietet in seinem Brief an, der Gnade Raum zu geben mit dem Blick darauf, wie Jesus Menschen begegnet ist: menschenfreundlich, klar, manchmal auch konfrontativ, aber immer zugewandt und anziehend!

Anziehend: Friedens-Menschen

Und der Friede Christi … in euren Herzen. Dazu seid ihr berufen als Glieder des einen Leibes. Seid dankbar!

Wer sind wir, wenn wir alle Schutzkleidung ablegen? Sind uns die Haltungen zu eigen geworden, in die zu kleiden der Apostel empfiehlt? Sind unsere Freundlichkeit, unsere Milde, unsere Geduld von außen nach innen gewandert und werden wirksam? Fridolin Stiers Übersetzung *der Friede des Messias entscheide in unseren Herzen* schaut auf das biblische Bild des Herzens als Ort der Emotion **und** der Entscheidung.
Die Entscheidung für den Maßstab Jesu müssen wir nicht allein bewältigen. Wir sind in den einen Leib gerufen und gehören zur christlichen Weggemeinschaft, verbunden durch ein Band der Liebe. Friedensketten und Mahnwachen für den Frieden ziehen ihre Kraft aus dem gemeinsamen Tun und Bekennen. Uns trägt die Botschaft Jesu. Alois Albrecht hat in einem seiner Texte mahnend geschrieben, dass Frieden nicht durch Gewalt, nicht von oben und auch nicht von selbst kommt. Schalom, ganzheitlicher Frieden für die ganze Schöpfung, ist in seinem Text der Ruf Gottes an uns. „Du willst durch uns Frieden schaffen, Gerechtigkeit, Liebe, dein Reich“ (Alois Albrecht).

Im Namen des Herrn unterwegs

Alles, was ihr in Wort oder Werk tut,
geschehe im Namen Jesu, des Herrn.

In dem schon in die Jahre gekommenen Kultfilm „Die Blues Brothers“ erklären die beiden in einem christlichen Waisenhaus aufgewachsenen Brüder immer wieder, dass sie „Im Auftrag des Herrn“ unterwegs sind. Ihr Outfit ist schlicht: schwarze Anzüge und Sonnenbrillen.
So würden wir uns wohl nicht kleiden wollen, wie die beiden im Film eindeutig und auffallend erscheinen. Aber noch einmal: Wie können wir erkannt werden, und was sind unsere Kriterien? Gehen wir in den Fußspuren Jesu? Erwische ich immer wieder einen Zipfel seiner Gewänder? Kann ich etwas davon anziehen und zu „Meinem“ machen, was seine Botschaft damals und heute ist? Im Namen Jesu können wir Respekt zeigen gegenüber den Menschen, denen wir begegnen, selbst im Streit. Im Namen Jesu können wir würdevoll mit allen Benachteiligten umgehen und Würde für alle einfordern, egal welchen Status sie haben. Im Namen Jesu können wir uns respektvoll auf Augenhöhe begeben mit den Kleinen.

Alltags-Charta des Zusammenlebens „by heart"

Das Wort Christi wohne in seinem ganzen Reichtum bei euch.

Neben dem einprägsamen Bild der Kleidung bietet der Schreiber des Kolosserbriefs eine Art Handwerkszeug für den Alltag und das Miteinander in Gemeinschaft. Das kann auch „nur" im Herzen geschehen. Die Vorbereitung für Begegnungen, die mir nicht leichtfallen, für herausfordernde Unternehmungen könnte der Blick auf das Verhalten Jesu sein, auf ein Wort von ihm, das in meine Situation hinein ermutigt oder tröstet, ein Gebet um den wachen und aufmerksamen Geist, ein Lied, das mich einstimmt. Oder diese kleine Charta des Zusammenlebens:

FREUNDLICH
Freundlichkeit blitzt auf
in den Augen, lächelt zu,
einfach so, gratis.

DEMÜTIG
Demut nicht modern –
so wichtig! Augenhöhe
mit den ganz Kleinen.

ERBARMEN
Fünf gerade sein
lassen, dass die
Rechnung
aufgeht mit der Liebe.

MILDE
Du – warmer Mantel,
leicht auf den Schultern,
weißt um
innere Nacktheit.

LANGMUT
Mit Mut in den Lauf
des Tages: ein Marathon
braucht langen Atem.

Rudolf Atsma

Evangelium im Dritten Reich

für Groß-Berlin

Jahrgang 2, Nr. 6 — Sonntag, 5. Februar 1933

**Mit uns der Sieg, mit uns das Feldgeschrei:
Deutschland erwache! Deutschland du bist frei!**

Diese Worte aus dem Sturmlied unseres Wilhelm Kube haben wir in den Jahren der Schmach und Schande so oft als heiligen Schwur gen Himmel schallen lassen. Jawohl, wir glaubten an den Sieg, wir kämpften um den Sieg, und unser Herrgott gab uns den Sieg. Heute steht unser Führer

Adolf Hitler

als Reichskanzler an der Spitze des Deutschen Reiches.

Nach all dem Kampf, nach all den blutigen Opfern der hinter uns liegenden 14 Jahre, falten sich für einen Augenblick nun unsere Hände und stille zieht durch unsere dankerfüllten Herzen des alten Martin Rinckart's schlichtes Dankgebet:

**„Nun danket alle Gott mit Herzen, Mund und Händen,
Der große Dinge tut an uns und allen Enden."**

Wer so denkt und mit uns Gott danken will, der komme zu unserem nachstehend angezeigten Dankgottesdienst in St. Marien. Karl Fahrenhorst.

Die Glaubensbewegung „Deutsche Christen" veranstaltet am Freitag, dem 3. Februar 1933, in der St. Marienkirche, abends 8 Uhr

einen

Dankgottesdienst

Die Predigt hält der Reichsleiter, Pfarrer Hossenfelder.

Alle Nationalsozialisten und Deutsche Christen, die mit uns Gott danken wollen für den Sieg des 30. Januar 1933, nehmen an diesem Gottesdienst teil.

Telegramm unseres Reichsleiters an den Führer des neuen Deutschlands Adolf Hitler.

Sie und das Deutsche Volk beglückwünsche ich zu dem durch Gottes Fügung gestalteten Ergebnis des 30. Januar. Als Reichsleiter der Glaubensbewegung „Deutsche Christen" versichere ich Sie, mit unserem Gebet hinter Ihnen zu stehen.

Hossenfelder.

Die große Sturmglocke

Nach dem Wahlsieg der Nationalsozialisten im März 1933 hatte der Berliner Generalsuperintendent – und spätere Bischof – Otto Dibelius geschrieben: „Es werden unter uns nur wenige sein, die sich dieser Wendung nicht von Herzen freuen." Die sogenannten „Deutschen Christen" mit ihrem Reichsbischof Ludwig Müller sprechen ganz offen von ihrer Absicht, „dem herrlichen Reich Adolf Hitlers die Kirche des Evangeliums zu geben, die das deutsche Volk geliebt hat und vom deutschen Volk geliebt wird."
Mühsam beginnt sich eine Gegenbewegung zu etablieren. Vom 29. bis 31. Mai 1934 findet in Barmen, einem Stadtteil von Wuppertal, eine erste gesamtdeutsche Bekenntnissynode statt. Am Ende konnte einmütig jener Text verabschiedet werden, der heute als „Barmer Bekenntnis" zusammen mit den traditionellen Bekenntnissen zu den Grundlagen der evangelischen Kirche in Deutschland gehört. Seine sechs Thesen in einzelnen Zitaten begleiten uns in dieser Woche. Jede These findet ihre Begründung in einem oder mehreren Bibelversen. [1]
Karl Barth, Autor des Barmer Bekenntnisses, sagte einmal rückblickend, es sei ihm damit wie einem Manne ergangen, der sich in einem dunklen Kirchturm nach oben tastet und unbeabsichtigt an dem Seil der großen Sturmglocke zieht und so die ganze Gemeinde aus dem Schlafe weckt.

[1] Evangelisches Gesangbuch, Anhang Bekenntnisse

Das eine Wort Gottes

Joh 14,6/Joh 10,1.9

1. These: „Jesus Christus, wie er uns in der Heiligen Schrift bezeugt wird, ist das eine Wort Gottes, das wir zu hören, dem wir im Leben und im Sterben zu vertrauen und zu gehorchen haben.
Wir verwerfen die falsche Lehre, als könne und müsse die Kirche als Quelle ihrer Verkündigung außer und neben diesem einen Worte Gottes auch noch andere Ereignisse und Mächte, Gestalten und Wahrheiten als Gottes Offenbarung anerkennen."

1933 formuliert der Reichsjugendführer Baldur von Schirach eine Art Bekenntnis zum Führer: „Wir hörten oftmals deiner Stimme Klang und lauschten stumm und falteten die Hände, da jedes Wort in unsere Seelen drang. Wir wissen alle: Einmal kommt das Ende, das uns befreien wird aus Not und Zwang. Was ist ein Jahr der Zeitenwende! Was ist da ein Gesetz, das hemmen will – der reine Glaube, den du uns gegeben, durchpulst bestimmend unser junges Leben. Mein Führer, du allein bist Weg und Ziel!"

Deutlich grenzt sich die erste These des Barmer Bekenntnisses dagegen ab. Die Unvereinbarkeit zwischen dem „einen Wort" – Jesus Christus – als „Quelle der Verkündigung" und „anderen Ereignissen und Mächten, Gestalten und Wahrheiten" wird klar benannt. ‚Grundsätze' der „Bekennenden Kirche"! Heute umgeben von einer schier unglaublichen Flut von Worten in unseren modernen Medien und einem beliebigen esoterischen Angebot, aber bleibend bedeutsam.

Zuspruch und Anspruch

1. Kor 1,30

2. *These: „Wie Jesus Christus Gottes Zuspruch der Vergebung aller unserer Sünden ist, so und mit gleichem Ernst ist er auch Gottes kräftiger Anspruch auf unser ganzes Leben; durch ihn widerfährt uns frohe Befreiung aus den gottlosen Bindungen dieser Welt zu freiem, dankbarem Dienst an seinen Geschöpfen." (…)*

„Zuspruch der Vergebung und Befreiung durch Christus", das ist der Ansatz für ein anderes, gewandeltes, aber auch engagiert verantwortungsbewusstes Leben. *„Gottes kräftiger Anspruch auf unser ganzes Leben..."* – Da wird kein Bereich ausgeklammert. Christen und Christinnen leben nicht in einer anderen Welt. Hier Sonntag, dort Alltag, hier Bekenntnis, dort Beruf, hier Glaube, dort Naturwissenschaft, hier Gebote Gottes, dort staatliche Gesetze; hier Kirche, dort Politik. Glauben, – auch das ist bei Jesus zu lernen – führt selbstverständlich „zu freiem, dankbarem Dienst" an Gottes Geschöpfen, engagiert sich für das Leben, besonders da, wo es sich durch Gewalt unterdrückt, von skrupellosen Geschäftemachern ausgebeutet oder auch von neuen wissenschaftlich-technologischen Entwicklungen bedroht findet. Der in der zweiten Barmer These angesprochene „Dienst" an Gottes Geschöpfen bedeutet nicht nur Diakonie im klassischen Sinne, sondern meint auch gesellschaftliche und politische Mitverantwortung im weitesten Sinne.

Freiheit und Verantwortung
Eph 4,15.16

3. These: (…) Wir verwerfen die falsche Lehre, als dürfe die Kirche die Gestalt ihrer Botschaft und ihrer Ordnung ihrem Belieben oder dem Wechsel der jeweils herrschenden weltanschaulichen und politischen Überzeugungen überlassen."

Viele Christen und Christinnen behielten unter dem Hitler-Regime nur durch ihren Glauben die Kraft und die Freiheit, mitten in diesem Terror nicht zu verzweifeln, und sich – so lebensgefährlich es auch war – im Widerstand gegen die Nazis zu engagieren. Sophie Scholl – eine von ihnen. Sie wurde 1921 in Forchtenberg am Kocher geboren. 1942 kommt sie zum Studium nach München. Dort gliedert sie sich in eine Studentengruppe ein, die sich um ihren Bruder Hans gebildet hat. Angesichts der Kriegserfahrungen verfassen und verteilen sie die Flugblätter der ‚Weißen Rose', die zum Widerstand gegen die Nazidiktatur aufrufen. 1943 werden die Mitglieder der ‚Weißen Rose' verhaftet und zum Tode verurteilt. Kurz vor der Hinrichtung wird den Eltern noch ein Besuch bei der 22-jährigen Tochter erlaubt. *„Nun wirst du also nie mehr zur Türe hereinkommen"*, sagte die Mutter. *„Ach, die paar Jährchen, Mutter"*, gibt sie zur Antwort. Als die Mutter ihr sagt: *„Gell, Sophie: Jesus"*, kommt die Antwort: *„Ja, aber du auch!"* [1]

[1] Inge Scholl: Die Weiße Rose. S. Fischer Verlag, Frankfurt/M. 1952, S. 159

Glauben und Dienst

Mt 20,25.26

4. These: „Die verschiedenen Ämter in der Kirche begründen keine Herrschaft der einen über die anderen, sondern die Ausübung des der ganzen Gemeinde anvertrauten und befohlenen Dienstes." (...)

1990 hat die „Weltversammlung der Christen" in Seoul ein Bekenntnis formuliert, das diesen „Dienst" konkretisiert:

Ich glaube an Gott, der die Liebe ist
und der die Erde allen Menschen geschenkt hat.
Ich glaube nicht an das Recht des Stärkeren,
an die Stärke der Waffen, an die Macht der
Unterdrückung.
Ich glaube an Jesus Christus, der gekommen ist,
uns zu heilen, und der uns aus allen tödlichen
Abhängigkeiten befreit.
Ich glaube an die Gemeinschaft der Heiligen, die
berufen ist, im Dienst aller Menschen zu stehen.
Ich glaube nicht, dass Leiden umsonst sein muss,
dass der Tod das Ende ist,
dass Gott die Zerstörung der Erde gewollt hat.
Ich glaube, dass Gott für die Welt eine Ordnung will,
die auf Gerechtigkeit und Liebe gründet, und dass
alle Männer
und Frauen gleichberechtigte Menschen sind.
Ich glaube an Gottes Verheißung, Gerechtigkeit
und Frieden für die ganze Menschheit zu errichten. Ich glaube an Gottes Verheißung
eines neuen Himmels und einer neuen Erde, wo
Gerechtigkeit und Friede sich küssen. Ich glaube
an die Schönheit des Einfachen, an die Liebe mit
offenen Händen, an den Frieden auf Erden.

Recht und Frieden

1. Petr 2,17

5. These: „Die Schrift sagt uns, dass der Staat nach göttlicher Anordnung die Aufgabe hat, in der noch nicht erlösten Welt, in der auch die Kirche steht, nach dem Maß menschlicher Einsicht und menschlichen Vermögens unter Androhung und Ausübung von Gewalt für Recht und Frieden zu sorgen. (…)

Große, theologisch wohlüberlegte Worte. Sollen sie nicht nur historisch für die Zeit des „3. Reiches" relevant bleiben, braucht es – wie auch bei den anderen Thesen – die konkrete Umsetzung in unsere heutigen Lebensverhältnisse. Einen eindrücklichen, leider viel zu wenig beachteten Text hat dazu die Tagung des reformierten Weltbundes im Jahr 2004 in Accra beschlossen: „Bekenntnis des Glaubens im Angesicht von wirtschaftlicher Ungerechtigkeit und ökologischer Zerstörung". Wie im Barmer Bekenntnis folgen den Glaubenssätzen auch hier Antithesen, ‚Verwerfungen'. Ein Beispiel:
„Wir glauben, dass Gott ein Gott der Gerechtigkeit ist. In einer Welt voller Korruption, Ausbeutung und Habsucht ist Gott in einer besonderen Weise der Gott der Notleidenden, der Armen, der Ausgebeuteten, der ungerecht Behandelten und der Missbrauchten (Ps 146,7–9). *Gott fordert gerechte Beziehungen in der ganzen Schöpfung.*
Darum verwerfen wir jegliche Ideologie und jedes wirtschaftliche Regime, das den Profit über Menschen stellt, das nicht für die ganze Schöpfung sorgt und das jene Gaben Gottes, die für alle gedacht sind, als Privateigentum ansieht." [1]

[1] https://wcrc.ch/de/accra

Nie wieder ist jetzt – Wir bleiben wach!
Mt 28,20 / 2. Tim 2,9

6. These: *„Der Auftrag der Kirche, in welchem ihre Freiheit gründet, besteht darin, an Christi statt und also im Dienst seines eigenen Wortes und Werkes durch Predigt und Sakrament die Botschaft von der freien Gnade Gottes auszurichten an alles Volk. (…)*
Wir verwerfen die falsche Lehre, als könne die Kirche in menschlicher Selbstherrlichkeit das Wort und Werk des Herrn in den Dienst irgendwelcher eigenmächtig gewählter Wünsche, Zwecke und Pläne stellen."

An diesem Tag vor 91 Jahren wurde die „Theologische Erklärung der Bekenntnissynode von Barmen" beschlossen. Heute wiederzuentdecken: gegen die ‚braunen Zeichen' in unserer Zeit!
„Immerhin haben wir jetzt so viele Ausländer im Land, dass sich ein Holocaust mal wieder lohnen würde." Zitat von Marcel Grauf, Referent von Dr. Christine Baum, AfD, und Heiner Merz, AfD.
„Der Schoß ist fruchtbar noch …" (Berthold Brecht)
Aber Gottseidank versammeln sich auch heute immer mehr Menschen in großen Demonstrationen gegen eine eindeutig als „rechtsextrem" gekennzeichnete Gesinnung: *„Nie wieder – ist jetzt!"*
Die „große Sturmglocke", von der Karl Barth in Verbindung mit dem Barmer Bekenntnis sprach, darf nicht schweigen. Wir bleiben wach!

Heidemarie Grabski

Prediger 4,9–12

9 So ist's ja besser zu zweien als allein
denn sie haben guten Lohn für ihre Mühe.
10 Fällt einer von ihnen, so hilft ihm sein Gesell auf.
Weh dem, der allein ist, wenn er fällt!
Dann ist kein anderer da, der ihm aufhilft.
11 Auch wenn zwei beieinanderliegen, wärmen sie sich;
wie kann ein Einzelner warm werden?
12 Einer mag überwältigt werden,
aber zwei können widerstehen,
und eine dreifache Schnur reißt nicht leicht entzwei.

LUTHER 2017

So ist's ja besser zu zweien als allein

„25 Bauernmädchen, ist die Stube voll". Mit dieser Liedzeile beginnt ein Spiel, das wir Mädchen während der Schulzeit oft auf dem Schulhof gespielt haben. Mitspielerinnen in ungerader Zahl bewegten sich in einem Kreis hin und her. „Muss ich erst den Vater fragen, wen ich lieben soll". Nach diesen Worten musste man schnell auf ein Mädchen zulaufen, um mit ihm ein Paar zu bilden. Eine blieb zum Schluss übrig. „Da steht sie nun und hat kein' Mann und ärgert sich zu Tode …" Keine wollte übrigbleiben. Aber die Schmach dauerte glücklicherweise nicht lange, das Spiel begann von Neuem, jetzt aber hieß es, besser aufzupassen!
Schon bei den ganz Kleinen im Kindergarten beginnt die Suche nach Freundinnen und Freunden. Es gibt Sicherheit, zu wissen, wer am nächsten Tag wieder neben einem sitzen mag, mit wem man wieder spielen kann. Später in der Schule war es dann wichtig, eine beste Freundin zu haben. Jemanden, auf die man sich verlassen kann, mit der man alle Geheimnisse teilen kann, die nichts verrät und auch in schwierigen Situationen zu einem hält. Da kann sich ein großes Vertrauen zwischen zwei Freunden oder Freundinnen aufbauen. Manchmal hält so eine Freundschaft ein ganzes Leben lang.

So ist's ja besser zu zweien als allein

„Komm rüber! Sieben Wochen ohne Alleingänge", so lautete das Motto der evangelischen Kirche zur Fastenzeit 2024. Geht es darum, sieben Wochen lang darüber nachzudenken, dass es „besser ist zu zweien als allein"? Die Fastenzeit liegt noch vor mir und ich bin gespannt auf die Anregungen, die mir der Fastenkalender bringen wird.
Ich empfinde eine große Dankbarkeit, dass ich mit meinem Mann schon mehr als 50 Jahre zusammen bin. Wenn es in diesen Jahren auch nicht immer nur Freude gab, sondern auch schwierige Zeiten, so bin ich froh, dass wir einander noch haben. Denn ich sehe bei vielen Freundinnen und Freunden, wie sehr die Partnerin oder der Partner vermisst wird, wenn einer von beiden gestorben ist. Das Gegenüber fehlt, der Gesprächspartner, sie vermissen das Gefühl, dass noch jemand da ist.
Aber nicht jede, die allein lebt, fühlt sich deshalb einsam. Manch einer oder eine trifft bewusst die Entscheidung, allein zu leben, um genug Raum für sich zu haben, um unabhängig zu sein. Ich bewundere Menschen, die ganz allein auf eine große Reise gehen, durch fremde Länder reisen, allein Abenteuer bestehen. Für mich ist das unvorstellbar. Oft sind das Menschen, die keine Schwierigkeiten haben, Kontakte zu knüpfen und auf fremde Menschen zuzugehen.

Fällt einer von ihnen, so hilft ihm sein Gesell auf.

Als ich einmal gefallen war und mir dabei den Arm gebrochen hatte, durfte mir niemand aufhelfen, keiner durfte mich anfassen. Erst als der Schmerz etwas nachgelassen hatte, war ich froh, dass jemand da war, der mich ins Krankenhaus fuhr. Ein Freund von uns ist gefallen, als er eine Straße überqueren wollte. Schnell kamen Menschen zur Hilfe, riefen einen Krankenwagen und riefen seine Frau telefonisch herbei. Jeder wünscht sich in einer Notlage, dass dann jemand da ist, der helfen kann.
Wichtiger ist noch, wenn man im übertragenen Sinn fällt, vielleicht, weil man die Arbeit verliert oder sich etwas zuschulden hat kommen lassen, dass dann die Partnerin oder der Partner zu einem hält und einem aufhilft.
Im Johannesevangelium wird die Geschichte von einem Gelähmten am Teich Betesda (Joh 5,1–18) erzählt, der darauf wartet, dass jemand ihn zum Wasser trägt, wenn ein Engel das Wasser berührt hat. Doch es ist niemand da, der ihn wahrnimmt, der ihm hilft. Es ist schlimm, wenn man das Gefühl hat: „Keiner sieht mich, keiner hilft mir, ich bin in meinem Schmerz, in meiner Verzweiflung ganz allein.“ Aber wenn man es schafft, aufzublicken und sich ein wenig zu öffnen, kann es passieren, dass Menschen da sind. Vielleicht ist die Hilfe dann anders, als erwartet. Auch Jesus hat den Gelähmten nicht ins Wasser getragen, aber er hat ihn geheilt.

Einer mag überwältigt werden, aber zwei können widerstehen

Welch ein Glück, dass Hänsel und Gretel zu zweit sind, als sie von ihren Eltern im Wald zurückgelassen werden. So können sie sich gegenseitig helfen in ihrer Angst und Not. Zu zweit können sie den Gefahren widerstehen. Erst rettet Hänsel die beiden, indem er Steine auf den Weg wirft, damit sie den Heimweg finden. Später, als sie in die Gewalt einer Hexe geraten, kann Gretel tatkräftig ihren Bruder retten, indem sie die Hexe in den Ofen schiebt. Allein wären sie wohl von den Widrigkeiten überwältigt worden, aber gemeinsam können sie widerstehen.
Es kommt nicht oft vor in Märchen, dass sich zwei gemeinsam auf den Weg machen. Meist sind die Helden allein auf dem Weg; sie können den Gefahren aber nur deshalb widerstehen, weil sie sich auf die Menschen oder Tiere einlassen, die ihnen unterwegs begegnen, und sie ernst nehmen. Sie sind bereit, sich dem zu stellen, was der Augenblick erfordert, etwa zu teilen, zu helfen und auch merkwürdige Gestalten zu akzeptieren und ihre Hilfe anzunehmen. So können sie erfahren, dass eine Begegnung zu ihrer Hilfe wird und schließlich allen Gefahren widerstehen.

Einer mag überwältigt werden, aber zwei können widerstehen

Leider stimmt die Aussage nicht immer – auch zwei können überwältigt werden. Aber ich fühle mich doch viel sicherer, wenn ich beim Waldspaziergang oder in der Dunkelheit nicht allein unterwegs bin. Manchmal ist es gut, einen Menschen um sich zu haben, der einen klaren Kopf behält. Eine Freundin erlebte einen Telefonterror. Eine weinende Stimme meldete sich als ihre Tochter, sie hätte einen Autounfall mit einem Toten verursacht und brauche dringend Geld. Lange schon ist dieser Trick bekannt, aber so persönlich damit konfrontiert, überkam sie Panik. Gut, dass ihr Mann zu Hause war, gemeinsam konnten sie den Betrug erkennen und den Terror beenden.
Fürchterliches haben die Menschen 2021 im Ahrtal erlebt, als große Wassermassen das ganze Gebiet überfluteten, ihr Hab und Gut wegspülten und Menschen und Tiere in den Tod rissen. Sehr bewegt hat mich ein Bericht in der Zeitschrift „Chrismon" über die Malerin Maf Räderscheidt. Alle ihre Bilder sind bei dieser Flutkatastrophe zerstört worden, ihr ganzes Lebenswerk wurde vernichtet. Als sie die große Zerstörung erblickte, hatte sie das Gefühl, den Verstand zu verlieren. Doch als sie eine Frau bemerkte, die in Lebensgefahr schwebte, wich die Erstarrung und sie konnte helfen: „Der erste Schritt zum Überleben ist der, an andere zu denken!"

Einer mag überwältigt werden, aber zwei können widerstehen

Heute feiern Muslime das Opferfest. Bei diesem Fest wird an Abraham und seinen Sohn erinnert. Anders als in der Bibel spricht Abraham im Koran mit seinem Sohn darüber, was Gott von ihm erwartet: „Ich sah im Traum, dass ich dich opfern müsste. Nun schau, was du meinst." Hier trägt Abraham nicht allein die schwere Entscheidung, er teilt sie mit dem Sohn, gibt ihm sogar die Möglichkeit, zu widersprechen. Aber der willigt ein „tu, was dir geheißen ward, du wirst mich, so Allah will, standhaft erfinden". Doch auch hier greift Gott ein, verhindert das Opfer: „O Abraham, du hast das Gesicht erfüllt, also lohnen wir den Rechtschaffenen." Und dann heißt es „Und wir lösten ihn aus, durch ein herrliches Opfer."
An dieses „herrliche Opfer" wollen die Muslime mit ihrem Opferfest erinnern, es ist das höchste Fest im Jahreskreis für sie. Ich habe dieses Fest vor etwa 20 Jahren in der Familie meines Schwiegersohnes in Bangladesch erlebt. Dort schlachtet man Kühe – nicht Schafe, wie in den meisten anderen Ländern. Das Fleisch wurde auf einer großen Plane zerteilt und in drei Teile aufgeteilt: ein Teil war für die Familie, ein Teil für Verwandte und Freunde. Später kamen Menschen, die sich selbst kein Tieropfer leisten konnten, an sie wurde das letzte Drittel verteilt. Aus Solidarität wird überall auf der Welt das Opferfleisch so aufgeteilt.

Einer mag überwältigt werden, aber zwei können widerstehen und eine dreifache Schnur reißt nicht leicht entzwei

Eine dreifache Schnur stelle ich mir stark und sicher vor, aus drei Strängen gedreht kann sie viel aushalten. Aber eine Freundschaft zu dritt? Können drei Freunde mehr Widerstand leisten als zwei? Als Jesus im Garten Gethsemane auf seine Gefangennahme wartete, nahm er drei Jünger mit, um nicht allein zu sein in seiner Not. Aber sie haben es nicht geschafft, die starke Schnur zu sein, die Jesus Halt geben konnte. Immer wieder schliefen sie ein und ließen Jesus in seinem Ringen mit Gott allein. Aber nach Jesu Tod konnten die Jünger erleben, dass Jesus sie nicht allein ließ.
Überwältigt von den Ereignissen machen sich drei Tage nach der Kreuzigung zwei Jünger auf den Weg von Jerusalem nach Emmaus. Im Gespräch miteinander versuchen sie, der Trauer und Angst zu widerstehen, die sie durch den Tod Jesu und die Berichte der Frauen vom leeren Grab spüren. Da begegnen sie einem Fremden, der ihnen anhand der Schrift erklären kann, warum alles so geschehen musste, wie es kam. Erst spät erkennen sie, dass sie mit Jesus unterwegs waren, dass er ihnen auch weiterhin nahe sein will.
Wo zwei oder drei in meinem Namen versammelt sind, da bin ich mitten unter ihnen.

Nina-Dorothee Mützlitz

2. Brief an die Korinther 3,12–18

12 Weil wir nun solche Hoffnung haben, sind wir voller Freimut 13 und nicht wie Mose, der eine Decke über sein Angesicht legte, damit die Israeliten nicht sahen das Ende dessen, was da vergeht. 14 Aber ihr Sinn wurde verstockt. Denn bis auf den heutigen Tag bleibt diese Decke über dem alten Bund, wenn daraus gelesen wird; sie wird nicht aufgedeckt, weil sie in Christus abgetan wird. 15 Aber bis auf den heutigen Tag, wenn Mose gelesen wird, liegt die Decke auf ihrem Herzen. 16 Wenn es aber umkehrt zu dem Herrn, so wird die Decke abgetan. 17 Der Herr ist der Geist; wo aber der Geist des Herrn ist, da ist Freiheit. 18 Wir alle aber spiegeln mit aufgedecktem Angesicht die Herrlichkeit des Herrn wider, und wir werden verwandelt in sein Bild von einer Herrlichkeit zur andern von dem Herrn, der der Geist ist.

LUTHER 2017

Weil wir nun solche Hoffnung haben, sind wir voller Freimut …

Hoffnung haben und gerade deshalb voller Freimut sein – welch wohltuende Worte an diesem Sonntagmorgen.
Heute steht das große Geburtstagsfest an. Haben sich alle schick gemacht und alles ist herausgeputzt? Vermutlich nicht alle. Wer weiß schon vom heutigen Geburtstagskind … Und doch, die Sonne, ein leichter Wind ist zu spüren. Da ist er, der Hoffnungsgeist, der Freimutgeist, auch im Jahr 2025.
Also auf, liebes Geburtstagskind, lass dich feiern. An so vielen Orten kommen Menschen in dir, mit dir, in deinem Namen zusammen. KIRCHE. Nicht eine bestimmte Kirche, keine Ortskirche, keine bekannte oder unbekannte Kathedrale. Nein, KIRCHE als solche, sie hat heute Geburtstag. Wir feiern sie, und damit Gott und uns – in der Hoffnung und dem Freimut, der uns von Gott gegeben ist. In all der Unsicherheit, wie es mit Kirche weitergehen mag: Auf zum Feiern, zum Loben und Besinnen, zum Hochhalten und zum Wegwerfen bestimmter Eigenschaften und Gegenstände, Rituale und Möglichkeiten. Geburtstage sind doch auch immer gut, um nachzudenken, was sich verändern lässt und was genauso weitergehen könnte.
So will ich heute den ganzen Tag lang überlegen: Was kann ich für Kirche sein, ihr schenken, um ihr eine Freude an ihrem Geburtstag zu machen?

... und nicht wie Mose, der eine Decke über sein Angesicht legte, damit die Israeliten nicht sahen das Ende dessen, was da vergeht.

Der Geburtstag weht noch nach in mir. Wie schön war es, diesen zu feiern. Gemeinsam mit vielen anderen Menschen, draußen auf der Wiese, alle verbunden in Gottes Namen.
Geschenke habe ich mehrere im Laufe des Tages entdeckt: Klarheit möchte ich Kirche schenken – was ist dran, was kann auch gerade gut pausieren. Und gleichzeitig möchte ich mehr auf Entdeckungsreise gehen, lesen, was unser Grund ist. Das sind auch die Erzählungen des Alten Testaments, die Paulus in seinen Briefen an die noch jungen Gemeinden (die junge Kirche) aufgreift. Dazu gehört auch Mose und seine enge Beziehung zu Gott – so eng, dass er nach seiner Begegnung mit ihm sein Gesicht abdecken muss, um sein Volk zu schützen.
Welch Strahlen muss das gewesen, welche Hoffnung, welchen Freimut muss Mose gespürt haben. Wie schade, dass dies den anderen Israelit*innen vorenthalten wurde. Denn wie gut tut es, wenn mich jemand ganz frei und warm anstrahlt – da passiert etwas, da wird etwas freigesetzt, was zwar durch Worte verstärkt werden kann, jedoch eine gänzlich andere Wirkung hat.

Aber ihr Sinn wurde verstockt. Denn bis auf den heutigen Tag bleibt diese Decke über dem alten Bund, wenn daraus gelesen wird; sie wird nicht aufgedeckt, weil sie in Christus abgetan wird.

Die nächsten zwei Tage, die vor mir liegen, werden anstrengend. Auf ganz unterschiedliche Art und Weise. Der Alltag, so wie er ist, ist herausfordernd. Die Gedanken an die Welt werden schwerer, die Sorge um den Frieden größer. Und wenn ich mich an mein Geschenk erinnere, das ich Kirche schenken möchte, nämlich tiefer zu graben, wird es auch nicht leichter. Die Worte des Apostel Paulus, die er an die Gemeinde in Korinth schreibt, sind schwer zu verstehen und auch in der heutigen Zeit nicht einfach stehen zu lassen.
Ich versuche mich zu nähern: Wenn ich eine Decke über meinen Augen, ja, vielleicht sogar über meinem Herzen habe, kann ich weder gut fühlen noch gut sehen. Alles ist verdeckt, verschwommen, unklar. Der Alltag wird noch herausfordernder, den Grund, den ich hatte, finde ich nicht mehr. Weil ich ihn nicht sehe und weil meine Gefühlswelt, auf die ich mich ja eigentlich intuitiv verlassen kann, nicht mehr funktioniert. Paulus beschreibt diesen Zustand mit einer Decke, die über das Herz gelegt wird.
Decken, die etwas verdecken, gab und wird es immer geben. Manchmal dienen solche Decken sinnvollerweise als Schutz, um nicht zu viel an sich heranzulassen. Aber ich denke, es gibt noch andere Decken. Es bleibt herausfordernd, auch morgen.

Aber bis auf den heutigen Tag, wenn Mose gelesen wird, liegt die Decke auf ihrem Herzen.

Paulus schreibt nach Korinth, dass die Israeliten und Israelitinnen bis auf den heutigen Tag eine solche Decke über ihrem Herzen liegen haben. Das ist natürlich in den historischen Kontext damals einzuordnen.
Aber habe nicht auch ich hin und wieder Decken über meinem Herzen? Wie schon gestern gesagt: Eine solche Decke kann schützen, in unmittelbarer Gefahr, um ein Wort, eine Tat nicht zu nah an mich heranzulassen. Manchmal durchaus lebensnotwendig.
Aber eine solche Decke, die ich über mein Herz lege, kann auch einfach bequem sein. Weil ich nicht nachdenken, weil ich mein Weltbild und meinen Glauben und die damit verbundenen Vorstellungen nicht verändern will. Dann ist die Decke wie eine Angewohnheit, die ich heraushole, gerade wenn es für mich gut passt. Leichtfertige Entschuldigungen sind doch schnell gefunden: Eine unangenehme Aufgabe nicht zu übernehmen, weil ich passenderweise einen anderen Termin habe. Jemandem nicht zu helfen, der mir unsympathisch ist – aus welchem Grund auch immer – gelingt, indem ich einfach weitergehe oder auch eine Ausrede parat habe. Oder ganz pragmatische Dinge: Neue Erkenntnisse in den (Berufs-)Alltag zu integrieren, das kostet Zeit und Anstrengung. Ist es da nicht viel einfacher, so weiterzumachen wie bisher? Ich vermute, es gibt viele sehr unterschiedliche Alltagsdecken …

Wenn es aber umkehrt zu dem Herrn, so wird die Decke abgetan.

Kennen Sie die Serie „The Chosen"? Die Serie spielt wunderbar mit solchen „Decken" – vor allem natürlich hier bezogen auf unseren Glauben und unsere eigenen Vorstellungen über Jesus und seine Zeit. Die Serie traut sich als erste, das Leben Jesu, seine Beziehung zu den Jüngern und Jüngerinnen in aller Ausführlichkeit zu verfilmen, zu zeigen und in der Tiefe auszuleuchten. Ich habe die Serie mit Leidenschaft geschaut, bin aber auch immer wieder ins tiefe Grübeln und Nachdenken über die Darstellung, etwa von Maria Magdalena, Petrus und auch Jesus, gekommen: So habe ich es mir nicht vorgestellt … Darf man Maria wirklich so zeigen? War Petrus tatsächlich so hinterhältig?
Fragen wurden in mir aufgewirbelt – und wie dankbar bin ich dafür. Welch Geschenk, die Decke wegnehmen zu können und zu entdecken, was meinen Glauben und meine Vorstellung alles erweitern kann. Das war zum Teil auch herausfordernd und bisweilen schmerzhaft, gerade weil die Bilder und Vorstellungen, die ich habe, ganz persönliche sind. Dennoch: Es tut gut, wenn „Decken", feste Vorstellungen immer mal wieder weggenommen, durchgewirbelt werden. Sei es durch eine solche Serie oder durch den Partner, die Partnerin oder einen Freund oder die Freundin, die hinterfragt oder auch mal ordentlich den Kopf wäscht. Dann wird die Decke abgetan und Freiheit für anderes, für Neues, vielleicht sogar Wunderbares ist da.

Der Herr ist der Geist; wo aber der Geist des Herrn ist, da ist Freiheit.

Hoffnung und Freimut haben – damit sind wir vergangenen Sonntag in die Woche gestartet. Paulus und wir mit ihm gehen heute sogar noch ein Stück weiter.

Unsere ganz unterschiedlichen Decken sind abgetan, durch Jesus und den Geist, den er uns geschenkt hat. Wir sind durch ihm und mit ihm in Freiheit gestellt. Diese Freiheit, die Jesus uns geschenkt hat, durch seinen Tod in die Auferstehung, das Leben hinein, überwindet tatsächlich die letzten Schranken. Wir sind frei vom Nein des Todes, wir sind frei vom Buchstaben des Gesetzes. Wir stehen in der Freiheit Jesu Christi; dort, wo der Geist ist, ist Freiheit. Und das ist gleichzeitig die Bedingung: Die Freiheit von allen Decken, die uns geschenkt ist, ist niemals beliebig oder gar bedingungslos. Sondern klar an Herausforderungen gebunden: Sich an Gott zu orientieren, auf das zu schauen, was und wie Jesus gelebt hat. Das ist anstrengend? Ja. Und gleichzeitig wundervoll. Denn diese Freiheit umgreift ja damit noch so viel mehr: Das Vertrauen darauf, in der Liebe und der Gnade Gottes sein zu dürfen – egal, was passiert oder was ich (nicht) mache. Ich darf die Decke von mir nehmen und nach und zu Gott schauen und weiß: Ich werde gesehen, mit all dem Schönen und Schweren, das ich mitbringe. Welche Entspannung und Entschleunigung bietet mir diese Geistfreiheit!

Wir alle aber spiegeln mit aufgedecktem Angesicht die Herrlichkeit des Herrn wider, und wir werden verwandelt in sein Bild von einer Herrlichkeit zur andern von dem Herrn, der der Geist ist.

Eine Woche ist fast vergangen. Viele Decken haben wir auf unserem Weg entdeckt. Vielleicht haben wir ja sogar ein, zwei oder noch mehr Decken abnehmen können. Welch schönes Gefühl, oder? Das Gesicht frei haben, es heben dürfen, zu Gott hin. Mit aufgedecktem Angesicht die Herrlichkeit des Herrn widerspiegeln – so beschreibt die geschenkte Möglichkeit, diese Freiheit Paulus in seinen Worten an die Gemeinde in Korinth.
Und dieses Strahlen ist uns, hier und heute, so wie an jedem weiteren Tag geschenkt. Ergreifen müssen wir es, ja, aber es ist da. Unwiederbringlich. Das Strahlen, Gottes Geist, weht, strahlt unverändert, auch an diesem Samstag im Juni. Und es will uns locken – hinaus in die Welt derer, dessen Geburtstag wir am Sonntag gefeiert haben. Ebenso wie Paulus seiner Welt von dieser Freiheit, Christus und Gott, erzählt hat. Dass sie weiterstrahlt, ansteckt und Menschen mit Glanz erfüllt, der spürbar und so stark leuchtend ist, dass er weitergegeben wird. Nicht versteckt wird unter einer Decke. Das wäre nicht nur schade, sondern es funktioniert auch einfach nicht. Weil diese Freiheit selbstwirksam ist und über sich hinauswirkt – geistgewirkt, von Gott selbst.

Tobias Bartole

Genesis 18,1–8

Der HERR erschien Abraham bei den Eichen von Mamre, während er bei der Hitze des Tages am Eingang des Zeltes saß. Er erhob seine Augen und schaute auf, siehe, da standen drei Männer vor ihm. Als er sie sah, lief er ihnen vom Eingang des Zeltes aus entgegen, warf sich zur Erde nieder und sagte: Mein Herr, wenn ich Gnade in deinen Augen gefunden habe, geh doch nicht an deinem Knecht vorüber! Man wird etwas Wasser holen; dann könnt ihr euch die Füße waschen und euch unter dem Baum ausruhen. Ich will einen Bissen Brot holen, dann könnt ihr euer Herz stärken, danach mögt ihr weiterziehen; denn deshalb seid ihr doch bei eurem Knecht vorbeigekommen. Sie erwiderten: Tu, wie du gesagt hast! Da lief Abraham eiligst ins Zelt zu Sara und rief: Schnell drei Sea feines Mehl! Knete es und backe Brotfladen! Er lief weiter zum Vieh, nahm ein zartes, prächtiges Kalb und übergab es dem Knecht, der es schnell zubereitete.
Dann nahm Abraham Butter, Milch und das Kalb, das er hatte zubereiten lassen, und setzte es ihnen vor. Er selbst wartete ihnen unter dem Baum auf, während sie aßen.

LUTHER 2017

Mit den meisten kirchlichen Festen verbinde ich ein Lied, sehe ein Bild vor mir oder erinnere mich an einen bestimmten Duft oder Geschmack. Zum Beispiel Pfingsten: Da habe ich sofort die Melodie von „Der Geist des Herrn erfüllt das All" im Ohr und den Duft von Pfingstrosen in der Nase. Ganz anders am Dreifaltigkeitssonntag, an Trinitatis: mit diesem Festtag verbinde ich spontan absolut keine sinnliche Erfahrung. Fällt Ihnen vielleicht etwas ein?
Was ich aber deutlich spüre, ist, wie es in meinem Kopf beim Stichwort „Dreifaltigkeit" plötzlich unruhig zugeht, wie die Synapsen im Gehirn anfangen heißzulaufen und zu glühen: Dreifaltigkeit (oder besser ökumenisch Dreieinigkeit?), Fachbegriff: Trinität, ein Gott in drei Personen: Vater (oder warum nicht auch Mutter?), Sohn, heilige Geistkraft (hebräisch „ruach", weibliche Seite Gottes …). Wie war das noch mal? Wie geht das logisch? Geht das überhaupt? Ich fühle mich ein bisschen wie bei einem Sudoku, vor dem ich schon seit zwei Stunden sitze und es ist keine Lösung in Sicht. Irgendwann möchte ich das ganze Rätsel entnervt in den Papierkorb werfen! Sollten wir die Idee von der Dreifaltigkeit vielleicht auch in den Papierkorb werfen, weil wir doch sicherlich Sinnvolleres im Leben zu tun haben, als uns mit metaphysischen Denksportaufgaben zu beschäftigen? Weil die Quadratur des Kreises Zeitverschwendung ist? Weil es keinen Unterschied macht für unseren Glauben und erst recht nicht für unser Leben als Christ*innen, ob wir mit der Trinität Gottes etwas anfangen können oder nicht?

In den Papierkorb haben auch viele Theolog*innen die Trinität schon oft geworfen – nämlich immer dann, wenn sie festgestellt haben, dass diese ein undurchdringliches Geheimnis ist, welches der Mensch besser ohne weiteres Nachdenken demütig anzunehmen und zu verehren habe. Dass Gott (ob dreifaltig oder nicht) für uns Menschen ein Geheimnis darstellt – das ist klar. Schon die Frage nach seiner Existenz können wir nicht mit letzter Sicherheit beantworten.

Und dennoch reicht die Antwort „Geheimnis" nicht aus: *zum einen,* weil wir als Christ*innen heute in einer Gesellschaft leben, die von uns Auskunft fordert und Gründe hören möchte, warum wir an den Gott der Bibel glauben, den Jesus verkündet hat. Und das erfordert wohl oder übel nachzudenken und auch mal die Synapsen heißlaufen zu lassen. *Zum anderen* reicht die Antwort „Geheimnis" auch deshalb nicht aus, weil dieser Gott auch dem eigenen, innerchristlichen Verständnis nach mehr sein will als ein Geheimnis.

Unser Gott will mehr sein als nur Geheimnis: Das Tagesgebet der katholischen Liturgie vom Dreifaltigkeitssonntag bringt das zum Ausdruck – wenn auch in der typischen, manche würden sagen der verquasten Sprache der Texte aus dem Messbuch: „Herr, himmlischer Vater, du hast dein Wort und deinen Geist in die Welt gesandt, um das Geheimnis des göttlichen Lebens zu offenbaren." Das soll heißen: Christ*innen glauben gerade nicht an einen Gott, der fern und verborgen bleibt, sondern der sein Geheimnis bewusst lüften, sich selbst offenbaren will – als Freund*in der Menschen, als Barmherzigkeit, Gerechtigkeit und Liebe. An der Person Jesus, zumindest so, wie sie uns durch die Evangelien zugänglich ist, können wir erkennen, wer Gott ist und wie er für uns da sein möchte – ganz im Sinne von Johannes 14,9: *Wer mich gesehen hat, hat den Vater gesehen.* Und im Bekenntnis zur heiligen Geistkraft ist ausgesagt, dass dieser Gott auch heute noch bei uns und für uns da sein will.

Der Dreifaltigkeitssonntag fordert in jedem Jahr neu dazu heraus, Anlauf zu nehmen, um sich des eigenen Gottesbildes bewusst zu werden. Mir ist bei meinem Nachdenken über die Trinität noch einmal klar geworden, dass das Bekenntnis zum Gott, der Mensch wird und sein Geheimnis lüftet, gerade *nicht* ohne das Bekenntnis zur Dreifaltigkeit zu haben ist; dass Trinität mehr ist als eine theoretische Denksportaufgabe, sondern bedeuten kann: Gott ist lebendig, zugewandt und offen – er ist an einer Beziehung zu uns Menschen interessiert – er nimmt Anteil an unserem Mensch-Sein und an unseren Lebensgeschichten.
Wenn ich dem Dreifaltigkeitssonntag vor diesem Hintergrund eine Melodie zuordnen sollte, dann vielleicht „Herr, unser Herr, wie bist du zugegen" von Huub Oosterhuis (Gotteslob Nr. 414). Als Bild kommt mir die Dreifaltigkeitsikone von Andrei Rubljow in den Sinn, die vielen auch aus Taizé bekannt ist: Der dreifaltige Gott zu Gast bei Abraham. Er sitzt mit am Tisch und nimmt am Lebensalltag der Menschen teil. Und wenn es noch ein Duft sein soll, dann nicht unbedingt Weihrauch, welcher das göttliche Mysterium umweht, sondern eher der Geruch von heißem und glühendem Draht – als Symbol für die beim Denken heißlaufenden Synapsen.

Heute ist Fronleichnam – das katholische Hochfest des Leibes und Blutes Christi. In jenen Gegenden, wo das Fest heute noch traditionell gefeiert wird, mangelt es wahrlich nicht an sinnlichen Eindrücken: an Blumenteppichen, Fahnen, Heiligenstatuen, Monstranz, Baldachin, Weihrauch ... Fronleichnam verhält sich – so meine Beobachtung – eher konträr zu Trinitatis: viel Sinnlichkeit – und leider oft zu wenig Nachdenklichkeit: Was bedeutet all der Pomp, der doch im Kern die Bedeutung hat, das Sakrament der Eucharistie zu verehren und in den Fokus zu rücken?
Für mich hängt Fronleichnam ganz eng mit Trinitatis zusammen. Um diesen Gedanken zu entwickeln, hilft mir der Text aus Genesis 18: Gott ist zu Besuch bei Abraham. Das Bild von den drei Männern wurde in der kirchlichen Tradition immer wieder auf die Dreifaltigkeit Gottes projiziert – so ja auch durch Andrei Rubljow mit seiner berühmten Ikone. Als Lesung und Predigttext taucht Gen 18 in den katholischen und evangelischen Gottesdiensten zu Trinitatis, soweit ich das überblicken kann, heute offiziell nicht mehr auf: Hier sollen wohl Missverständnisse vermieden werden – denn natürlich kannte das Erste Testament noch keine Trinität. Doch bringt die Erzählung von der Mahlzeit unter den Eichen von Mamre für mich ein Gottesbild zum Ausdruck, das im Christentum durchaus mit der Dreieinigkeit zusammenhängt: Gott wendet sich den Menschen zu – er weilt bei ihnen als Besucher.

Gen 18,1–8 ist kein Text über Gottes Trinität – und doch zeigt diese Erzählung meiner Meinung nach, von wo aus das Bekenntnis der Dreieinigkeit seine Entwicklung nimmt: Der biblische Gott ist nicht so etwas wie ein monolithischer Block, der in sich selbst ruht und darin einzig und allein eins bleibt. Er thront nicht in selbstgenügsamer Majestät über allen Dingen! Sondern er ist – so die Erfahrungen mit ihm, die uns biblisch vermittelt werden – immer ein Gott, der in Beziehung steht zu uns, seinen Geschöpfen. Der in einem lebendigen Kontakt ist zur Geschichte: Sei es am Anfang, indem er sagt: es sei nicht nichts, sondern es sei etwas: Schöpfung! Sei es, indem er Israel ermutigt, aus der Sklaverei Ägyptens auszubrechen. Sei es, indem er den Israeliten im Babylonischen Exil Trost spendet. Sei es, indem er selbst in diese Welt kommt: Mensch wird in Jesus, ganz und gar einer von uns. Und das, was das Zweite Testament und dann das Christentum zur Spitzenaussage von der Menschwerdung Gottes bewegt – das ist schon angelegt in den Gotteserfahrungen des Ersten Testaments: Gott ist da, er ist zu Gast, er setzt sich mit uns zu Tisch, er verortet sich selbst inmitten seiner Schöpfung – und wir dürfen ihn bei uns aufnehmen, so wie Abraham es tut.

Gott ist bei uns zu Gast: Das Christentum radikalisiert diesen Gedanken noch mal in der Aussage, dass in Jesus die liebevolle Nähe Gottes sogar in menschlichem Fleisch und Blut erschienen sei. Ohne die jüdische Vertrautheit mit diesem Gott, der durch die Geschichte begleitet, wären Christinnen und Christen niemals zu ihrem Dogma von der Menschwerdung gelangt. Das wenig beachtete Buch Baruch bringt diese biblische Erfahrung in wunderbare Worte: Gott, oder genauer: Gottes Weisheit erschien auf der Erde und lebte mit den Menschen (Baruch 3,38). Gott lebt mit uns – er sitzt sogar mit uns zu Tisch: Das ist die Erfahrung der Abraham-Erzählung – und darauf baut auch die christliche Erfahrung auf: Gott sitzt in Jesus mit uns zu Tisch, er gibt sich uns selbst im Mahl, im Teilen des Brotes. Das feiern wir auch immer wieder in der Eucharistie, im Abendmahl – und das spüren wir bei uns im Ökumenischen Kirchenzentrum ARCHE in Neckargemünd auch im Teilen des Brotes beim ökumenischen Agape-Mahl. So wird nicht nur an Fronleichnam, nicht nur in der liturgischen Mahlgemeinschaft, sondern in der Vielfalt unserer Tischgemeinschaften im Alltag die Trinität, die liebevolle Zugewandtheit Gottes zu seiner Welt und zu seinen Menschen, neu erfahrbar: Er will bei uns zu Gast sein.

Sieglinde Klemm

Jakobs Kampf am Jabbok

1. Mose 32,23–32

In derselben Nacht stand Jakob auf. Er weckte seine beiden Frauen, die beiden Mägde und seine elf Söhne. Denn er wollte den Jabbok an einer flachen Stelle überqueren. Zuerst ließ er die Frauen und die Kinder den Fluss überqueren. Dann brachte er sein Hab und Gut hinüber. Er selbst blieb allein zurück. Plötzlich war da jemand, der bis zum Morgengrauen mit ihm kämpfte. Aber er sah, dass er Jakob nicht besiegen konnte. Da packte er Jakob am Hüftgelenk, sodass es beim Ringen ausgerenkt wurde. Dabei sagte er: „Lass mich los, denn der Tag bricht an." Jakob entgegnete: „Ich lasse dich erst los, wenn du mich gesegnet hast." Der andere fragte Jakob: „Wie heißt du?" Er antwortete: „Jakob." Da sagte der andere: „Von nun an sollst du nicht mehr Jakob heißen, sondern Israel ‚Gotteskämpfer'. Denn du hast mit Gott und mit Menschen gekämpft und bist Sieger geblieben." Jakob bat: „Sag mir doch deinen Namen!" Er erwiderte: „Wozu fragst du noch nach meinem Namen?" Und er segnete ihn dort.
Jakob nannte den Ort Penuel, das heißt: Angesicht Gottes. Denn er sagte: „Ich habe Gott von Angesicht zu Angesicht gesehen und bin am Leben geblieben." Als Jakob Penuel verließ, ging gerade die Sonne auf.

BASISBIBEL

Er selbst blieb allein zurück.

Nun sind sie drüben, die Frauen und Kinder, die Knechte, die Mägde. Jakob bleibt allein zurück, allein nach allem, was gewesen war. Das Erstgeburtsrecht hat er sich von dem blinden Vater erschlichen, den Bruder Esau betrogen, dann die Versöhnung gewünscht, aber auch die Geschenke für Esau haben nichts bewirkt.
Wer allein zurückbleibt, wird ins Nachdenken kommen. Was ist alles geschehen? Da war einer sehr ehrgeizig, aber er hat sich auch bemüht. Von der Herkunft her nicht so bevorzugt, hat er aber gekämpft, wollte besser sein als sein Bruder. Die Anerkennung des Vaters, der besondere Segen, wurden mit List erworben. Eine Aussöhnung ist nicht in Sicht.
Allein zurückbleiben: Nach einem großen Fest mit all den Erinnerungen, nach einem Lebensabschnitt mit der Einschätzung der Ereignisse, nach intensiven Auseinandersetzungen mit triumphalen oder schalen Gefühlen, nach vergeblichen Bemühungen um Wiedergutmachung und der Enttäuschung, dass sie missglückt sind, nach dem Kampf um Anerkennung, die dann doch nur ansatzweise gewährt wurde.
Die Einsamkeit zeigt all die offenen Baustellen.

Plötzlich war da jemand, der bis zum Morgengrauen mit ihm kämpfte.

Mit wem muss sich Jakob auseinandersetzen? Naheliegend wäre es, wenn Esau, sein Bruder, auftauchte und Vergeltung forderte. Esau war der Erstgeborene, aber Jakob hatte ihn um sein Erstgeburtsrecht betrogen, um den Segen des Vaters, der dem Ältesten zusteht.
In nächtlichen Träumen wird manchmal mit den Schatten der Vergangenheit gekämpft. Diese Kämpfe sind oft nicht zimperlich. Man schlägt sich in Raufereien und geht dem Gegner an die Gurgel. Der bedrohliche Feind wird aus dem Fenster geworfen, die dunkle Frau in einen Graben. Schweißgebadet erwachen die Träumenden. So ist es mit den unbewältigten Auseinandersetzungen. Nicht immer ist der Kampfpartner oder die Kämpferin eindeutig zu erkennen. Mit Jakob kämpft „jemand", ein Mann, aber er kann nicht erkennen, wer er ist. Es wird nur klar: Da ist noch ein Problem, das bewältigt werden muss. Wie in einer Warteschleife ist es da und kommt zum Vorschein, meist, wenn man es nicht erwartet.

Aber er sah, dass er Jakob nicht besiegen konnte. Da packte er Jakob am Hüftgelenk, sodass es beim Ringen ausgerenkt wurde.

Dieser Kampfpartner ist nicht zimperlich. Aufgeben kann er nicht, aber zum Sieg reicht es auch nicht. Solch brutale Szenen lieben wir nicht. Auf dem Schulhof wird ein Lehrer geholt, der die Kämpfenden trennt, und dann bekommen sie eine Strafarbeit. Im Film sehen wir uns die „action" an, weil wir wissen: Das ist der Showdown und das Gute wird siegen. In kriegerischen Auseinandersetzungen freuen wir uns vielleicht über die Erfolge der einen Seite und die Niederlagen der anderen.
Immer noch wird nicht benannt, wer der Gegner ist. Jakob merkt nur: Es ist einer, der mindestens so stark ist wie ich. Ich kann ihn nicht besiegen, aber er mich auch nicht! Da gibt es einen Schlag, mit dem er nicht gerechnet hat. Die Hüfte bricht ein, ein normaler Gang ist nicht mehr möglich.
Kann man mit einem Stärkeren, vielleicht sogar mit Gott kämpfen? Das widerspricht unserem Bild vom „lieben" Gott, der schon weiß, was wir brauchen, und es uns gern gibt. Kann man mit ihm kämpfen, mit starkem Willen, mit Wut, ja mit Hass? Kann man ihm etwas abringen?
Vielleicht hält er mehr aus, als wir denken …

Dabei sagte er: „Lass mich los, denn der Tag bricht an.“ Jakob entgegnete: „Ich lasse dich erst los, wenn du mich gesegnet hast.“

Jakob gibt nicht auf. Er lässt nicht los. Jakob ist zäh. Es geht ihm um etwas Wichtiges: den Segen, den er sich so widerrechtlich erschlichen hat, möchte er nun wirklich bekommen. Er braucht ihn, wenn er den Fluss überqueren muss, wenn er Esau begegnet, wenn er die Stämme seines Volkes zusammenführen will. Er braucht den Segen für seine bevorstehende Aufgabe.

Manche sagen: Das Wichtigste am Gottesdienst ist mir der Segen! Den brauche ich für die kommende Woche, für alle Herausforderungen, für die Begegnungen, für die Auseinandersetzungen, aber auch für Versöhnliches, damit ich Zuwendung geben und ihr trauen kann.

„Ich lasse dich nicht, du segnest mich denn“ übersetzt Luther, und er drückt damit das Ringen mit dem Gott aus, der so anders ist. Ein Gott, mit dem gekämpft werden muss, der nicht leicht gibt, was wir wünschen, der verweigert und Enttäuschung zumutet. Fremd ist er, dieser Gott, immer noch gibt er sich nicht zu erkennen. Ist er nur ein Geist, der die Morgenröte scheut? Oder ist er der Unerbittliche, der wissen will, ob es Jakob, dem leichtfüßigen Schmeichler, dem Betrüger, ernst ist?

Der andere fragte Jakob: „Wie heißt du?" Er antwortete: „Jakob." Da sagte der andere: „Von nun an sollst du nicht mehr Jakob heißen, sondern Israel ‚Gotteskämpfer'. Denn du hast mit Gott und mit Menschen gekämpft und bist Sieger geblieben."

Namen werden von den Eltern oft mit Bedacht gewählt. Manchmal sind sie Programm und sagen aus, was man sich von dem Kind erwartet. Manche Menschen wechseln, wenn sie erwachsen sind, ihren Namen, möchten jetzt mit dem zweiten Vornamen angesprochen werden, damit man merkt, dass sich etwas verändert hat und sie sich jetzt eigene Ziele setzen.
Jakob ist der, *der die Ferse hält,* denn schon bei der Geburt hat er den Zwillingsbruder Esau festgehalten und wäre gern als Erster geboren worden. Aber nun soll Jakob einen anderen Namen erhalten, nicht mehr den rückwärtsgewandten, sondern den, der ihn jetzt auszeichnet, *Gotteskämpfer.* Es ist der Titel eines mutigen Menschen, der einen Auftrag für die Zukunft hat. Man meint, bei der Geburtsstunde des Volkes Israel dabei zu sein, denn hier wird dieser Name zum ersten Mal genannt. Erst jetzt besteht die Möglichkeit, verschiedene Stämme zu vereinen und aus ihnen ein gesegnetes Volk werden zu lassen.
Auch Christen haben den Namen ihres von Gott Gesegneten gewählt. Er zeigt ihre Zugehörigkeit zu dem Gott, dem Jesus in Gethsemane widerspricht, der Trost gewährt und der uns versöhnt.

Jakob bat: „Sag mir doch deinen Namen!" Er erwiderte: „Wozu fragst du noch nach meinem Namen?" Und er segnete ihn dort.

„Bin ich froh, dass niemand weiß, dass ich Rumpelstilzchen heiß" – wer den Namen kennt, kann sich an den anderen wenden. Die Anonymität dagegen ermöglicht, dass man unangreifbar bleibt. Anonym kann man im Netz Hassmails oder Gewaltandrohungen schicken, dem Anderen Dinge sagen, die man ihm von Angesicht zu Angesicht nicht zumuten würde.
Jakob möchte wissen, mit wem er es zu tun hat. Dann könnte er den unbekannten Gott einschätzen, ihn an sich binden, ihm Opfer bringen, ihn vielleicht auch beeinflussen – aber die Gottesgestalt bleibt inkognito. Jakob hat mit ihm gekämpft, körperlich, er hat ihn gesehen und ist nicht gestorben. Ein göttliches Geheimnis bleibt. Denn Gott ist nicht fassbar. Seinen Namen nennt er nicht. Und doch lässt er sich erweichen: Er gibt den Segen!
Manchmal bekommen wir etwas anderes als das, was wir uns wünschen, manchmal erfüllt sich eine tiefere Sehnsucht, eine Gabe wird geschenkt, die in die Zukunft weist.

Jakob nannte den Ort Penuel, das heißt: Angesicht Gottes. Denn er sagte: „Ich habe Gott von Angesicht zu Angesicht gesehen und bin am Leben geblieben.“ Als Jakob Penuel verließ, ging gerade die Sonne auf. Er hinkte wegen seiner verrenkten Hüfte.

Oft kommt die Einsicht erst hinterher. Mit wem habe ich gekämpft? Waren es dunkle Mächte oder war Gott selbst im Spiel?
Für Jakob ist die Erkenntnis mit den Stunden des Kampfes immer deutlicher geworden. Mit dem, der letztlich den Segen geben konnte, hat er gerungen. Dieser Segen ist mehr als die Zustimmung des Vaters oder die Versöhnung mit dem Bruder, und er hat ihn errungen!
Freilich haben Siege oft Nebenwirkungen: Jakob wird hinken, den Rest seines Lebens. So sehen strahlende Sieger nicht aus. So sehen Menschen aus, die geschlagen sind und doch davonkommen, die verletzt sind, aber neuen Antrieb erhalten haben. Jakob ist jetzt auf seine neuen Aufgaben vorbereitet: Versöhnung mit Esau und Herrschen über die Stämme. Der Segen gibt Kraft. Gott wird begleiten. Gott nennt uns beim Namen. Wo auch immer das jeweilige Penuel sich befindet: Nach dem Kampf wird die Sonne aufgehen!

Dagny Schüler (mit Firmlingen)

Matthäus 8,28–34

Als Jesus ans andere Ufer kam, liefen ihm aus den Grabhöhlen zwei Besessene entgegen. Die waren so gefährlich, dass niemand auf jenem Weg entlanggehen konnte. Und siehe, sie schrien: Was haben wir mit dir zu tun, Sohn Gottes? Bist du gekommen, um uns vor der Zeit zu quälen? In einiger Entfernung weidete eine große Schweineherde. Da baten ihn die Dämonen: Wenn du uns austreibst, dann schicke uns in die Schweineherde! Und er sagte zu ihnen: Weg mit euch! Die aber fuhren aus und in die Schweine hinein. Und siehe, die ganze Herde stürmte den Abhang hinab in den See und kam in den Fluten um. Die Hirten aber flohen, liefen in die Stadt und erzählten alles, auch was mit den Besessenen geschehen war. Und siehe, die ganze Stadt zog hinaus um Jesus zu begegnen; als sie ihn sahen, baten sie ihn, ihr Gebiet zu verlassen.

EINHEITSÜBERSETZUNG 2016

… da baten die Dämonen: Wenn du uns austreibst, dann schicke uns in die Schweineherde …

Wenn ich diesen Text lese, wundert mich das Verhalten der Dämonen. Sie wollen etwas Lebendiges zerstören. Und Jesus lässt es zu. Die ganze Schweineherde stürzt besessen in die Fluten, ein großer Verlust für die Hirten. Ich kann verstehen, dass sie in die Stadt fliehen, um alles zu erzählen. Aber ich bin empört über die Stadtbewohner, die Jesus bitten, das Gebiet zu verlassen. Keine Dankbarkeit über die Heilung der gefährlichen Besessenen. Sicher, es tut ihnen um die Schweineherde leid, die umkam. Aber sind die Schweine wichtiger als die beiden Menschen? Für Jesus nicht! Vielleicht macht gerade das den Stadtbewohnern Angst, die Macht Jesu, der Dinge verändert, an die sich alle schon gewöhnt haben.

Als Jesus ans andere Ufer kam, liefen ihm zwei Besessene entgegen, die waren so gefährlich, dass niemand auf jenem Weg entlanggehen konnte.

Als Angehörige einer geistig behinderten Tochter mache ich die Erfahrung, dass Kinder und Erwachsene Angst vor Behinderten haben. Von einigen Erlebnissen will ich in dieser Woche erzählen.
Nadja ist jetzt 45 Jahre alt, geistig behindert und stumm. Seit ihrer Kindheit stößt sie laute Töne aus, wenn sie sich aufregt, sich freut oder ärgerlich ist. Meistens hüpft sie dazu von einem Bein auf das andere. Dieses Verhalten erschreckt viele Menschen, besonders Kinder. Einer meiner Großneffen hat Angst vor Nadja. Er findet sie unberechenbar. Ihre Schnelligkeit, ihr Hüpfen und ihre Töne sind ihm unheimlich. Er ist schon neun Jahre alt und seine panischen Reaktionen ärgern mich. Als ich ihn darauf anspreche, um sein Verständnis zu wecken, bricht er in Tränen aus. Es tut ihm sehr leid, dass er Angst vor Nadja hat. Er will das gar nicht, aber er kann nichts dagegen tun. Wir überlegen gemeinsam, wie wir dieses Problem lösen. „Vielleicht sollte ich Nadja besser kennen lernen, bei einem Spaziergang oder auf dem Spielplatz", meint er. „Das ist eine gute Idee", freue ich mich. Mein Verständnis wächst, für ihn und alle anderen, die ihre Angst nicht überwinden können.

Die Hirten aber flohen …

Neben unserem Haus ist ein Schulhof für Grundschüler. Einige Mädchen, die mit meiner jüngsten Tochter befreundet sind, kennen die damals achtjährige Nadja schon. In den Pausen machen diese Mädels sich einen Spaß daraus, Nadja in den Schulhof zu rufen und mit ihr zusammen den Jungs hinterherzulaufen, die schreiend in alle Richtungen flüchten. Einige Jahre später gehe ich mit Nadja und unserem Hund im Feld spazieren. Wir begegnen einigen dieser Jungs, die wieder erschrocken davonlaufen. Ich rufe sie zurück und frage, was ihnen denn solche Angst macht. Sie kennen Nadja noch vom Schulhof und haben nie vergessen, wie hilflos sie sich gefühlt haben. Ich zeige ihnen, dass Nadja Sprache versteht und mit Gebärden Fragen beantworten kann. Die Jungen sind sehr beeindruckt und versuchen, sich mit Nadja zu verständigen. Sie sind ganz stolz, wenn es funktioniert. Schon bald verlieren sie ihre Angst und bieten mir an, mit Nadja zu spielen, während ich mit unserem Hund spazieren gehe. Wenn das keine Heilung ist!

... die ganze Stadt zog hinaus, um Jesus zu begegnen.

In der Nähe unserer Pfarrei ist ein Asylantenheim. Menschen unterschiedlicher Nationalität kommen in den Gottesdienst. Wir wollen diese Menschen besser kennenlernen und besuchen das Wohnheim der Asylanten. Ich nehme meine behinderte Nadja und ihre kleinere Schwester Sonja mit. Im Innenhof des Wohnheims spielen viele Kinder. Nadja rennt auf sie zu und alle Kinder flüchten schreiend. Sonja hat eine Tüte Süßigkeiten und lockt einige Kinder herbei. Nadja hat noch ihren Luftröhrenschnitt, Sonja zeigt einzelnen Kindern dieses Loch im Hals. Die anderen werden neugierig, sie wollen auch das Loch sehen. Sonja teilt Süßigkeiten aus, sie zeigt Nadjas Luftröhrenschnitt, sie fängt an zu klatschen und mit Nadja zu tanzen. Die anderen Kinder machen es ihr nach. Die Angst ist vergessen, alle klatschen und tanzen. Ich bin stolz auf meine kleine Sonja, die eine Brücke baut von Nadja zu den anderen Kindern. So hätte ich mir das Ende im Evangeliumstext gewünscht. Alle ziehen hinaus, um Jesus zu begegnen, und freuen sich!

Im Asylantenheim lernen wir einige Menschen aus Bosnien kennen. Wir beschließen mit ihnen und Gemeindemitgliedern, in unserem Pfarrzentrum ein Gericht aus Bosnien zu kochen. Wir gehen zusammen einkaufen und treffen uns am St. Martinstag. Wir kochen mit den Erwachsenen und basteln mit den Kindern Laternen für den Martinszug. Wie jedes Mal haben einige Kinder und Erwachsene Angst vor Nadja. Eine alte Frau aus Bosnien setzt sich neben sie. Ich habe den Eindruck, sie hält Nadjas Behinderung für eine Art Besessenheit. Sie versucht mir deutlich zu machen, dass der Pope helfen könnte. Aber sie hat keine Angst. Sie streichelt Nadja und singt ihr Lieder aus ihrer Heimat vor. Dadurch verlieren auch die anderen ihre Angst. Es wird ein schöner Nachmittag. Wir essen zusammen und gehen dann mit den Kindern zum Martinszug. Am nächsten Tag besuche ich mit Nadja diese alte Frau. Sie hat einen glitzernden Pullover an, von dem ist Nadja ganz begeistert. Als wir uns verabschieden, zieht die Frau ihren Pullover aus und zieht ihn der glücklichen Nadja an. Sie erinnert mich an den heiligen St. Martin.

Die Stadtbewohner bitten Jesus, das Gebiet zu verlassen.

Nadja hat ein sehr liebes Wesen. Sie ist irritiert, wenn Menschen vor ihr Angst haben. Sie kommt den Leuten dann ganz nah, als wollte sie sagen: „Ich tue euch doch nichts." Die Nähe erschreckt die Ängstlichen noch mehr. Meine Töchter und ich versuchen Nadjas Verhalten zu erklären. Die meisten Menschen verlieren dadurch ihre Berührungsängste. Aber es gibt auch die, die ihre Ängste und Vorurteile nicht besiegen können. Die bitten uns zu gehen oder Abstand zu halten. Das ist uns schon im Supermarkt, im Speiselokal und auf Reisen passiert. Wenn Nadja missverstanden wird, ist sie unglücklich. In ihrem ersten Wohnheim mit dazugehöriger Tagesförderstätte ist das der Fall. Die BetreuerInnen bemerken nur Nadjas chaotisches Verhalten, aber nicht ihre liebevolle und fröhliche Art. Auch die Gespräche mit mir und meinen Töchtern ändern daran nichts. Da sie nicht verstanden wird, suche ich für Nadja ein anderes Wohnheim. Anstatt diese belastende Lebenssituation auszuhalten, haben wir die Freiheit, zu gehen.

„Was haben wir mit dir zu tun, Sohn Gottes? Bist du gekommen, um uns vor der Zeit zu quälen?“

Die Besessenen erkennen in Jesus den Sohn Gottes. Sie haben Angst, dass er sie quält. Aber der Sohn Gottes quält nicht, er versteht und heilt. Er versteht die Dämonen und lässt sie in die Schweine fahren. Er versteht die Angst der Stadtbewohner und lässt sich wegschicken. Er steigt ins Boot und fährt zurück über den See. So wird es im nächsten Kapitel erzählt. In diesem Verstehen fühle auch ich mich mit meinen Ängsten und Sorgen aufgehoben. Und in allen beeindruckenden Erlebnissen mit Nadja erkenne ich, Heilung ist Verstehen und Verstandenwerden.

Peter Godzik

Widerstand zwecklos – Gottes Kraft und Macht sind unüberwindlich

Herr, du Gott unserer Väter, bist du nicht Gott im Himmel und Herrscher über alle Königreiche der Völker? Und in deiner Hand ist Kraft und Macht, und es ist niemand, der dir zu widerstehen vermag.

2. CHRONIK 20,6

Über der Eingangstür der 1958 eingeweihten Christuskirche in Flensburg-Mürwik steht in Stein gemeißelt das Bibelwort aus Offenbarung 11,15: *Es sind die Reiche der Welt unseres Herrn und seines Christus geworden + und er wird regieren von Ewigkeit zu Ewigkeit + Amen.* Darüber thront Christus im Weltgericht, rechts und links flankiert von zwei Engeln. Der eine trägt das Kreuz als Symbol des Opfertods Christi; der andere die Lanze als Zeichen des Drachenbezwingers Michael (Offb 12,7). Diese Muschelkalkreliefs der Künstlerin Ursula Querner haben Architekt R. Jäger und Gemeindepastor J. Diederichsen, beide ehemals Mitglieder der Bekennenden Kirche, bewusst gewählt im Gegenüber zum „Sonderbereich Mürwik", der in den letzten Tagen des Dritten Reiches der Regierung Dönitz als Standort diente und nach der bedingungslosen Kapitulation der Wehrmacht von unzähligen Flüchtlingen und Heimatvertriebenen bewohnt wurde.

Die unwiderstehliche Schöpfermacht

Dir muss die ganze Schöpfung dienen. Denn du sprachst, und es geschah. Du sandtest aus deinen Geist, und alles wurde geschaffen, und niemand kann deiner Stimme widerstehen. (Judit 16,14)

Gott schafft durch sein Wort, so entnehmen wir der Schöpfungsgeschichte: *Und Gott sprach: Es werde Licht! und es ward Licht* (Gen 1,3). Gottes schöpferisches Sprechen heißt im Hebräischen *dabar*. Da klingt ein anderes Wort an: *midbar* / Wüste. Sie ist nach Israels Erfahrung der Ort, wo Gott spricht. Mitten in der Wüste, am Berg Horeb, begegnet der Prophet Elia Gott – nicht wie erwartet in Sturm, Erdbeben und Feuer, sondern in einer *Stimme verschwebenden Schweigens,* wie Martin Buber übersetzte (1. Kön 19,11–12). Das zieht sich wie ein roter Faden durch die biblische Tradition: *Durch Stillesein und Hoffen würdet ihr stark sein,* heißt es beim Propheten Jesaja (30,15). Nicht lautes Geschrei und Kriegsgedröhn verwandeln die Welt, sondern die schöpferische Kraft, die aus der Stille, dem Schweigen, der tiefen Meditation kommt. Das haben Zacharias (Luk 1,22) und nach ihm viele andere erfahren, auch Jesus bei seinem Aufenthalt in der Wüste vor seinem öffentlichen Auftreten. Wir besingen diese unwiderstehliche Gottesstimme in der Liedstrophe: Er spricht wie an dem Tage, da Er die Welt erschuf. Da schweigen Angst und Klage; nichts gilt mehr als Sein Ruf. Das Wort der ewgen Treue, die Gott uns Menschen schwört, erfahre ich aufs Neue so, wie ein Jünger hört (EG 452,2).

Die unwiderstehliche Kraft der Ordnung

Aber du hast alles nach Maß, Zahl und Gewicht geordnet. … (Weisheit 11,21a)

Gottes Schöpfermacht liegt darin, die Chaosmächte zurückzudrängen und gute Ordnung zu schaffen: *HERR, wie sind deine Werke so groß und viel! Du hast sie alle weise geordnet, und die Erde ist voll deiner Güter* (Ps 104,24). Der 104. Psalm besingt das ganze Schöpfungswerk und beschreibt in Vers 26 ein wichtiges Detail: wie Gott mit dem Leviatan, dem Meerungeheuer, spielt. Nicht spielt der Leviatan mit den Schiffen, sondern Gott mit dem Ungeheuer, wie er später das Tier aus dem Abgrund besiegt (Offb 17,8).
Ein großer Fan göttlicher Schöpfungsordnung war der kunstsinnige Bischof Bernward, der Anfang des 11. Jh. (1010–1022) die Michaeliskirche zu Hildesheim erbauen ließ. Mit ihren Abmessungen, Säulen, Engels-Chören und Arkaden ist sie ein Musterbeispiel für mathematische Ordnungsbeziehungen, die hinter dem harmonischen Raum- und Gesamteindruck stehen. An dem eindrucksvollen Gebäude, das mit der Grablege Bernwards zugleich eine gebaute Hoffnung über den Tod hinaus darstellt, befindet sich auch der Tausendjährige Rosenstrauch, der mit seiner Wurzelkraft das Inferno überlebte, dem die Michaeliskirche am Ende des Zweiten Weltkriegs ausgesetzt war. Die Widerstandsfähigkeit menschlicher Gestaltungskraft zeigte sich in dem Willen des orthodox-jüdischen Unternehmers Bernard R. Armour, der den Wiederaufbau der Michaeliskirche aus seinen Gewinnen mit dem Antibiotikum Penicillin finanzierte.

Die unwiderstehliche Macht des göttlichen Arms

Denn deine Kraft gewaltig zu erweisen ist dir allezeit möglich, und wer kann der Macht deines Arms widerstehen? (Weisheit 11,21b)

In der Magnifikat-Auslegung von 1521 meditiert Luther über den Arm Gottes (Lk 1,51) als Ausdruck dafür, dass Gott nicht nur handelt durch Personen, die er beauftragt, seinen Willen zu tun, sondern auch durch sein direktes Eingreifen, das uns zunächst verborgen bleibt, das wir aber an seinen Auswirkungen im Nachhinein begreifen können. Er schreibt: „Wo Menschen Kraft eingeht, da geht Gottes Kraft aus. Wenn nun die Blase voll ist und alle meinen, sie liegen oben, haben gewonnen, und sie nun auch selber sicher sind und haben es zum Ziel gebracht, so sticht Gott ein Loch in die Blase. So ist es ganz aus. Die Narren wissen nicht, dass sie eben, indem sie aufgehen und stark werden, von Gott verlassen sind und Gottes Arm nicht über ihnen ist. Darum währt ihr Ding seine Zeit, danach verschwindet es wie eine Wasserblase. Wird, als wäre es nie gewesen."
Manche erinnert dieses Diktum an den Zusammenbruch der DDR, die kurz nach ihrem 40. Geburtstag platzte wie eine Seifenblase und von der Bildfläche verschwand, als hätte es sie nie gegeben. Es gibt viele politische Entwicklungen, die stolz auf ihre menschliche Kraft und Vernunft sind und keinen Gedanken dabei an Gott verschwenden. Sie haben die Rechnung ohne den Wirt gemacht oder, um es mit Wilhelm Busch zu sagen: „Wehe, wehe, wenn ich auf das Ende sehe".

(Luther-Zitat: Insel Luther-Ausgabe Bd. 2, S. 173)

Gottgesandter Widerstand gegen (falsche) menschliche Pläne

Und der Engel des Herrn sprach zu ihm [Bileam]: Warum hast du deine Eselin nun dreimal geschlagen? Siehe, ich habe mich aufgemacht, um dir zu widerstehen; denn der Weg vor mir führt ins Verderben. (4. Mose 22,32)

Eine Eselin, die den Engel sieht, der im Weg steht, während der Prophet dafür blind ist; eine Eselin, die laut spricht, damit der Prophet endlich begreift, was Gott von ihm will – was für eine Fabel wird da in der Bibel erzählt! Und wie farbig, lichtvoll und detailreich wurde das Ölgemälde „Bileam und die Eselin" vom niederländischen Maler Rembrandt van Rijn im Jahr 1626 gemalt! Es ist der Versuch, mit künstlerischen Mitteln die Fabel in die Gegenwart zu holen und so zu verstehen, was jetzt zu tun ist. Rudolf Otto Wiemer hat das mit seinem Gedicht „Es müssen nicht Männer mit Flügeln sein, die Engel" auch versucht – ohne die Eselin, aber mit dem Engel, der den Weg versperrt: „Er steht im Weg und er sagt: Nein, der Engel. Groß wie ein Pfahl und hart wie ein Stein – Es müssen nicht Männer mit Flügeln sein, die Engel."
Man fragt sich unwillkürlich, wie die „Eselinnen" heute heißen, die Sackgassen sehen, in die wir tappen: Greta Thunberg und Luisa Neubauer von „Fridays for Future" oder Carla Hinrichs von der „Letzten Generation". Auch das lautstarke Schreien gegen ungerechtfertigte Schläge kommt vor – die Geschichte von Bileam und der Eselin ist an Aktualität kaum zu überbieten. Wie heißen die Bilder und Gedichte, die Lieder und Aktionen heute?

Gottes machtvolle Vertreibungen und Neueinsetzungen

Siehe, wie ein Löwe heraufkommt aus dem Dickicht des Jordans in die wasserreichen Auen, so will ich sie eilends daraus wegtreiben und den, der erwählt ist, dort einsetzen. Denn wer ist mir gleich, wer will mich meistern, und wer ist der Hirte, der mir widerstehen kann? (Jer 49,19; 50,44)

Ein schwieriger Text: Gott gibt und Gott nimmt, nicht nur individuell wie in Hiob 1,21, sondern auch kollektiv, wie hier bei Jeremia, Edom und Babel. Gott vertreibt und setzt ganze Völker und Gruppen von Menschen ein. Wer will ihn dafür zur Rechenschaft ziehen und als Hüter der Menschen sich Gott widersetzen?

Solches Fragen rührt an Krieg und Vertreibung, Genozid und ethnische Säuberung – die schlimmsten Verbrechen, die Menschen einander antun können. Was hat das mit Gott zu tun? *Der HERR hat's gegeben, der HERR hat's genommen; der Name des HERRN sei gelobt?* Können wir das übertragen auf geschichtliche Prozesse? Der Tempelplatz in Jerusalem ist nicht mehr jüdisch, die Hagia Sophia keine christliche Kirche mehr. Die Palästinenser müssen sich mit dem Staat Israel arrangieren (und umgekehrt). Krim und Donbass werden von Russland beansprucht.

Siehe, der Hüter Israels schläft noch schlummert nicht (Ps 121,4). *Denn so spricht der HERR: Wer euch antastet, der tastet meinen Augapfel an. Siehe, ich schwinge meine Hand über sie, dass sie ein Raub werden derer, die ihnen dienen"* (Sach 2,11–13). *Gesiegt hat der Löwe aus dem Stamm Juda* (Offb 5,5). Es bleibt offen, ob damit die Juden oder der Messias gemeint sind oder beide.

Beachtlicher Widerstand – vor Gott für Menschen eintretend

Denn wer darf zu dir sagen: „Was tust du?“ Oder wer kann deinem Gericht widerstehen? Oder wer darf dich beschuldigen wegen des Untergangs von Völkern, die du geschaffen hast? Oder wer darf kommen und vor dich hintreten als Verteidiger für ungerechte Menschen?
(Weisheit 12,12)

IWer darf als ohnmächtiger Mensch einen allmächtigen Gott so fragen – ohne Überblick und Kenntnis des Ganzen, der Tiefe und Verworrenheit einer Problemlage? Und wer darf (Gott gegen Gott anrufend) ungerechte Menschen gegen Gottes gerechtes Eingreifen verteidigen? Abraham fragt Gott angesichts von Sodom, ob er wirklich Schuldige und Unschuldige ohne Unterschied vernichten wolle. Gott versichert ihm schließlich, dass er Sodom verschonen werde, wenn sich nur zehn anständige Menschen darin finden ließen (Gen 18,16 ff). Diese Zahl wird im Judentum bedeutsam: Erst wenn zehn Männer zum Gottesdienst zusammenkommen, gibt es eine jüdische Gemeinde und kann ein vollständiger Gottesdienst gefeiert werden. Vor Gott für Menschen (auch schuldig gewordene) eintreten ist menschliches Privileg: bei Abraham, Maria, Johannes dem Täufer und Jesus. Zutiefst bewegend das von Jörg Zink tradierte jüdische Gebet aus einem KZ: „Wäge nicht mit der Waage der Gerechtigkeit …, sondern lass es anders gelten. Schreibe vielmehr allen … schlechten Men-schen zu und rechne ihnen an: all den Mut und die Seelenkraft der andern …“

(Wie wir beten können, Stuttgart 1970, S. 149)

Widerstand zwecklos – Gott will die Rettung Israels

HERR, oh König, du herrschst über alles; denn alles steht in deiner Macht, und deinem Willen kann niemand widerstehen, wenn du Israel retten willst. (Stücke zu Ester 3,2)

Achtzehn Jahre nach dem Ende der Nazi-Barbarei wagte es 1963 der deutsch-britische Rabbiner Ignaz Maybaum in einer Tora-Auslegung, Hitler (wie einst Nebukadnezar) als Werkzeug Gottes zu begreifen: unwürdig als Person und verbrecherisch in seinen Handlungen, aber doch unumkehrbar das mittelalterliche Judentum zerstörend und in eine neue Zeit zwingend. Er erinnerte seine Gemeinde daran, dass selbst Satan im Buch Hiob unter die Boten und Diener Gottes gezählt wird. Die sechs Millionen Juden starben stellvertretend für die Sünden anderer: ihr aristokratisches Gehabe und ihre politische Unvernunft. Das Ausmaß der Katastrophe ließ die jüdische Gemeinde verstummen – aber die Sabbatlesung aus Jesaja 54,1–10 tröstet und beschert neue Einsichten: dass das „Heilige Land" nicht ein Staat an den Küsten des Mittelmeers ist, sondern die Zukunft der Menschheit. Gute Politik und wahre Frömmigkeit fördern nicht einfach den einen oder anderen Nationalstaat, sondern die gemeinsame, friedliche Zukunft der Menschheit. Maybaum erblickt im schmerzhaft erzwungenen Exodus aus dem Mittelalter eine Chance für das jüdische Volk: seinen Wiedereintritt in die Geschichte – getragen von dem Wissen, dass die unwandelbare und nie endende Güte Gottes sie bei dieser Gestaltungsaufgabe begleitet. Das moderne Judentum steht vor der Herausforderung, die Universalität dieser Sendung immer wieder gegen reaktionären Partikularismus zu verteidigen.

Angelika Trippel

Johannes 20,19–23

Am Abend dieses ersten Tages der Woche, als die Jünger aus Furcht vor den Juden die Türen verschlossen hatten, kam Jesus, trat in ihre Mitte und sagte zu ihnen: Friede sei mit euch!
Nach diesen Worten zeigte er ihnen seine Hände und seine Seite. Da freuten sich die Jünger, dass sie den Herrn sahen.
Jesus sagte noch einmal zu ihnen: Friede sei mit euch! Wie mich der Vater gesandt hat, so sende ich euch.
Nachdem er das gesagt hatte, hauchte er sie an und sagte zu ihnen: Empfangt den Heiligen Geist!
Denen ihr die Sünden erlasst, dem sind sie erlassen; denen sie ihr behaltet, sind sie behalten.

EINHEITSÜBERSETZUNG

Am Abend dieses ersten Tages der Woche

Sie sitzen im Dunkeln, hinter verschlossenen Türen. Keiner spricht, nur Atemzüge sind hörbar. Dass das bange Atmen so laut ist! Das müssen sie bis draußen hören. Psst – nur nicht rühren! War das da nicht der Klang römischer Nagelstiefel auf dem Pflaster?
Ob es damals auch so war, als sie das erste Passah hielten? Als sie hinter verschlossenen Türen saßen, Schafsblut an den Pfosten. Hatten sie auch so angestrengt gelauscht? War ihnen bange angesichts der verzweifelten Schreie draußen vor der Tür, Schreie voller Trauer, da der Würgeengel umging in Ägypten? Waren sie auch voller Angst gewesen, voller Zweifel, ob das Zeichen wohl wirken würde, ob der Engel seinen Schritt verhielte vor ihrer Tür angesichts des Blutes des Opfertieres, sie unversehrt lassen würde, wie Mose gesagt hatte? Im Dunkeln hatten die Israeliten gesessen, gehofft und gebetet, gerade so wie sie jetzt. Nur dass da jetzt kein Mose ist unter ihnen, nur Angst, dort im Dunkeln, und der, mit dem sie vor kurzem das Passah gefeiert hatten, ist tot. Allerdings, die Frauen hatten da so etwas erzählt … Im Dunkeln hinter den ängstlich verschlossenen Türen macht die Geschichte die Runde, in leisem Flüstern keimt Hoffnung.

Das bitte ich: Dass, wenn ich im Dunkeln sitze, ich das leise Flüstern der Hoffnung lauter hören möge als das Trampeln der Stiefel vor der Tür.

Sie hatten die Türen verschlossen.

Edgar Alan Poe erzählt folgende Geschichte:
In ganz Italien wütete die Pest. Die Zahl der Toten stieg täglich. Da zog sich ein reicher Prinz mit seinen Freunden, alle gesund, auf ein Schloss zurück. Dort wollten sie verweilen, bis die Pestwelle vorüber war. Er ließ ausreichend Vorräte einlagern und sorgte dafür, dass Gaukler und Musikanten zur Unterhaltung dabei waren. Dann ließ er alle Türen verschließen, und ein tagelanges Fest begann. Ein Maskenball folgte dem anderen, bis eines Abends ein neues Kostüm zu sehen war, das einige zunächst geschmacklos fanden: Die Person trug die Maske des Roten Todes. Aber da der Betreffende ein ausnehmend guter Tänzer war, sah man bald darüber hinweg und eine rauschende Ballnacht nahm ihren Verlauf – bis es an der Zeit war, dass die Tänzerinnen und Tänzer die Masken ablegen sollten. Alle folgten der Aufforderung – bis auf den Roten Tod. Er hatte keine Maske abzulegen … und binnen weniger Tage verwandelte sich der Schauplatz ausgelassener Feste in eine Leichenhalle. Die verrammelten Türen hatten jede Hilfe von außen verhindert.
Verschlossene Türen sind nur gut, wenn rechtzeitig der Schlüssel zur Hand ist. Rückzug, eine Auszeit kann nötig und sinnvoll sein, für eine Weile. Dauerhafte Absonderung beraubt mich der Anregungen, der belebenden Kraft, die nur die Gemeinschaft mit anderen gibt.

Verdammt lang her …,

singt die Gruppe BAP.
Verdammt lang her, dass der Würgeengel durch die Gassen schritt, mögen die Jünger gedacht haben, wenige Tage zuvor, als sie Brot und Wein teilten im Gedenken an das erste Passah.
Verdammt lang her, denke ich, wenn ich mir die Jünger vorstelle, da hinter den verrammelten Türen, auf das Geräusch der Legionärssandalen lauschend.
Verdammt lang her, schaudere ich, wenn ich daran erinnert werde, was mit Anne Frank geschah. Verdammt lang her.
Verdammt lang her, sagen meine gerade erwachsenen Söhne, wenn sie im Fernsehen Berichte über die Stasi sehen.
Verdammt lang her? Gerade mal zwanzig Jahre ist es her, dass Andersgläubige, anders Denkende in Deutschland Überwachung, Verfolgung, Ächtung, und Unterdrückung ausgesetzt, ihre Leben in Gefahr waren. Verdammt lang her oder ganz weit weg.
„Freiheit ist immer die Freiheit des anders Denkenden." Dieser Satz von Rosa Luxemburg steht auch mir als Christenmensch gut zu Gesicht. Kirchenglockenläuten kann neben Muezzin-Rufen stehen. Es ängstigt mich nicht. Katastrophal wäre, wenn beide schweigen müssten, und an ihre Stelle träten Gleichgültigkeit und Schweigen und eines toten Gottes Leere.

Jesus kommt und tritt in ihre Mitte.

Als Kind dachte ich, Jesus müsse durch die Wände gegangen sein, da doch alle Türen verrammelt waren. Ich hatte keinen Zweifel, dass der Auferstandene diese Art des Auftritts gewählt und seine Anhänger mit seinem wunderbaren Erscheinen beeindruckt hatte.
Dass dies die ohnehin Verängstigten eher in Panik versetzt hätte, der Gedanke kam mir nicht.
Aber Johannes berichtet an dieser Stelle auch gar nichts Wunderbares – das hatte ich mir nur zusammengereimt. Jesus kam durch die Tür. Er wird angeklopft haben, und ihm wurde geöffnet. Er ist kein Gespenst, das plötzlich mitten im Raum steht, er wurde eingelassen wie ein Freund, der um Einlass bittet, er tritt ein mit dem Gruß, den man sich auf der Gasse entbietet: Schalom! Friede sei mit euch! Und die Jünger freuen sich, ihn zu sehen, wie man sich bei der Rückkehr eines Freundes freut, der ein paar Tage verreist war. Ist das angemessen?
Weder Blitz noch Donner begleiten die Erscheinung des Auferstandenen. Seine Ankunft geschieht ohne Aufsehen.
Ich, die ich mir in Augenblicken der Verunsicherung himmlische Zeichen wünschte und Wunder, erkenne: Die wunderbare Gegenwart Gottes kommt ohne übersinnliche Phänomene aus. Er ist hier, direkt neben mir, ganz normal.

Jesus sagte noch einmal zu ihnen: Friede sei mit euch! Wie mich der Vater gesandt hat, so sende ich euch.

Gerade noch saßen sie hinter verschlossenen Türen, jederzeit gewärtig, verhaftet und vor Gericht gestellt zu werden. Hätten sie nicht ein paar tröstende Worte verdient, ein wenig Aufmunterung?
Jesus hält sich nicht mit Vorreden auf. Er verliert keine unnützen Worte.
Wie mich der Vater gesandt hat, …
Ich bin nicht sicher, dass sie in diesem Augenblick in Begeisterung verfielen – hatte er ihnen doch erst wenige Augenblicke zuvor seine Wunden gezeigt: Sichtbare Zeichen dessen, was er durchgemacht hatte, um Gottes Willen.
… so sende ich euch.
Jesus fragt nicht, ob sie Lust darauf haben. Jesus lässt ihnen nicht die Wahl zwischen Sofa und Sendung. Er, der so oft Suchenden die Entscheidung überlassen hat, sich ihm anzuschließen oder ihrer Wege zu gehen – den Menschen in diesem Raum lässt er diese Freiheit nicht: *… so sende ich euch!* Öffnet die Tür. Versteckt euch nicht, sagt Jesus. Geht aus euch heraus. Werdet sichtbar als Kinder Gottes. Hinter verschlossenen Türen, unter eures Gleichen seid ihr fehl am Platz. In einer Welt, die voll Hohn, voll Angst und Grausamkeit sein kann, auch für euch, in dieser Welt bezeugt Gottes Zuwendung zu den Menschen!

Nachdem er das gesagt hatte, hauchte er sie an und sprach zu ihnen: Empfangt den Heiligen Geist!

Diese Handlung kommt mir bekannt vor, und richtig: *Da formte Gott, der Herr, den Menschen aus Erde vom Ackerboden und blies in seine Nase den Lebensatem. So wurde der Mensch zu einem lebendigen Wesen.* (Gen 3, 7)
Wie Gott den ersten Menschen bei seiner Erschaffung zum Leben erweckt durch eine Atemspende, so empfangen die Jünger im Augenblick des Anhauchens durch Jesus Lebensnotwendiges.
Adam hatte durch Gott den Lebensatem empfangen, der ihn zum Menschen werden ließ. Jesus überträgt mit dem Heiligen Geist einen Anteil Gottes selbst.
Wen Jesus anhaucht, in dem, durch den atmet Gott.
Viel zu selten ist mir bewusst, dass Gott in mir atmet.
Aber Gott hält nicht den Atem an.
Durch wen der Atem Gottes geht, der kann die Welt mit Gottes Augen sehen: Mit Augen der Liebe, voll Engagement für die Menschen und diese Welt.
Ich will Gottes Atmen heute Raum geben.

Wem ihr die Sünden vergebt, dem sind sie vergeben; wem ihr die Vergebung verweigert, dem ist sie verweigert.

Die Macht, Vergebung zu verweigern – das ist die ultimative Macht überhaupt.
Es ist die Macht der Mutter, die das Kind betteln lässt: „Ich bin wieder lieb! Bitte wieder gut sein!“ Es ist die Macht, die den Liebenden beteuern lässt: „Ich werde mich ändern!“
Diese Macht, die den anderen fühlen lässt: Du bist mir nichts mehr, bist verloren ohne meine Vergebung. Wer der Vergebung bedarf, kann nichts tun, sie auf dem Rechtsweg zu erlangen. Es ist nicht Sühne gegen Schuld, nicht Strafe gegen Tat, und damit ist Gerechtigkeit geschehen. Vergebung geschieht jenseits der Gerechtigkeit. Das Kind akzeptiert ja die Strafe – aber wenn die Mutter dann immer noch zornig ist? Das Kind hat gebüßt, aber noch keine Vergebung erlangt. Vergebung bedeutet, zurückzufinden zu einer Beziehung, die auf Vertrauen und Liebe beruht. Vergebung erlangen zu können, ist ein Grundbedürfnis.
Wer Vergebung verweigert, übt eine vernichtende Macht aus, entzieht Beziehung, stört Lebensgrundlagen.
Gott gewährt mir Vergebung. Darf ich da Vergebung verweigern? Darf ich hart bleiben, wo ein Neuanfang greifbar ist? Es gibt Beziehungen, da ist keine neue Basis möglich.
In allen anderen wünsche ich mir aufrichtige Vergebung, ohne Rechthaberei, ohne Abrechnung, immer wieder, gegenseitig.

Ursula Bauspieß

Daniel 3 – Worum es im Text geht

König Nebukadnezar von Babylon lässt ein goldenes Standbild errichten.
Zur Einweihung lädt er alle Mächtigen und Würdenträger seines Landes ein und befiehlt ihnen, vor dem Standbild niederzufallen und es anzubeten.
Drei jüdische Hofbeamte, Statthalter verschiedener Provinzen, kommen dem königlichen Befehl nicht nach. Er steht im Widerspruch zu den Geboten ihres Gottes.
Im Vertrauen auf diesen ihren Gott nehmen sie bewusst die Strafe für Abweichler auf sich und lassen sich in einen glühenden Feuerofen werfen.
Da geschieht ein Wunder: Das Feuer kann den Männern nichts anhaben, sie bleiben unversehrt.
Der König erblickt an ihrer Seite einen vierten Mann, den er als Boten Gottes erkennt.
Der König, überwältigt von Gottes Wundertat, singt ein Loblied auf den Gott Israels.

Eine Mutmachgeschichte

Die alte Erzählung von den Männern im Feuerofen hat mich schon als Kind fasziniert.
Ich stellte mir den Ofen aus feuerfestem Glas vor, sodass ich von außen hineinsehen konnte: Da sah ich sie vor mir, die Männer, wie sie im Feuer gelassen umhergingen, an ihrer Seite ein weißgekleideter Engel!
Eine Wundergeschichte aus uralten Zeiten? Ein Märchen?

Das Buch Daniel ist vermutlich im 2. Jahrhundert vor Christus verfasst worden für eine jüdische Gemeinde, die wegen ihres Glaubens verfolgt wurde. Israel hatte keinen eigenen Staat mehr, seine neuen Herren versuchten, den Juden ihre hellenistische Weltanschauung aufzuzwingen.
Den Verfolgten sollte Mut gemacht werden, sich zu ihrem Gott zu bekennen und seine Gebote zu halten. Dazu wurden Geschichten aus grauer Vorzeit erzählt, aus der Zeit der babylonischen Gefangenschaft, als viele Juden in der Fremde leben mussten. Zur Zeit Daniels wurden alte Geschichten neu gehört und auf die Gegenwart bezogen.
Ob die Männer in unserer Geschichte durch ein reales Feuer gehen mussten, ist unwichtig.
Es zählt allein die Zusage: Gott ist bei denen, die sich zu ihm bekennen, und sendet seine Engel hinab in die Tiefen des Lebens.

Standbilder

Nebukadnezar hatte ein goldenes Standbild aufrichten lassen: Wahrzeichen seiner Macht und Stärke. Er befahl seinen Untertanen unter Androhung der Todesstrafe, dieses Bild anzubeten.
Da fielen nieder alle Völker … und beteten das goldene Bild an heißt es im Text. (Vers 7)
Vor wie vielen goldenen Bildern verneigen sich heute die Menschen …
Vor Standbildern autoritärer Herrscher, die es schaffen, Menschen in ihren Bann zu ziehen oder ihnen Angst einzujagen. Populismus ist auf dem Vormarsch. Das finde ich erschreckend.
Aber auch in unserem scheinbar aufgeklärten Land verbeugen sich Menschen vor symbolischen Götzenbildern:
Der Wille nach Macht verleitet viele zu unmenschlichem Handeln.
Die Gier nach Geld und Besitz lässt „ehrenhafte" Leute unehrlich werden.
Bestechungsaffären häufen sich. Statussymbole, wie große, schnelle Autos und protzige Häuser, stürzen manche in große Schulden.
Das Streben nach ständigem Wachstum lässt oftmals notwendige Maßnahmen zum Schutz der Umwelt in die zweite Reihe treten, natürliche Ressourcen werden erschöpft.
Lass uns, Gott, angemessene Maßstäbe für unser Leben finden, Zufriedenheit und Bescheidenheit lernen.

Ein mutiges Bekenntnis

Die Männer weigern sich, das goldene Bild des Königs (es erinnert an das goldene Kalb) anzubeten.
Wie es oft geschieht, werden sie „verpetzt“:
Der König gibt ihnen eine letzte Chance, sie dürfen ungestraft das Versäumte nachholen.
Da machen sie eine klare und mutige Ansage: *Wenn unser Gott will, so kann er uns aus dem glühenden Ofen und aus deiner Hand retten. Und wenn er das nicht tut, werden wir trotzdem das goldene Bild nicht anbeten.* (Verse 17,18)
Sie lassen sich auf keinen Kompromiss ein. Ihnen geht es darum, ihrem Gewissen zu folgen, treu zu ihrem Gott zu stehen, nicht etwa sich ihre Rettung zu „verdienen“.
Ihre Entschlossenheit versetzt den König in Wut. Sein Gesicht verhärtet sich, und er befiehlt, den Ofen sieben Mal stärker als sonst anzuheizen, als ob Feuer nicht immer dieselbe zerstörerische Kraft hätte!
Er sieht seine eigene Macht infrage gestellt, und das kann er nicht ertragen.
Dass er letztendlich seine Meinung und sich um 180 Grad ändert, ist wohl eine Wunschvorstellung, die helfen soll, den Verfolgten Mut zu machen.
Sie widerspricht realen Erfahrungen.
Welcher Autokrat ändert schon seine Meinung, wenn seine Macht infrage gestellt wird?

Menschen im Widerstand

„Wir müssen es auch riskieren, anfechtbare Dinge zu sagen, wenn dadurch lebenswichtige Fragen aufgerührt werden“, schreibt Dietrich Bonhoeffer.

Er hat es riskiert. Gott hat ihn nicht vor Leid und Tod bewahrt, er ist seinen Weg im Vertrauen auf Gott bis zum bitteren Ende gegangen. Dieses Ende war für ihn der Beginn eines neuen Lebens
Ich denke auch an Sophie Scholl, Widerstandskämpferin zur Zeit des Nationalsozialismus. Der Film über ihre letzten Tage (2005) hat mich sehr beeindruckt und erschüttert.
Die junge Frau steht kompromisslos zu ihrer Meinung – wie die jüdischen Hofbeamten in unserer Geschichte. Am 22.2.1943 wird Sophie Scholl durch die Guillotine hingerichtet. Kein Engel rettet sie.
Auch heute erleben wir mutige und tapfere Menschen, die ihr Leben aufs Spiel setzen, um Freiheit und Menschenwürde zu verteidigen.
Sie weichen nicht zurück, gehen ihren Weg unbeirrt weiter. Das sehen wir zum Beispiel in Russland bei Alexei Navalny, in Belarus bei Maria Kolesnikowa, im Iran bei der Friedensnobelpreisträgerin 2023 Narges Mohammadi, ja, wir können diese Haltung weltweit beobachten.

Möge Gott den Verfolgten ab und zu einen rettenden Engel senden – wie auch immer der aussehen mag –, der sie tröstet und stärkt!

Feueröfen in unserem Land

Der König erschrickt zutiefst, als er beim Blick in den glühenden Ofen eine vierte Gestalt erblickt, die aussieht, als wäre sie ein *Sohn der Götter.*
Ob andere Menschen diese Lichtgestalt auch sehen, erfahren wir nicht. Dem König werden die Augen geöffnet. Er erkennt, dass der Gott, dem die drei jüdischen Männer vertrauen, seinen Boten geschickt hat, der bewahrt und errettet, Alle Würdenträger und Mächtigen des Landes kommen zusammen, um sich mit eigenen Augen davon zu überzeugen, dass die drei Hofbeamten unversehrt sind. Durch diese anschauliche Schilderung wird die wunderbare Rettung unterstrichen.
Und doch gab es Tausende von „Feueröfen", aus denen es kein Entrinnen gab. Holocaust meint eigentlich „Brandopfer", es ist zum Ausdruck für den Massenmord an jüdischen Menschen im Dritten Reich geworden,
Neue „Feueröfen" sind in unserem Land entstanden: Brennende Asylbewerberheime, Flüchtlingsunterkünfte, Anschläge auf Synagogen.
Menschen anderer Herkunft, anderer Religionen, anderen Aussehens ziehen den Argwohn mancher Menschen auf sich.
Wir brauchen Wachsamkeit, Mut, Bereitschaft zum Widerstand, wo wir bemerken, dass Menschen wegen ihrer Hautfarbe, ihrer Religionszugehörigkeit, ihrer Herkunft ausgegrenzt werden.

„Schenk uns Weisheit, schenk uns Mut, für die Wahrheit einzustehen und die Not um uns zu sehen ..."
EG 636 (Anhang für Württemberg)

Der rettende Engel

An einem trüben Herbsttag bewundern wir die kunstvollen Kapitelle in der Kathedrale St. Lazare in Autun in Burgund.
In der Kirche ist es ziemlich dunkel. Ich betrachte eingehend das Kapitell „Drei Männer im Feuerofen". Ich sehe die drei Gestalten und die züngelnden Feuerflammen, die sie bedrohen.
Später schaue ich dasselbe Kapitell noch einmal an, diesmal von der gegenüberliegenden Seite aus.
Im Kirchenraum ist es heller geworden Jemand hatte das Licht eingeschaltet.
Da entdecke ich über den Köpfen der Männer einen Engel, der schützend seine Hand über sie breitet.
Das ist mir wie eine Erleuchtung. Mir wird klar: Es kommt darauf an, unter welchem Blickwinkel und bei welchem Licht wir ein Kunstwerk, eine Sache oder ein Ereignis betrachten: Manchmal sehen wir nur die verzehrenden Flammen und die Gefahr, ein anderes Mal sehen wir einen Engel, der in der Gefahr bewahrt und beschützt.
Engel begegnen uns in vielerlei Gestalt!
Dass Gottes Engel auch Ihren Weg kreuzen und Sie sie auch erkennen, das wünsche ich Ihnen!

Wenn du durchs Feuer gehst, sollst du nicht brennen und die Flamme soll dich nicht versengen. (Jes 42,2b)

Die Geschichte von den Männern im Feuerofen ist eine wunderbare Illustration dieses Jesaja-Wortes.
Es ist eine Geschichte über Menschen, die sich dem Befehl eines Diktators widersetzen, weil sie auf ihr Gewissen hören. Sie geben ihren Glauben nicht auf und riskieren ihr Leben.
Es ist eine Geschichte über einen Engel, der zu ihnen in die Tiefe des Gefängnisses gekommen ist, der mit ihnen durchs Feuer geht und bei ihnen bleibt.
Es ist kein Zufall, dass der Text in der Alten Kirche zu den Lesungen in der Osternacht gehörte. Auch Jesus musste „durchs Feuer" gehen, durch Verlassenheit, Angst, Schmerz und Tod, bevor er am Ostermorgen siegreich auferstand.

„Dass die Not, die uns bedrückt, von dir selbst erlitten ist, weil du, Gott, alles mit uns teilst, unsre Freude, unser Leid, ja unser Leben." Neue Lieder 15,2

Martin Ost

Alles ist zu viel: Der Tag übervoll schon vor dem Aufstehen. Alles „sofort" zu erledigen (gnädig schon „so bald wie möglich"), alles auf einmal. Multitasking? Fehlt grade noch.
Am liebsten würde sie liegen bleiben. „Mütter nehmen sich nicht frei!", sagt die Werbung und niemand lacht.
Auf dem Weg nach unten geht sie am Kalender vorbei. Seine Bilder gefallen ihr nicht, deswegen hängt er im Flur. Heute liest sie, was unter dem Bild steht:

Psalm 124,4

So ersäufte uns Wasser, Ströme gingen über unsre Seele, es gingen Wasser allzu hoch über unsre Seele.

LUTHER 2017

Genauso, wie es der Psalm beschreibt, fühlt sie sich: Überschwemmt von tausend Dingen, schwimmt, paddelt, strampelt sie, wechselt die Lage, versucht, nicht unterzugehen – aber die Wellen gehen immer höher. Kein Moment, um nach Luft zu schnappen. Dabei ist der Urlaub erst sechs Wochen her. Das Fotobuch zeigt den weiten Himmel, unter dem sie aufatmen konnte. Sie riecht frische Luft. Sieht den Bogen des Deiches, die Linie zwischen Wasser und Land. Schafe. Und alles ist da, weil der Deich vor Fluten schützt. Gibt es Deiche gegen die Flut des Alltags?

Des einen Tages Plage

Am Montag ist nichts so fern wie das Wochenende. Jede Minute ist schon verplant, und jetzt braucht die Kleine noch Hilfe beim Basteln für die Schule, gleich, bis morgen. Eigentlich wollte sie mit Freundinnen ins Kino … Stattdessen: schneiden, kleben, nebenbei die Wäsche. Und für den Beruf müsste sie auch noch …
Sieben Tage hat die Woche, zu viele Tage, selbst die Zeit bis Freitag ist unüberschaubar.
Es ist genug, dass jeder Tag seine eigene Plage habe.
Ihre Mutter hat das manchmal gesagt und dann alles liegen lassen. Steht in der Bibel: Matthäusevangelium 6, Vers 34. Jeder Tag seine Plage. Leben – von einem Tag auf den anderen. Tun, was möglich ist. Und dann ist es gut. Morgen ist auch noch ein Tag.
Ein Wort wie ein Deich: Heute leben. Tun, was ansteht. Nicht mehr. Das Wasser ist da, die Wellen rennen weiter an, aber hinter dem Deich ist es sicher, soweit irgendetwas im Leben sicher ist.

Sorgen begrenzen

All die Nachrichten schon am Morgen. Das Handy hat sie die ganze Nacht gesammelt. Und sie will wissen, was los ist. Liegt im Bett, liest, halbwach, von Krieg und Busunglück in Pakistan, Demonstrationen und Streit, wer schuld ist und was man tun kann. Liest von Menschen, die nicht wissen, wie sie leben sollen, mitten unter uns.
Aufstehen, Frühstück machen, Kinder wecken, kurz ins Bad, die Mütze suchen und den linken Handschuh. „Hast du auch nichts vergessen?", fragen und manchmal die Antwort nicht hören wollen. Turnzeug und Frühstücksdose. „Pass auf, sag Bescheid, wenn was ist!" Stille, ein paar Minuten, wenn die Haustür zugeht. Wie war das mit der „Plage"? Sie liest:
Wer ist aber unter euch, der seines Lebens Länge eine Elle zusetzen könnte, wie sehr er sich auch darum sorgt? (Mt 6,27)
Was mich umtreibt, bis in den Schlaf verfolgt – nichts kann das Leben länger machen. Auch alles Planen nicht und nicht die Lasten mit To-do-Listen verteilen. Muss ich alles wissen? Das Unglück in Pakistan geschah ohne mich, und helfen kann ich auch nicht. Die Last der Welt kann ich nicht tragen und muss es auch nicht. Für Mitgefühl mit Menschen anderswo reicht es, zu wissen, dass sie auch Sorgen haben.
Ein Deich: Nachrichtenfasten. Einmal am Morgen, einmal am Abend Nachrichten hören. Sortieren, was wichtig ist, jetzt, für mich.

Nicht perfekt sein

Heute ist Elternabend. Vorher noch den Kindergeburtstag vorbereiten. Sie will früher zur Arbeit, damit die Zeit am Nachmittag reicht. Aber ihre Präsentation muss auch fertig werden. Eigentlich stimmt alles, aber die Bilder gefallen ihr nicht alle und der Übergang zwischen den Folien könnte besser sein. Der Chef achtet auf so was. Sie möchte es richtig machen. Vielleicht sollte sie auch die Zahlen noch einmal prüfen.

Manchen Druck machen wir uns selbst. Mit Ansprüchen an uns selbst, der Hoffnung auf Anerkennung, Beförderung, die Achtung der anderen.

Wir meinen, dass der Mensch gerecht werde ohne des Gesetzes Werke, allein durch Glauben, schreibt Paulus (Röm 3,28).

Paulus wäre an seinem Perfektionismus fast zugrunde gegangen. Bis er begriff: Ich bin nicht wichtig weil ich perfekt bin, sondern weil Gott mich in meiner Begrenztheit liebt. Gott freut sich über meine Erfolge, bewertet mich aber nicht danach.

Ein Deich gegen den Perfektionismus.

Der Kuchen ist nicht so wichtig wie die Zeit, die ich meinem Kind schenke. Und alles, was heute Abend die Lehrerin über das Kind sagen wird, nimmt der Liebe nichts.

Sanft widerstehen

„So geht das nicht!“, hat die Lehrerin gesagt und die Eltern ermahnt (sie sagte „ermutigt“). Nicht „ein bisschen besser“, sondern „gut“, nicht „morgen“, sondern „jetzt“, „Nein!“ sagen, nicht „bitte lieber nicht!“.
Sie versteht, dass die Lehrerin Grundsätze hat. Und manchmal wird ihr das Bitten und Noch-einmal-Hinschauen auch zu viel. Aber ein Stoppschild: Ohne Hausaufgaben kein Fernsehen, wenn Mathe nicht besser wird, kommt das Handy weg? Würde sie das durchhalten – gegen Geschrei, Weinen, Tricks? Reichte ihre Kraft?
Sie blättert im Buch vom Nordseeurlaub. Da fällt ihr die sanfte Steigung des Deiches auf. Gegen die Gewalt des Wassers keine Mauer, senkrecht im Grund verankert. Nein, eine weiche Steigung. Die Wellen laufen den Berg hoch, brechen sich, werden gebremst. Nicht: Stopp, jetzt, hier, sofort. Die Mauer würde umfallen – der Deich lässt sie auf- und auslaufen.
Geduld aber habt ihr nötig, damit ihr den Willen Gottes tut und das Verheißene empfangt. (Hebr 10,36)
Es geht nicht ums Prinzip – es geht um Menschen, ihr Kind und sie selbst. Sie müssen reden, Ziele vereinbaren, Schritte. Da kann auch einmal etwas nicht so laufen, man kann es wieder versuchen. Geduld haben. Einem Menschen ein Licht aufstecken geht nicht wie Licht machen: Ein Druck auf den Schalter. Es dauert manchmal. Überfordere dich nicht und das Kind auch nicht.

Alles hat seine Zeit

Sie hatte einmal Träume vom Leben. Und jetzt ist es ein Durcheinander aus Aufgaben, Terminen, Forderungen. Wenig Raum für Geborgenheit, Ruhe, Liebe, viel schmutzige Wäsche und zwei Tage Wochenende. Voll mit dem, was liegen geblieben ist. Alles hat seine Zeit: Die schmutzige Wäsche und die Zeit mit dem Kind und die Liebe und auch die Hektik und der Druck. „Seine Zeit" – nicht: immer. Eine Grenze wie ein Deich. Jetzt ist Zeit dafür und dann ist es auch wieder gut.
Sie sucht im Internet nach dem *Alles hat seine Zeit.* Steht in der Bibel. Der „Prediger" rät:
Da merkte ich, dass es nichts Besseres gibt als fröhlich sein und sich gütlich tun in seinem Leben. Denn ein jeder Mensch, der da isst und trinkt und hat guten Mut bei all seinem Mühen, ist eine Gabe Gottes. (Pred 3,12 f.)
Der gute Mut, die Fröhlichkeit – Geschenke für dich und für die, die mit dir leben. Dein freundliches Gesicht hilft einem anderen Menschen, aus dem Druck aufzuwachen. Und wenn deine Aufgaben dir nicht nur Pflicht sind – vielleicht kann die Tochter die ihren auch anders anschauen?

Die Sorgen nicht nisten lassen

Deichbau ist eine Kunst, über Generationen erworben. Die Erfahrungen der einen werden der nächsten weitergegeben. Von jedem Dammbruch lernen die Nachkommenden. Bauen höher, achten auf den Halt, finden Notfalllösungen.
Das will sie weitergeben: Dass es stürmische Tage gibt, in denen man untergeht – aber das Leben geht weiter.
„Du kannst nicht verhindern, dass die Vögel der Sorge und des Kummers über deinem Kopf fliegen. Aber dass sie Nester in deinen Haaren bauen, das kannst du verhindern!“, sagt Martin Luther.
Deiche: Nicht alles gleich wichtig nehmen, jeden Tag für sich angehen, tun, was geht, sich nicht die Last der Welt aufladen. Von sich manchmal viel verlangen, aber nie, dass man perfekt sein muss. Dann ist der Garten eben kein Paradies, blüht der Löwenzahn im Rasen, ist die Wohnung nur aufgeräumt, wenn Besuch kommt, und manchmal auch da nicht.
Alles hat seine Zeit, das heißt: Alles hat Grenzen. Das Durcheinander, die Last eines Tages, die Liebe, der Urlaub und die Arbeit. Manchmal können wir die Grenze nicht selbst ziehen, aber dafür sorgen, dass alles nicht grenzenlos wird, das können wir.

Ulrike Mielke

Widerstand durch Schweigen

Epheser 6,13

Um deswillen ergreifet den Harnisch Gottes, auf dass ihr an dem bösen Tage Widerstand tun und alles wohl ausrichten und das behalten möget.

LUTHER 1912

Deshalb ergreift die Waffenrüstung Gottes, damit ihr an dem bösen Tag Widerstand leisten und alles überwinden und das Feld behalten könnt.

LUTHER 2017

Darum legt die Rüstung Gottes an, damit ihr am Tag des Unheils standhalten, alles vollbringen und den Kampf bestehen könnt.

EINHEITSÜBERSETZUNG 1980

Matthäus 27,12–14

Und als er von den Hohepriestern und Ältesten angeklagt wurde, antwortete er nichts. Da sagte Pilatus zu ihm: Hörst Du nicht, wie sehr sie dich anklagen? Und er antwortete ihm nicht auf eine einzige Anklage.

LUTHER 2017

Dreimal der gleiche Vers, dreimal andere Worte. Andere Bibelübersetzungen könnten noch weitere Versionen beisteuern. Welche spricht mich am meisten an, was stößt mich ab? Kommen alle Übersetzungen zum gleichen Ergebnis?
Allein die Eingangsworte sind unterschiedlich: Egal ob Harnisch, Waffenrüstung oder Rüstung, hier wird Kriegsvokabular verwendet. Warum ist nicht vom Segen Gottes, von der Hand Gottes oder von dem göttlichen Mantel die Rede? Diese Metaphern wären mir weit greifbarer. Und dann: Der *böse Tag* der Lutherbibel wird zum *Tag des Unheils* in der Einheitsübersetzung. Muss ein böser Tag unbedingt ein Tag des Unheils sein oder umgekehrt: Ist der Tag des Unheils das Gleiche wie der böse Tag? Letztlich geht es in allen Versionen darum, *das Feld zu behalten, den Kampf zu bestehen.* Die Kriegsmetaphorik wird hier wie dort beibehalten.
Trotz aller Unterschiede, was ist das Gemeinsame? Es geht darum, widerstandsfähig zu werden, standzuhalten. Die Gabe dazu kommt von Gott. Es geht darum, dass dem Menschen Kraft verliehen wird, nicht in Versuchung zu geraten, sondern den Weg des Heils zu beschreiten. Es geht um den göttlichen Schutz. Die Stärke, die durch Gott in der Rüstung gegeben wird, das ist die Stärke, von der Paulus in dem Vers spricht. Genau um diese Stärke geht es auch beim Verhör von Jesus durch Pilatus. Als Jesus als Angeklagter Pilatus gegenübersteht, schweigt er. Er unterstreicht dieses Schweigen noch durch ein knappes *Du sagst es.* Jesus widersteht der Versuchung, sich zu verteidigen. Pilatus wundert sich über diese Reaktion. Da schwingt eine gewisse Achtung mit. Durch sein Schweigen, durch sein Widerstehen beweist Jesus auch in dieser Situation Stärke und Souveränität.

O Schweigen, Schweigen, komm, du letzter Schluss,
da mitzuteilen Hass nur weckt und Fehde.
Ergreif an ihrer Wurzel meine Rede,
lass einwärts sprossen, was denn sprossen muss.

Christian Morgenstern schreibt diese Zeilen Anfang des vergangenen Jahrhunderts. Wir wissen nicht, welcher Anlass vorausging. Deutlich wird aber, dass er sich darüber im Klaren war, dass er die Qualität des Schweigens hoch schätzt. Verletzungen werden mit Schweigen kommentiert. Der stille Widerstand wird hoch geschätzt. Morgenstern weiß, dass Schweigen gelernt sein will, dass es ungemeine Disziplin braucht, um es zu praktizieren. Wie viel leichter ist es doch, dem anderen seine Meinung ins Gesicht zu schleudern!
Wogegen widersteht hier das lyrische Ich? Gegen die Versuchung, Hass und Fehde zu säen, gegen die Gefahr, dem Groll freien Lauf zu lassen, gegen die Schwäche, die Sau rauszulassen? Der Zeile *Ergreif an ihrer Wurzel meine Rede* kommt besonderes Gewicht zu. Die Wurzel meiner Rede beginnt beim ersten Wort, vielleicht sogar auch nonverbal in meinem Gesichtsausdruck, meiner Haltung. Ich habe viele Möglichkeiten, dem anderen zu signalisieren, was ich denke. Der Ruf nach dem Schweigen kommt als Appell, die Wiederholung des Wortes „Schweigen" unterstreicht die Dringlichkeit. Hier führt Schweigen eindeutig zu Klugheit, zum Bewusstwerden des inneren Menschen. Diesen zu bilden, das ist die Aufgabe, der sich Morgenstern stellt.

Als ich noch jung war, liebt ich zu klagen,
all, was dem Herzen leid, vielen zu sagen.
Nun, da ich älter, hehl' ich die Pein,
schließe den Kummer im Innersten ein.

Ein Auszug aus einem Altersgedicht von Franz Grillparzer, gestorben 1772, gibt eine Lebensweisheit preis: Reden ist Silber, Schweigen ist Gold. Hat das ausnahmslos Gültigkeit? Ist hier nicht das Schweigen viel mehr Ausdruck von Resignation als von Festigkeit? Grillparzer blickt mit Abstand auf die Sturm-und-Drang-Jahre seines Lebens zurück, auf die Phase, in der eines Vorrang hat: Veränderung, ein dauerndes Vorwärts, bloß nicht stehenbleiben, heute würde man ‚optimieren' sagen. Das Gedicht zeigt uns: Der Drang, alles nach außen zu schütten, was mein Herz betrifft, der ist zeitlos gültig, heute vielleicht sogar noch mehr als damals.
Wir haben heute Talkshows und Social Media, in denen so ziemlich alles thematisiert wird, auch intimste Details eines Lebens. Grillparzer reflektiert die Veränderung, sicher auch durch zunehmende Lebensjahre angereichert. Er „hehlt die Pein" – ein Ausdruck aus altem Sprachgebrauch, der heute nicht mehr üblich ist. Er hält die Pein aus, er widersteht dem Jammern, er schließt seinen Kummer im Innersten ein. Ist er im Reinen mit sich oder ist das das Ergebnis von Resignation? Ich habe den Verdacht, dass hier jemand etwas in sich hineinfrisst, um andere nicht zu belasten. In dem Fall wäre Widerstand durch Schweigen nicht gesund. Es muss also jeweils nachgefragt werden, warum ein Mensch verstummt.

Viele kennen sie, die Kleist'sche „Marquise von O." deren Lebensweg immer wieder neu beleuchtet wird. Sie, die Witwe, will den Vater ihres dritten Kindes nicht bekannt geben. Sie wird von der Familie verstoßen, aufs Tiefste gedemütigt, wird zur Unperson. Ihre Welt war eine andere als unsere heutige. Damals war ein unehelich geborenes Kind der Beginn der Spirale nach unten für eine Frau. Sie hatte dadurch ihre Ehre verloren. Wie reagiert die Marquise darauf, dass sich die Welt gegen sie stellt? Sie „beschloss, sich ganz in ihr Innerstes zurückzuziehen". Sie „hob sich plötzlich, wie an ihrer eigenen Hand, aus der ganzen Tiefe, in welche sie das Schicksal herabgestürzt hat".

Das sind starke Worte, die auf eine starke Frau verweisen. Lauter Widerstand wäre zwecklos gewesen. Sie war die erklärte Schande der Familie, die Ausgestoßene, die, zu der man sich nicht mehr bekennen wollte. Sie wusste, sie würde nicht gegen das „alles beherrschende Gefüge der Welt" bestehen können, das Kleist so klar beschreibt. Aber sie wusste auch, dass sie sich nichts vorzuwerfen hatte, dass sie mit sich im Reinen war.

Auch heute werden Menschen an den Pranger gestellt, von ihnen wird das Geständnis einer Schuld gefordert, die sie nicht sehen. Sie werden in die Enge getrieben bis sie kapitulieren. Sind sie erst einmal weg von der Bildfläche, geht die Welt weiter ihren Gang. Dass der Einzelne durch sein Schweigen akzeptiert, aus dem Alltag herausgekickt zu werden, das stört langfristig kaum einen Menschen.

Helga Schubert hat mit dem ungemein tiefsinnigen Text „Vom Aufstehen“ 2020 eine Sensation geschafft. Sie gewinnt den Ingeborg-Bachmann-Preis, den großen Literaturpreis, der besonders auf sprachliche Gestaltung eines Themas abhebt. In ihrem Text thematisiert sie aus der Sicht der Tochter das lange Leiden an einer Mutter, deren Liebe für die Tochter nicht greifbar ist. Kurz vor dem Tod der Mutter weist diese die Krankenschwester an, nicht etwa die eigene Tochter, sondern die Enkelin zu informieren, wenn etwas mit ihr passieren sollte. Die eigene Tochter, die sich intensiv um die Mutter kümmert, wird hier eindeutig übergangen. Die Krankenschwester fragt: „Darf ich denn Ihre Tochter überhaupt nicht benachrichtigen, wenn Ihnen etwas passiert?“ Die Mutter lächelte und schweigt.
Die Tochter kennt ihre Mutter, sie weiß sie zu nehmen, ist aber trotzdem tief verletzt. Sie hadert mit dem vierten Gebot. Wie soll sie eine Frau lieben, die ihr so abweisend von klein auf gegenüberstand und bis zum Schluss kein ausgleichendes Wort findet? Die Mutter schweigt. Die Tochter schweigt. Erst spät, Jahre nach dem Tod der Mutter, ist die Tochter fähig, das Schweigen der Mutter zu akzeptieren und nicht weiter damit zu hadern, dass es zu keiner Aussprache kam.
Manchmal dauert es sehr, sehr lang, bis ein Schweigen wirklich verstanden oder auch akzeptiert wird. Manchmal ist es der Ausdruck einer großen Hilflosigkeit, manchmal aber auch, und das trifft im Kontext dieses Textes zu, die Einsicht, dass der Mut zum Reden fehlt.

Hermann Hesse hat mit „Siddharta“ Weltliteratur geschrieben. In dem Buch geht es um die Suche eines jungen Mannes nach seiner Bestimmung. Er merkt, ähnlich wie Jahrhunderte vor ihm Franziskus, dass er sein Elternhaus verlassen muss, um seinen Weg zu finden. Er will nicht ohne den Segen des Vaters gehen, tritt vor ihn und sagt ihm, dass er zu den Asketen gehen wolle. Der Vater ist entsetzt, er will ihn nicht gehen lassen. Er will nicht, dass der Sohn ein Leben führt, das in seinem Umfeld keinerlei Achtung hat. Zwischen Vater und Sohn beginnt ein nächtlicher stummer Kampf. Beide schweigen. Vom Vater heißt es: „Er schwieg, und schwieg so lange, dass im kleinen Fenster die Sterne wanderten und ihre Figur veränderten, ehe das Schweigen in der Kammer ein Ende fand. Stumm und reglos stand mit gekreuzten Armen der Sohn, stumm und reglos saß auf der Matte der Vater, und die Sterne zogen am Himmel.“ Hier kämpfen zwei Menschen miteinander, beide sind nicht bereit, aufeinander zuzugehen. Beide beharren auf ihrem Standpunkt, bewegen sich nicht von der Stelle, sind in gewisser Weise auch erstarrt. Ein Gespräch findet nicht statt. Letztlich gibt es keinen Sieger, auch wenn der Vater den Sohn schließlich ziehen lässt.
Siddhartas Widerstand zeigt sich im Schweigen und im aufrechten Stand. Ein schales Gefühl bleibt, ob diese Haltung langfristig das ist, was wir für das Funktionieren unseres menschlichen Miteinanders brauchen.

Während man sich in Gesprächen zwischen Tochter und Mutter, Vater und Sohn ein offenes Wort wünscht, gibt es Situationen, in denen Schweigen die einzige Möglichkeit ist, am Leben zu bleiben. Jedes Wort kann dazu führen, missverstanden zu werden. Dietrich Bonhoeffer erzählt davon, wie in vielen seiner Bücher, auch in „Widerstand und Ergebung". Er schildert die Verhöre, die immer wieder das Gleiche fordern. Etwas zuzugeben, was der Mensch einfordert, der ihn zu einer Aussage bringen will. Bonhoeffer schweigt. Viele Menschen, die in ähnlichen Situationen wie Bonhoeffer einem Peiniger ausgesetzt sind, schweigen. Es gibt für sie keine Alternative. Bonhoeffer schreibt: „Wenn der Zyniker sich besonders ehrlich vorkommt oder als Wahrheitsfanatiker auftritt, so geht er doch an der entscheidenden Wahrheit vorbei, dass es seit dem Sündenfall auch Verhüllung und Geheimnis geben muss."
Was für eine Aussage! Sie erinnert an die Frage nach der Wahrheit, die Pilatus Jesus beim Verhör stellt: *Was ist Wahrheit?* Auf diese Frage wird bei Johannes 18,38 keine Antwort gegeben. Jesus, und in seiner Nachfolge auch Bonhoeffer und viele andere, wissen: Der andere kann die eigene Position nicht verstehen, aber er hat Macht, diese mit allen Mitteln zu bekämpfen. In ihrem Schweigen liegt ihr Widerstand.

Gabriele Herbst

Lukas 18,1–8

Er erzählte ihnen ein Gleichnis dafür, wie notwendig es ist, allezeit zu beten und nicht müde zu werden. Er sagte: In einer Stadt lebte ein Richter, der weder Gott fürchtete noch einen Menschen achtete. Auch eine Witwe lebte in dieser Stadt; die kam immer wieder zu ihm und sagte: „Verschaffe mir Recht gegenüber meinem Gegner!" Eine Zeit lang wollte der Richter nicht. Dann aber sagte er sich: „Wenn ich auch Gott nicht fürchte und keinen Menschen achte, werde ich doch dieser Witwe Recht verschaffen, weil sie mich belästigt; sonst kommt sie noch am Ende und schlägt mich ins Gesicht." Da sagte Jesus: „Hört, was der ungerechte Richter sagt. Aber Gott sollte den Auserwählten, die Tag und Nacht zu Gott schreien, kein Recht schaffen und für sie keinen langen Atem haben? Ich sage euch: Gott wird ihnen Recht schaffen in kurzer Zeit! Wird der Mensch nun bei seinem Kommen Glaubenstreue finden auf der Erde?"

BIBEL IN GERECHTER SPRACHE

Vom Mut, sich quer zu stellen

Sie muss sich etwas einfallen lassen, die schlagfertige Frau, von der Lukas in seiner drastischen Geschichte erzählt. Wem das Leben nicht (mehr) ZU-fällt, wem es den Partner, die Versicherung, das soziale Netz geraubt hat, dem muss als Gegengewicht eine Menge EIN-fallen. „Wenn du dich zum Fußabtreter machst, darfst du dich nicht wundern, wenn Leute auf dir herumtrampeln." Das pflegte eine kluge Frau meiner Kindheit zu sagen, wenn mich im sozialistischen Klassenverband Schüchternheitsanfälle quälten und ich geneigt war, zuzustimmen, statt mich quer zu stellen.
Die Frau in der Geschichte stellt sich quer. Ich sehe sie vor mir, wie sie sich vor diesem VIP postiert. Richter sind immer „bedeutende Personen", selbst dann, wenn sie, wie in unserer Geschichte, als ehrfurchtslose Wesen wenig Ehrfurcht verdienen. Schaffe mir Recht! Sie zittert innerlich, nicht äußerlich. Sie hat sich das Zittern abtrainieren müssen, in Israel, damals, zur Zeit der römischen Besatzung, als eine verwitwete Frau ein Nobody war. „Nobody knows the trouble I've seen. Nobody knows but Jesus." Den Gospel kannte die Frau noch nicht. Aber dass sie Gott auf ihrer Seite hatte, das wusste sie aus den heiligen Geschichten: *Weh denen, die ungerechte Gesetze machen … um die Sache der Armen zu beugen … dass die Witwen ihr Raub und die Waisen ihre Beute werden!* (Jes 10,1–2)

Vom Mut, sich auf Jesu Geschichten einzulassen

Jesus war ein Geschichtenerzähler. Freilich haben wir die Geschichte von der bittenden Witwe, wie sie in der Lutherbibel genannt wird, nur in den Worten des Lukas vor uns. Man erkennt dennoch den Erzählstil, den Jesus gehabt haben muss. Spannend, alltagstauglich, mit Zündstoff für interessante Diskussionen.
Wie ist es denn mit denen, die selten oder nie recht bekommen? Das war ein brennendes Thema zur Zeit Jesu. Das ist ein brennendes Thema heute. Wer sind die „Witwen" unserer Tage, die schlecht versorgten, die wenig beachteten Frauen oder auch Männer, die auf Arbeitsämtern oder Gerichten, in Arztpraxen und oft auch in Kirchgemeinden übersehen werden? Warum bekommen andere immer schneller einen Behandlungstermin, eher einen Job, größere Aufmerksamkeit?
Gottes Wille ist das jedenfalls nicht, betont Jesus mit dieser Geschichte. Untertanenideologie, die sich in der Geschichte der Kirche auch breitmachen konnte, kann sich nicht auf den Gott Jesu berufen. Er schafft denen, die selten oder nie etwas zu sagen haben, „Recht in Kürze". Das ist sein Markenzeichen.

Vom Mut des Trotzdem

Education is the key of life – Bildung ist der Schlüssel zum Leben. Das ist das Thema des Partnerschaftsprojekts zwischen einer Gemeinde in Magdeburg und einer Gemeinde im Süden Tansanias. Zehn Mal bin ich seit 1995 für dieses Projekt in Tansania gewesen. Ich habe sehen, fühlen und hören können, wie der „Schlüssel Bildung" vor allem im Leben von Frauen und Mädchen Türen aufschließt. Aus mittellosen Waisenkindern wurden durch Zufinanzierung beim Schulgeld Krankenschwestern, Journalistinnen, Schneiderinnen ... Und viele Witwen Njombes, mit denen wir ein Modeprojekt zur Bewältigung ihres Lebensunterhaltes starteten, lachen mir heute selbstbewusst entgegen.
Manchmal reicht das Geld trotzdem nicht. Dann muss ich Wünsche der Frauen ignorieren oder ein striktes Nein sagen. So ein Nein hörte auch Gloria. Sie ist mit 39 Jahren verwitwet und hat zwei Kinder und zwei Schwestern zu versorgen. Trotz meines Neins rannte sie eines Tages hinter mir her, bremste in den staubigen Straßen Njombes meine Schritte und rief aufgeregt: du musst meiner Schwester eine Nähmaschine kaufen! Bei uns bricht sonst das Chaos aus. Das war nicht unterwürfig gefragt, da gab es kein „Bitte, Bitte ...". Das glich der Stimme der Frau aus unserer Geschichte: schaffe mir Recht!
Ich versuchte es mit dem Recht. Ich erwarb eine fußbetriebene chinesische Nähmaschine für ein Haus ohne Strom.

Vom Mut, Buße zu tun

In Rollen zu schlüpfen, kann eine Bußübung sein. Sich in einer Geschichte nicht nur mit dem Sympathieträger zu vergleichen, ist es ganz bestimmt. Was könnte der mir unsympathische Richter aus Jesu Geschichte mit mir selbst zu tun haben? *Er hat keine Ehrfurcht vor Gott und scheut sich vor keinem Menschen,* wird von ihm berichtet. Und dass er Angst vor öffentlichen Ohrfeigen hat, wird interessanterweise noch hinzugefügt.
Letzteres wäre mir auch äußerst unangenehm. Wenn mir jemand vor allen Leuten demonstrieren würde, dass ich in irgendeiner Weise Unrecht getan habe.
Ein einziges Mal ist mir das passiert. Meine Mutter verabreichte mir als Kind öffentlich einen Schlag auf die Wange, nachdem ich eine Nachbarin als doofe Ziege bezeichnet hatte.
Heute in Zeiten von Sendungen wie „Deutschland sucht den Superstar", in der grässliche Beschimpfungen stubenfein geworden sind, wirkt meine „doofe Ziege" fast wie ein Kosewort. Und doch war sie das nicht. Wer einen anderen mit Worten herabwürdigt, zollt ihm und Gott gegenüber keine Ehrfurcht. Meine Mutter nahm das ernst. Ich schelte sie ihrer Ohrfeige wegen nicht, auch wenn ich ein genereller Gegner von körperlicher Gewalt bin. Immerhin habe ich mich damals auf den Weg zur Nachbarin gemacht und das Zauberwort „Entschuldigung" geflüstert. Dann bin ich singend nach Hause zurückgelaufen.

Mut zur Klarstellung

Eine Ohrfeige ging am 7. November 1968 um die Welt. Die 29-jährige Studentin Beate Klarsfeld hatte sie auf dem Westberliner CDU-Parteitag an den damaligen Bundeskanzler Georg Kiesinger ausgeteilt. Klarsfeld wollte mit dieser Geste auf die nationalsozialistische Vergangenheit des hohen Würdenträgers hinweisen. Der Schriftsteller Heinrich Böll stellte sich hinter die Studentin und schickte ihr Rosen. Böll belohnte damit sicher nicht die Tat, aber den verzweifelten Mut einer jungen Frau, klarzustellen, was im Dunkeln gehalten werden sollte.

Ihr werdet die Wahrheit erkennen und die Wahrheit wird euch freimachen. (Joh 8,32)

Dieser Satz Jesu aus dem Johannesevangelium ist einer meiner Lieblingssätze und auch Lebensleitsätze. Und er fasst gut zusammen, worum es in der Geschichte von der „schlagfertigen" Frau geht. Die Wahrheit soll an den Tag kommen durch den verzweifelten Mut dieser Witwe. Auch sie ringt darum, den Charakter eines zweifelhaften Richters aufzudecken, der das Recht so interpretiert, wie es ihm genehm ist. Der Mut der Frau befreit beide in der Begegnung. Denn der Richter findet zu dem zurück, was seine Sache ist: Recht zu sprechen für die, denen das Recht allzu gern verweigert wird. Und die Frau hat sich Gehör verschafft – auf eine ungewöhnliche, risikoreiche Weise. Doch niemals bekommt man die Wahrheit zum Nulltarif!

Mut zu offenen Fragen

Die Geschichte von der „schlagfertigen Frau“ lässt Fragen offen im Blick auf das Bild, das hier von Gott entworfen wird. Will ich ihn denn Tag und Nacht anrufen und bitten, um erst so in seinen Blick zu geraten. Weiß Gott nicht, was ich denke? Kennt er nicht unsere Gedanken von Ferne? (Ps 139,2) Stelle ich mir so einen vertrauenswürdigen Vater oder eine Mutter vor, die sich immer wieder bitten lassen, bevor sie reagieren?
Andererseits gefallen mir die offenen Fragen, die die Geschichte des Lukas in mir anstößt. Gott lässt sich ja in der Tat oft genug bitten. Unzählige Male habe ich das so erlebt. Ich hätte meinen Gott manchmal gern „geohrfeigt“ (und ich weiß, dass diese Vorstellung manche LeserIn erschüttern wird), wenn ich mich von ihm überhört gefühlt habe in meinen Fürbitten für meine sterbende Schwester oder die Verhinderung des Irakkrieges.
Meine Schwester ist jung gestorben, und der 2022 unrechtmäßig von Russland gegen die Ukraine begonnene Krieg erschütterten und erschüttern meinen Glauben. Da tröstet mich auch nicht der häufig zitierte Satz, dass Gott nicht alle unsere Wünsche, wohl aber alle seine Verheißungen erfüllt. Ich kann in vielem, was passiert, Gottes Verheißungen nicht erkennen.
Also bleibt mir nur das, was Jesus empfiehlt: Geh Gott mit Deinen Bitten „auf den Geist“. Bleib im Gespräch mit ihm Tag und Nacht. Nur so kannst Du Wahrheit erkennen …

Mut, sich aufzurichten

In meiner Kindheit auf dem Dorf gab es mehrere Frauen mit einem gekrümmten Rücken. „Witwenbuckel“ nannten das hämische Fenstergückerinnen. Das Wort hat sich mir eingeprägt als ein herablassendes Wort für Frauen, die zu viel zu tragen haben und sich mit ihrem Körper und der Seele krümmen ließen.
Die Frau aus Jesu Geschichte stelle ich mir ohne „Witwenbuckel“ vor. Und wenn sie als Witwe unter den Lasten ihres Lebens vielleicht doch krumm geworden war, hat sie sich im Gespräch mit dem Richter jedenfalls aufgerichtet. Denn wie anders hätte ihr dieser sonst eine Ohrfeige zutrauen können?
Was für ein achtsamer, empathischer Mann muss Jesus von Nazareth gewesen sein, der mit seinen Geschichten Frauen Mut machte und macht, den Krümmungen des Lebens Widerstand zu leisten. Wie viele richten sich bis heute auf durch eine Geschichte wie die, die wir diese ganze Woche bedacht haben.
In einer Fernsehtalkshow, die mir bis heute in Erinnerung geblieben ist, unterhielten sich Männer über das Männerbild von heute. Wie schwer Männer es hätten, ein gesundes Selbstbewusstsein zu entwickeln, als Mann mit sich selbst und den Frauen im Lot … Haben wir denn Vorbilder für ein solches Männerbild, wurde ein Psychologe gefragt? Mir fällt, sie werden staunen, Jesus von Nazareth dazu ein, antwortete dieser.
Als ich das hörte, richtete ich mich froh in meinem Stuhl auf und dachte: Hallelujah!

Manfred Ziepert

Eine kluge, widerständige Frau stiftet Frieden

1. Samuel 25,2–42 (kurze Zusammenfassung)

David, vom Priester Samuel zum Nachfolger des Königs Saul gesalbt, ist mit 600 Mann auf der Flucht vor Sauls Nachstellungen, weil dieser seinen Konkurrenten beseitigen will. Bei Nabal, einem sehr reichen Viehzüchter, dessen Hirten sich durch Davids Männer beschützt fühlen, lässt David anlässlich des Schafschurfestes um eine Gabe für seine Männer bitten. Nabal, der als „grober Tor" bezeichnet wird, beleidigt sie und schickt sie fort. David fühlt sich in seiner Ehre verletzt und beschließt, mit 400 Mann Rache zu nehmen. Er will alle Männer Nabals töten lassen.

Abigajil, die kluge und schöne Frau Nabals, wird von einem ihrer Leute informiert, wie ihr Mann sich verhalten hat. Sie erkennt sofort die Gefahr und zieht David mit reichlich Geschenken entgegen, nimmt alle Schuld auf sich und entschuldigt sich. Sie bittet David eindringlich, nicht Blutschuld auf sich zu laden, sondern Gott für sich eintreten zu lassen und so die Würde seines künftigen Königtums zu wahren. David erlebt ihre Worte als prophetische Rede und zeigt sich dankbar und einsichtig. Nabal hat sich derweil beim Fest betrunken. Am nächsten Morgen berichtet ihm Abigajil alles. *Da erstarb sein Herz in seinem Leib und er ward wie Stein.* Nach zehn Tagen stirbt er. Daraufhin bittet David sie, seine Frau zu werden, und sie willigt ein.

Ich: Abigajil, die Bibel erzählt von dir als Friedensstifterin. Was fällt dir ein, wenn du an das Ende deiner Ehe mit Nabal denkst?

A.: Ich sehe sofort diesen Moment vor mir – gerade eben habe ich, erregt und vor Angst zitternd, ihm alles erzählt, was sich mit David zugetragen hat und was ich getan habe. Ich flehe Gott an, dass er mir beisteht, und denke, gleich wird Nabal völlig ausrasten und mich erschlagen. Aber nichts passiert, er schaut mich mit weit aufgerissenen Augen an, schaut ins Leere. Plötzlich wird er ganz fahl im Gesicht, sein Mund öffnet sich, er sackt in sich zusammen und ist nicht mehr ansprechbar. Danach zehn Tage Todeskampf, dann endlich wird es still, er ist gestorben. In mir ist Chaos – einerseits Erleichterung, andererseits Trauer, auch um ihn, so scheußlich er auch sein konnte, und Betroffenheit angesichts all der ratlosen Gesichter und der vielen Fragen, wie es jetzt weitergehen soll … Nabal war weit und breit der reichste Mann hier, mit riesigen Viehherden, mit all denen, die hier in Lohn und Brot stehen … und dann kommt Nachricht von David, dass er mich zur Frau haben will. Noch einmal Chaos. Soll ich wirklich alles zurücklassen und mit diesem umherirrenden Guerillaführer leben, der von König Saul verfolgt wird und der glaubt, dass er von Gott zum neuen König erwählt ist? Ich kann nur zu Gott schreien – hilf mir, was soll ich tun, wo soll es hingehen?

Ich: Du hättest dir sicher nicht vorstellen können, deinem Mann so entgegenzutreten.

A.: Ich hatte keine Wahl. Ich musste versuchen, ein entsetzliches Blutbad zu verhindern. Mir war klar, dass Nabal, als er die Männer von David beleidigte und wegschickte, eine äußerst gefährliche Dummheit beging. Im normalen Tagesgeschäft konnte ich mich natürlich nicht mit ihm anlegen. Aber im Hintergrund hatte ich immer mein Ohr an der Basis, habe vieles ausgeglichen, wovon er gar nichts gemerkt hat. Die Leute wussten auch, dass das, was sie mir anvertrauten, unter uns blieb. Das hat den Laden zusammengehalten und hat, ohne dass er das wusste, viel zu seinem Erfolg beigetragen. Ich musste damit leben, dass er dies nie gesehen und gewürdigt hat.
Mich hat getragen, dass mir die Leute vertrauten und dass ich mich von Gott gesehen fühlte. Und eben deshalb, aufgrund dieses Vertrauens, hat mir einer unserer Leute zugetragen, wie Nabal mit Davids Leuten umgegangen war. Augenblicklich war mir klar, die Bude brennt, ich muss sofort in die Spur, um die drohende Katastrophe abzuwenden. Ich muss jetzt allein und wehrlos 400 kampfbereiten Männern entgegentreten, die zu allem entschlossen sind, und vor David treten, der sich in seiner Ehre zutiefst getroffen fühlt. Würde ich das Richtige sagen, den richtigen Ton treffen? Dann spürte ich – ich kann es mir nur geben lassen. Das ließ mich ruhiger werden.

Ich: Wie darf ich mir dein früheres Leben vorstellen?

A.: Es war klar, dass ich mich ohne Wenn und Aber Nabals Vorstellungen und Erwartungen unterzuordnen hatte. Das war oft genug nicht gerade leicht, denn seine vereinfachenden und polarisierenden Ansichten fand ich schlimm, und es tat weh zu sehen, wie er die einfachen Leute behandelte – nur als Mittel zum Zweck, nämlich seinen Reichtum und seine Macht zu mehren. Dass nicht all sein Reichtum redlich erworben war, pfiffen die Spatzen von den Dächern. Gern prahlte er mit seinen Sexaffären. Seine Saufgelage waren sprichwörtlich. Aber er galt keineswegs als Dummkopf oder Krimineller. Viele bewunderten ihn als erfolgreichen Geschäftsmann, und als wichtigster Arbeitgeber der Region legte sich niemand mit ihm an. Viele teilten seine Ansichten, zumal er mitreißend reden konnte und mit seinem ordinären Humor eine große Stimmungskanone war. Er nahm nie ein Blatt vor den Mund und zog gern über andere her. Gegner wurden hemmungslos beschimpft und bis auf die Knochen gedemütigt. Viele bewunderten ihn, manche lagen ihm regelrecht zu Füßen. Politisch stand er voll aufseiten König Sauls, selbst dann, wenn Saul wieder mal unter seinen Gegnern ein Blutbad angerichtet hatte. Ich konnte nur im Hintergrund, unter meinen Vertrauten, meinem Herzen Luft machen und sagen, wie mich all dies anfocht. Aber der Erfolg schien meinem Mann recht zu geben.

Ich: Was hat dir geholfen, aufrecht zu bleiben?

A.: Zwei Dinge – die Liebe meiner Eltern und mein tiefer Glaube an Gott. Meine Mutter sagte: „Höre nie auf, zu dir zu stehen und Gott zu vertrauen, auch wenn du scheinbar nichts bewirken kannst. Gott sieht dich. Und halte deinen Blick offen – es wird Momente geben, in denen Gott dich braucht, um Gutes zu bewirken oder Schlimmes zu verhindern." Diese Worte haben mich begleitet und immer wieder gestärkt. Und wenn ich zuweilen völlig ohnmächtig war und nur noch weinen konnte, fühlte ich dennoch eine Kraft, die mich hielt. Aber ich finde, dass die letzte Zeit besonders schlimm war. König Saul wurde immer machtgieriger und paranoider, ging unerbittlich brutal gegen Aufmüpfige vor. Viele glaubten seinen Lügen. Und es gab diejenigen, die eine andere Politik wollten, in der wieder Gerechtigkeit und der Wille Gottes gültig sind. Und für die war David der Hoffnungsträger geworden, den unser geistlicher Führer Samuel zum Nachfolger Sauls gesalbt hatte. Auch ich war heimlich seine Anhängerin. Aber die Spaltung der Gesellschaft wurde immer schlimmer, überall ging der Riss durch die Familien, die Freunde, die Gottesdienste. Die einen unterstützten den verfolgten Freiheitskämpfer David, die anderen fürchteten Plünderungen oder andere Untaten durch seine Guerilla-Truppe. Mein Mann gehörte natürlich zu den Letzteren, und seinen Anhängern gefiel das.

Ich: Was war für dich entscheidend in der Begegnung mit David?

A.: Mein erster Gedanke war, David und seinen Männern ehrerbietig alles zu überreichen, was sie von meinem Mann erbeten hatten, ja noch viel mehr und viel opulenter. Wer eine solche Gabe annimmt, kann nicht zugleich Rache nehmen. Essen verbindet. Aber mir kamen Zweifel, ob sich damit die Kränkung und Ehrverletzung Davids heilen ließ. Eine glaubwürdige Entschuldigung war das Mindeste, was er erwartete. Das hätte Nabal natürlich nie getan. Also war eine Demutsgeste notwendig. Ich musste die gesamte Schuld dieses Idioten von Ehemann auf mich nehmen. Aber vielleicht hätte David beides, die Gaben und die Entschuldigung, nur als Beschwichtigungsversuch durchschaut, aus purer Angst geboren. Das hätte einen sehr schalen Beigeschmack gehabt.
Meine Intuition – oder war es die Stimme Gottes? – sagte mir, du hast hier einen prophetischen Auftrag, nämlich David davor zu bewahren, über seine eigenen Füße zu stolpern. Er lief doch Gefahr, Verrat zu üben – an seinem Gottvertrauen, das ihm sagte: „Lade keine Blutschuld auf dich, sondern lass Gott für dich streiten, der dich zum künftigen König erwählt hat.“ Er war drauf und dran, die Würde seines Königtums zu verletzen, das ja nicht auf Macht und Gewalt beruhen, sondern Gott ehren und dem Volk dienen sollte.

Ich: Ein wirklich weiser Plan. Trotzdem war die Mission sehr heikel …

A.: Aber ja. Das Kopfkino ging von „totales Fiasko" bis zu „Gott sei Dank, es ist gut ausgegangen". Die entscheidende bange Frage war: „Ist das, was ich David zutraue, nur eine Seifenblase, oder wird er es wirklich einlösen?" Aber ich hatte keine Wahl, ich musste alles auf diese eine Karte setzen. Ich konnte nur noch ein Stoßgebet senden. „Gott, wie es auch kommen mag, verlass mich nicht, nimm mich, meine Lieben und alles, was geschieht, in deine Hände." Und du kannst dir nicht vorstellen, was dann geschah. Ich sehe, wie er innehält, er ringt mit sich selbst, seine Augen werden feucht, dann sagt er mit zitternder Stimme: „Ich danke dir … durch dich hat Gott mich gerade davor bewahrt, etwas Schreckliches zu tun … Gott will mir sagen, dass *er* für mich und mein Königtum streitet." Und er verneigt sich. Mir ist in dem Moment, als ob ich träume, meine Seele kommt nicht so schnell hinterher … ich bedanke mich und übergebe ihm die mitgebrachten Gaben, dann verabschieden wir uns. Daheim begreife ich allmählich, in mir ist große Erleichterung und zugleich bebt der Schrecken noch immer nach, dem wir gerade entgangen sind. Und ich bin fast erschrocken nachzuerleben, wie eine Kraft mich leitete, im richtigen Moment das Entscheidende zu sagen und zu tun. Dann verharre ich lange im Dank an Gott, der all dies ermöglicht hat.

Ich: Aber die Nacht war sicher sehr unruhig …

A.: Na logisch. Nabal musste erst noch nach der großen Feier seinen Rausch ausschlafen. Aber bei mir lief das nächste Kopfkino – wie würde das Gespräch mit ihm ausgehen? Ich wollte es hinter mich bringen und musste doch quälende Stunden bis zum Morgen warten. Irgendwann, schon todmüde, legte ich noch einmal im Gebet mein Leben völlig in Gottes Hand, dann konnte ich doch noch ein wenig schlafen.

Ich: Wie es ausging, hast du mir ja schon erzählt. Und dann wurde alles noch einmal ganz anders.

A.: Ja, Davids Heiratsantrag … ich fühlte nach dem nochmaligen Gedankenkarussell, dass ich den nicht ausschlagen konnte. Zugleich war mir klar, dass die Ehe mit einem König nicht unbedingt vergnügungssteuerpflichtig ist. Nabals sexuelle Eskapaden waren alles andere als lustig, aber die Liebe zum König mit mehreren anderen Frauen zu teilen, ist nicht so viel besser. Dass David nicht gerade ein Heiliger war, wusste ich auch bereits. Und – wie sehr ging es am Ende wirklich um mich, wie viel politisches Kalkül steckt dahinter, wenn ein König heiratet? Wie viel Sinn und Erfüllung würde ich finden, was würde ich bewirken können? Mir war klar, dass ich die liebevollen Worte meiner Mutter noch oft brauchen würde.

Yasemin Soylu

Antirassistischer Widerstand

„Eine Single Story, die wir kreieren, zeigt immer nur eine Seite einer Gruppe, und nur diese eine Seite, immer und immer wieder, und dann wird diese Seite zur Identität. […] Wenn man nur auf diesen negativen Geschichten beharrt, wird damit die Erfahrung der Menschen, die Einzigartigkeit einer jeden Person abgeflacht und viele andere Geschichten, die uns formten, werden übersehen. Die einzige Geschichte – die Single Story, formt Klischees. Und das Problem mit Klischees ist nicht, dass sie unwahr sind, sondern dass sie unvollständig sind. Sie machen eine Geschichte zur einzigen Geschichte. […] Die Folge der Single Story ist diese: sie beraubt die Menschen ihrer Würde. Sie erschwert es uns, unsere Gleichheit als Menschen zu erkennen. Sie betont eher unsere Unterschiede als unsere Gemeinsamkeiten.“

(Chimamanda Ngozi Adichi)

Erkenntnis

Wie James Baldwin sagt, können wir unsere Augen nur durch Bildung öffnen und so unsere Denkmuster hinterfragen.
Deshalb müssen wir über Rassismus sprechen. Unsere Gesellschaft ist noch immer geprägt von strukturellem Rassismus. Das zeigt sich auf unterschiedliche Weisen durch Formen der Ausgrenzung und Unterdrückung in unserem Bildungssystem, in Politik und Verwaltung, in Polizei und Zivilgesellschaft sowie im Alltag von Menschen die als „anders" wahrgenommen werden – aufgrund ihrer Haut- oder Haarfarbe, ihres Namens, ihrer Religion, ihrer Sprache oder ihrer Herkunft. Um das zu verändern, müssen wir erst einmal erkennen, dass das ein Problem ist. Deshalb: lasst uns über Rassismus sprechen, denn nichts kann verändert werden, wenn es nicht angesprochen wird.

Wut

Die Antwort von Audre Lorde – amerikanische Schriftstellerin und Aktivistin, die auch zeitweise in Berlin lebte und nach der dort eine Straße benannt ist – ihre Antwort auf Rassismus ist Wut. Ihr ganzes Leben habe sie mit dieser Wut gelebt, schreibt sie, habe sie ignoriert, von ihr gezehrt und gelernt, sie zu nutzen, bevor die Wut ihre Visionen in Schutt und Asche legen konnte.
Wann warst du das letzte Mal wütend?
Vielleicht in einem Moment, in dem du selbst von Ungleichheit, Unterdrückung und Rassismus betroffen warst? Oder als du erkannt hast, dass unsere Gesellschaft und unser Zusammenleben in ihrer Praxis nicht dem Anspruch der Menschenrechte und der Gleichwertigkeit aller Menschen gerecht wird?
Unsere Wut ist ein wichtiges und notwendiges Mittel gegen Ungerechtigkeit, ein Auflehnen gegen Entwürdigung und Entfremdung. Wenn wir Wut als Praxis des Widerstandes verstehen, kann sie zu einer schöpferischen Emotion werden und Antrieb für Wandel und Veränderung sein. Wir brauchen unsere Wut, um Missstände zu benennen und einen bestehenden Zustand zu kritisieren.
Deshalb: Lasst uns wütend sein, uns weiterentwickeln und eine bessere Lebenswelt einfordern!

Schmerz

Mevlüde Genc hat beim Brandanschlag in Solingen ihr Wertvollstes, einen Teil von ihr, wie sie sagt, verloren. Sie hat trotzdem nicht mit Hass reagiert, sondern mit Liebe und Respekt. Weil wir Menschen sind und einander respektieren und wertschätzen müssen, so Mevlüde, und weil wir einander helfen und gegenseitig verstehen müssen. Sie hat fünf Kinder verloren und ihren eigenen Schmerz vergraben. Sie hat nachts geweint und sich tagsüber um ihre anderen Kinder gekümmert. Sie hat ihre Tränen nicht gezeigt.
Rassismus tötet. Rassismus verursacht Schmerz. Wenn wir diesen Schmerz ignorieren und nicht anerkennen, können daraus unheilbare Wunden werden. Dieser Schmerz darf nicht zu einem Schmerz von Einzelnen werden, sondern kann nur gemeinsam geheilt werden. Denn wenn wir unsere Gesellschaft als Gemeinschaft begreifen, so lässt sie sich wie ein Körper beschreiben: Wenn ein Körperteil krank ist, so reagiert der übrige Körper mit Fieber und Schmerz. Also lasst uns umeinander kümmern, aufeinander achtgeben, versuchen einander zu verstehen und Unterschiede nicht als Hindernis begreifen, sondern sie konstruktiv für uns nutzen.

OhnMacht

Für Angela Davis reicht es in einer rassistischen Gesellschaft nicht aus, nicht rassistisch zu sein, sondern wir müssen antirassistisch sein.
Wut und Schmerz können zu Ohnmacht führen. Ein Zustand ohne Macht, in dem wir Menschen uns handlungsunfähig fühlen, ohne Selbstwirksamkeit und ohne Stärke. Genau das soll Rassismus bewirken – denn während die einen sich ohnmächtig fühlen und ohne Macht sind, werden andere stark und fühlen sich mächtig. Rassismus schützt das Privileg von Macht für bestimmte Menschen und geht zulasten von Unterdrückung und Entmächtigung anderer Menschen. Widerstand gegen Rassismus zu leisten muss deshalb auch bedeuten, eigene Privilegien der Macht kritisch zu hinterfragen und sich für eine verantwortungsvolle und rassismuskritische Ausübung von Macht einzusetzen. Konkret heißt das: da wo notwendig, Macht abgeben und der Ohnmacht Ermächtigung und Empowerment entgegensetzen.

Verantwortung

Die deutsch-türkische Autorin Kübra Gümüsay sieht das Ziel ihres Wirkens nicht nur darin, dafür zu sorgen, dass die Dinge nicht schlimmer werden. Das Ziel müsse sein, dass die Dinge besser werden und dass wir selbst neue Realitäten schaffen und nicht nur damit beschäftigt sind, auf Realitäten zu reagieren, die andere schaffen.
Widerstand gegen Unterdrückung und Rassismus wird nur nachhaltig Veränderung bewirken, wenn wir alle als Menschen bereit sind, Verantwortung zu übernehmen. Jede*r kann sich vor dem Hintergrund seiner Lebensrealität, seiner eigenen Möglichkeiten die Frage stellen: Was kann mein Beitrag sein, welche Dinge kann ich verändern, für welches Handeln kann ich Verantwortung übernehmen? Je mehr unterschiedliche Strategien und Antworten wir daraus entwickeln umso besser! Denn es reicht eben nicht, passiv den Widerstand zu unterstützen, während Rassismus und Unterdrückung aktiv verstärkt werden. Es braucht das proaktive Einsetzen und Handeln für eine bessere Zukunft, für die wir alle gemeinsam Verantwortung tragen. Wichtig sind dabei ein Bewusstsein für Betroffenheit und Privilegien, die kritische Reflektion der eigenen Position sowie die Bereitschaft für echten Wandel und das Verlassen der eigenen Komfortzone.

Solidarität

Einer weißen Person, die wissen möchte, wie sie ihre Freundin sein kann, sagte die afroamerikanische Dichterin Pat Parker: dass sie erstens vergessen soll, dass sie schwarz ist. Und zweitens, dass sie niemals vergessen soll, dass sie schwarz ist.
Solidarität bedeutet, die Zusammengehörigkeit von uns Menschen anzuerkennen und füreinander einzustehen – auch wenn sich daraus kein eigener Vorteil ergibt oder wenn man selbst nicht von Benachteiligung betroffen ist. Aber wie sieht Solidarität als antirassistische Widerstandsform in der Praxis aus? Die Aussage von Pat Parker zeigt, dass es dabei vor allem um eine rassismuskritische Haltung geht, die dann eingenommen wird, wenn die Gleichzeitigkeit zweier sich scheinbar ausschließender Perspektiven gelingt. Nämlich das Bewusstsein, dass alle Menschen gleich sind und Diskriminierung nicht gerechtfertigt ist. Zugleich aber nie zu vergessen, dass unsere Gesellschaft strukturell von Rassismus geprägt ist und hierarchische Unterscheidung von Menschen reproduziert. Deshalb gilt es, Rassismus immer mitzudenken, während wir uns gleichzeitig dafür einsetzen, Rassismus abzuschaffen. Wie das funktioniert? Indem wir mehr zuhören, anstatt selbst zu reden. Indem wir Platz machen für andere, statt unsere eigene Position zu sichern. Indem wir bereit sind, voneinander zu lernen und eigene Fehler einzugestehen, anstatt davon auszugehen, alles zu wissen und immer richtig zu liegen. Indem wir bereit sind, die eigene Bequemlichkeit zurückzustellen und von unseren (im)materiellen Ressourcen abzugeben. Indem wir uns mutig verletzlich zeigen, anstatt immer nur stark und sicher.

Veränderung

Für die in Berlin lebende Politologin Emilia Roig geht es bei gesellschaftlicher Veränderung um Zerstörung – im positiven Sinn – Zerstörung von Strukturen, die Ungleichheit erzeugen.
Wir Menschen streben nach Sicherheit. Kein Wunder also, dass uns Veränderungen oft Angst machen und wir uns schwertun mit sich ändernden Zuständen. Vor allem dann, wenn noch ungewiss ist, wie unser Leben nach einer Veränderung aussehen wird. Doch immer dann und überall dort, wo neue Energie, neues Leben, neue Ideen und neue Impulse entstehen sollen, muss dies mit der Zerstörung von Altem, Bisherigem, Aktuellem einhergehen – sonst ist kein Platz, kein Raum für Neues.
Die Vision eines friedlicheren und gerechteren Zusammenlebens in der Zukunft motiviert viele Menschen, sich im Hier und Jetzt gegen Ungerechtigkeit, Rassismus und Unterdrückung einzusetzen. Die Erinnerung daran, dass alles vom Menschen Geschaffene auch vom Menschen selbst wieder veränderbar ist, zeigt, dass sich der Einsatz lohnt und das kritische Hinterfragen von aktuellen Zuständen schon immer der Ausgangspunkt für menschlichen Widerstand war. Wann beginnt dein Widerstand? Welche Veränderung soll von dir ausgehen?

Claudia Gieseler-Christ

Dann gibt es nur eins!

Du. Mann an der Maschine und Mann in der
Werkstatt. Wenn sie dir morgen befehlen,
du sollst keine Wasserrohre und keine Kochtöpfe
mehr machen – sondern Stahlhelme und
Maschinengewehre, dann gibt es nur eins:
Sag NEIN!
…
… all dieses wird eintreffen, morgen,
morgen vielleicht, vielleicht heute Nacht schon,
vielleicht heute Nacht, wenn – –
wenn – –
wenn ihr nicht **NEIN** sagt.

Wolfgang Borchert (1921–1947)

Wenige Wochen vor seinem Tod schrieb er als letztes Werk:
Dann gibt es nur eins: **„Sag NEIN!"**
Dieser Text begleitet die Friedensbewegung bis heute, tausendfach zitiert und rezitiert, gilt er als Aufforderung und Mahnung.
Auch meinen persönlichen Weg in der Friedensbewegung hat er geprägt, daraus sind diese Texte für WeiterGehen entstanden.

... heute vor 75 Jahren

Heute vor 75 Jahren, am 31.8.1950, erklärte Gustav Heinemann bereits nach einem Jahr als Innenminister auf der Kabinettssitzung seinen Rücktritt. Er war vom damaligen Kanzler Konrad Adenauer in das Kabinett berufen worden, und nachdem dieser in einem Memorandum vom August 1950 ohne Rücksprache mit der Bundesregierung und ohne Information und Beteiligung des Parlaments deutsche Truppen im Rahmen „einer internationalen westeuropäischen Armee" angeboten hatte, trat Gustav Heinemann im Oktober offiziell zurück.
In dieser bewegten Zeit entstand die „OHNE MICH Bewegung". Meine beiden Omas erzählten mir auf Nachfragen, die ich als Jugendliche aus der Friedensbewegung hatte, dass sich damals sehr viele und vor allem die Kriegswitwen und -waisen dieser Bewegung angeschlossen haben. Mit Protestbriefen und Aktionen haben sie sich gegen die im Verborgenen stattgefundene Remilitarisierung ausgesprochen. In einer Meinungsumfrage sprach sich ein großer Teil der Befragten dagegen aus, dass die Männer und Söhne wieder Soldaten werden sollten.
Diese bewegenden Gespräche blieben mir bis heute in Erinnerung, da ich meine beiden Opas und auch den Onkel meiner Mutter nie kennengelernt habe. Zwei sind im Krieg gefallen und einer ist an den Spätfolgen einer chronischen Krankheit infolge der langen Kriegsgefangenschaft verstorben.
So gibt es auch für mich **nur eins: ... „Sag NEIN!"**

Antikriegstag

Der Antikriegstag findet jährlich am 1. September statt. Der Tag gilt als Bekenntnis für den Frieden und gegen den Krieg.
Alle Jahre wieder ist nicht genug, denke ich. Doch seitdem ich alle Jahre wieder daran erinnert werde, weiß ich, wie wichtig es ist, sich immer aktiv für den Frieden einzusetzen. In den letzten Jahren haben wir gespürt und erfahren, wie brüchig der Frieden ist. Frieden braucht die Hingabe aller Menschen. Wie schnell wir wieder in der Spirale des Wettrüstens gefangen sind, zeigt uns die momentane Situation. **Da gibt es nur eins … sag NEIN!** Menschen treffen sich, um ihre Solidarität zu bekunden und zu beten. Unfassbares wird auf Plakate gemalt mit der Hoffnung, dass die Friedenstauben diese Botschaften in den Himmel tragen. Zur Friedenswanderung 2021 waren wir eine kleine Gruppe, dort haben wir uns in Sicherheit gewiegt, und jetzt stehen Tausende zusammen und geben Halt und Zuversicht. Die Waffen sollen verstummen und Menschen sollen in ihrer Heimat in Frieden leben können. Die Türen in unserem Land sollen weiterhin offen sein, wie auch die Herzen. Gemeinsam werden wir die Brücken für den Frieden wieder aufbauen und all den Ungerechtigkeiten entgegentreten.
Lasst uns unsere Träume sichtbar machen und im gemeinsamen Gebet um die Erde senden. Deutliche Lichtzeichen und Erkenntnisblüten sollen den Himmel über uns bunt machen und die Friedenstauben weltweit begleiten.

Rote Luftballons

Fast täglich bei unseren Spaziergängen im Nordschwarzwald rauschten die Flugzeuge des Militärs im Tiefflug über die Wipfel der Bäume. Man konnte förmlich den Windzug spüren, den sie hinterließen. Es war wieder Manöver, für meine Söhne war dieses Szenario jedes Mal unerträglich. Sie hielten sich mit ihren kleinen Händchen ängstlich die Ohren zu. An manchen Tagen ließen sie sich weinend auf die Erde fallen, da sie diesen ohrenbetäubenden Lärm nicht aushielten. Vielen jungen Müttern im Dorf ging es ähnlich, die Ängste der Kinder zeigten sich sehr deutlich, wenn die Tiefflieger wieder über unsere Dörfer hinwegfegten. „Das dient der Verteidigung", tönte es laut „Es ist notwendig, immer vorbereitet zu sein." Wir Mütter schüttelten verständnislos den Kopf und suchten nach einer Lösung, unserem Widerstand ein Gesicht zu geben. Bei Müttertreffen beschlossen wir, uns der Aktion „Protestballons gegen Tiefflieger" anzuschließen. Wir ließen große rote Ballons in unseren Gärten in den Himmel aufsteigen. Lange Schnüre und rote Zeichen sollten die Piloten wenigstens ermahnen, sich an die vorgeschriebene Flughöhe zu halten. Die Kinder standen staunend im Garten.
Sie schützten zwar nicht vor dem Lärm, aber **wir setzten ein Zeichen, um „NEIN! zu sagen"** und es gab uns ein gutes Gefühl, unsere Ängste sichtbar zu machen. Viele schüttelten jetzt verständnislos den Kopf, doch unsere roten Luftballons malten Botschaften in den Himmel.

Bonner Hofgarten

Nach der ersten bundesweiten Friedenswoche im November 1980 und dem Aufruf auf der Demonstration am 20. Juni 1981 auf dem Hamburger Kirchentag vergingen die Wochen fast euphorisch. Wir folgten dem Aufruf: „Gemeinsam gegen die atomare Bedrohung" und demonstrierten am 10. Oktober 1981 im Bonner Hofgarten. Wir fühlten uns aufgerufen, gegen den atomaren Rüstungswahnsinn ein Zeichen zu setzen, **NEIN zu sagen** gegen die Stationierung von Atomraketen in Europa.
Viele Organisationen, Künstler und Politiker unterstützten diesen Aufruf. Mitten in der Nacht ging es mit dem Reisebus nach Bonn, und als wir ankamen, standen wir in einer riesigen Karawane von Reisebussen. Als wir ausgestiegen waren, wurde uns erst bewusst, wie viele dem Aufruf gefolgt waren. Friedliches Aufbegehren für friedliche Ziele, entgegen allen schlimmen Befürchtungen. Wir sammelten uns und in einem Sternmarsch ging es von fünf verschiedenen Auftakt-Kundgebungen dem Bonner Hofgarten entgegen. Von Friedensliedern durch Hannes Wader, die Bots, Harry Belafonte begleitet und den mutmachenden Reden von Dorothee Sölle, Petra Kelly, Heinrich Böll, Erhard Eppler, um hier nur einige zu nennen, ging es durch den Tag.
Ein Zeichen setzen, das war gelungen. „Das ist Entrüstung, weil wir ohne Waffen Frieden schaffen wollen", so sangen wir es gemeinsam und standen Hand in Hand beim Text von Wolfgang Borchert, „denn **wenn ihr nicht NEIN sagt, dann …**

Buchenwald

Eigentlich ein normaler kultureller Schulausflug, dachte ich. Die Stauffenberg-Ausstellung in Berlin. Die ganze Schulklasse war tief berührt von dem, was sie über die Widerstandsbewegung im Zweiten Weltkrieg sahen. Für mein Empfinden war es noch gar nicht so lange her, und doch war vieles von den Gräueltaten der Nazidiktatur aus dem Bewusstsein der Menschen verschwunden. Fassungslos sah ich am Ende der Ausstellung einen Film über die Befreiung der KZ-Gefangenen von Buchenwald. Sprachlos ging für mich dieser Schulausflug zu Ende.
Wütend kam ich nach Hause und hinterfragte nun erstmals sehr entrüstet das so häufig gesagte: „Wir haben das nicht gewusst." Die gezeigten Bilder im Film haben sich tief in mein Gedächtnis gebrannt. Die Bewohner von Weimar wurden von den Alliierten durch das befreite Lager geführt und sie mussten hinschauen auf das, was jahrelang vor ihrer Haustür passiert war. Viele entkräftete Gefangene waren längst auf den veranlassten Todesmärschen durch die SS unterwegs und dort gestorben. Das Lager war schon längst aufgegeben worden und das Grauen war an den zurückgelassenen Menschen im Lager sichtbar. Millionen Menschen, umgebracht von der Nazi-Diktatur vor der Haustür, und die Menschen haben es angeblich nicht gewusst.
Meine Fassungslosigkeit führte mich in die Friedensbewegung. Nie wieder! – das bewegt mich bis heute in meinem Tun und Handeln.
Da gibt es nur eins: „Sag NEIN!"

Ostermärsche

1960 fanden die ersten Ostermärsche statt, seit nunmehr 65 Jahren ist diese Protestbewegung aktiv. Immer wieder im Zulauf schwankend je nach Krisen- und Kriegsjahren, fordert die deutsche Friedensbewegung eine Welt ohne Krieg und ohne Waffen. Doch „Wenn der Krieg beginnt, hat die Friedensbewegung verloren", und deshalb **„Sag NEIN!".** Pazifismus wird dann immer belächelt, abgestempelt als naive Idee. Gewaltfreiheit ist nicht im Fokus, gelebte Beispiele des gewaltfreien Widerstandes erfordern Mut und den längeren Atem. Realistische Forderungen, die eine nichtmilitärische Lösung in den Vordergrund stellen, sollten angestrebt werden, und zwar jederzeit.
In einer Zeit wie heute wäre eine Erweiterung des Artikels 3 der Menschenrechte „Jeder Mensch hat das Recht auf Leben, Freiheit, ***Frieden*** und Sicherheit" nötig. Somit ist die Forderung hochaktuell und es sollte nicht eine belächelte Forderung bleiben. Angesichts der Kriege an vielen Orten in der Welt fällt es häufig schwer, zu beten. Doch im Gebet erwacht das Bewusstsein der Verantwortung in einer Überzeugung, die tief in meinem Herzen verwurzelt ist. Beten und Tun, die innere Kraft stärken, hoffnungsvoll sich für das Vertrauen und den Frieden im Gebet zu entscheiden.
Lasst uns nicht verzweifeln, Lichtschimmer wird Licht, wie ein Morgenstern in unserem Herzen. Das Gebet ist die Quelle der Hoffnung, ein Weg des inneren Friedens öffnet die Türen zum Dialog mit allen Unterschiedlichkeiten im äußeren Frieden.

Senfkorn

Während des Schreibens meiner Texte für diese Woche gab es viele Demonstrationen gegen Rechtsextremismus in Deutschland. Der Auslöser dieses Protestes waren die Enthüllungen über ein Treffen radikaler Rechtsextremisten in Potsdam im November 2023. Dort soll es auch um Pläne gegangen sein, Millionen Menschen abzuschieben. Fassungslos nahmen bereits Hunderttausende Menschen an den Demonstrationen teil und brachten ihren Widerstand gegen den Rechtsruck in Deutschland öffentlich zum Ausdruck. Die Menschen stehen zusammen für unsere Demokratie, und eine große, bisher schweigende Mehrheit wird hörbar und sichtbar, bundesweit. So wichtig sind diese Zeichen, und wir sind viele, die gemeinsam für unsere demokratische Gesellschaft eintreten.

„Denn wenn Sie dir morgen befehlen, Du sollst Dich gegen die unverletzlichen und unveräußerlichen Menschenrechte als Grundlage jeder menschlichen Gemeinschaft, des Friedens und der Gerechtigkeit hier in Deutschland und in der Welt entscheiden, dann gibt es nur eins: **Sag NEIN!** Ganz egal wie der Widerstand öffentlich sichtbar wird, ob mit Wolfgang Borcherts **„Sag NEIN!"** oder mit den vielen Bewegungen für eine demokratische und friedvolle Gesellschaft.

Fruchtbringend wächst für den Nachwuchs aus dem Senfkorn ein Baum ins Himmelreich. Kleine Samen lassen Himmelswolken aufsteigen, Hoffnung … so steht es geschrieben.

Ronald Jost

Die Seligpreisungen aus der Bergpredigt

Matthäus 5,1–12

Als Jesus die vielen Menschen sah, stieg er auf den Berg.
Er setzte sich und seine Jünger traten zu ihm.
Und er öffnete seinen Mund, er lehrte sie und sprach:
Selig, die arm sind vor Gott, denn ihnen gehört das Himmelreich.
Selig die Trauernden, denn sie sollen getröstet werden.
Selig die Sanftmütigen, denn sie werden das Land erben.
Selig, die hungern und dürsten nach der Gerechtigkeit, denn sie werden gesättigt werden.
Selig die Barmherzigen, denn sie werden Erbarmen finden.
Selig, die rein sind im Herzen, denn sie werden Gott schauen.
Selig, die Frieden stiften, denn sie werden Kinder Gottes genannt werden.
Selig, die verfolgt werden um der Gerechtigkeit willen, denn ihnen gehört das Himmelreich.
Selig seid ihr, wenn man euch schmäht und verfolgt und alles Böse über euch redet um meinetwillen.
Freut euch und jubelt, denn euer Lohn wird groß sein im Himmel.
So wurden nämlich schon vor euch die Propheten verfolgt.

EINHEITSÜBERSETZUNG 2016

Kehrt um!

Kehrt um! Denn das Himmelreich ist nahe! (Mt 4,17)

So fasst Matthäus die Botschaft Jesu zusammen. Der Weg ins Reich Gottes erfordert aktives Tun, nämlich umzukehren. Doch wem fällt es leicht, zu erkennen und dann einzugestehen, dass man lange Zeit in die falsche Richtung gelaufen ist? Möglicherweise hat dieser Weg viel Kraft gekostet und man ist stolz auf das bisher Geleistete. Jetzt soll alles, was gesellschaftlich anerkannt war, nicht wirklich glücklich machen, stattdessen verheißt Jesus das wahre Glück auf dem riskanten und mühsamen Pfad, den er vorausgegangen ist. Da kann es kaum überraschen, wenn Menschen so lange wie möglich dieser Verheißung Jesu als praktikablem Weg misstrauen und ihr widerstehen.
Wenige Verse später, in seiner Bergpredigt, erklärt Jesus die „Hochgebirgstour", die den Menschen zurückführen kann zu seinem „wahren Selbst", ins Reich Gottes. Doch ich ahne, dass diese Extremtour in mein Innerstes, die Jesus mir empfiehlt, an meine Substanz geht, mein Ego erschüttern und sehr mühsam und schmerzhaft werden könnte. Ist es da nicht ein natürlicher Reflex, solche Erfahrungen zu vermeiden und so lange Widerstand zu üben, bis mein vertrauter Weg mich in Grenzsituationen führt, die mich zur Umkehr zwingen.

Seligpreisungen – Die Grundrichtung des Umkehrweges der Bergpredigt

In der Bergpredigt entfaltet Jesus den Umkehrweg, der zu gehen ist, will der Mensch seinen göttlichen Kern freilegen oder das Himmelreich erlangen, wie es Jesus nennt. Nach meinem Eindruck müsste ich, wollte ich diesem Weg vorbehaltlos folgen, starke innere Widerstände überwinden. Bereits beim langsamen Lesen jeder einzelnen Seligpreisung merke ich, sobald ich sie zu mir in Beziehung setze, wie ich sofort beginne zu relativieren, zu interpretieren, zu entschuldigen, ... Danach ahne ich, welche Zumutungen und Blockaden ich empfinde, die Antithesen Jesu (Mt 5,21–48) auf mich zu beziehen. Gegenüber diesem ergänzenden Anspruch an mich ist das, was Mose im Auftrag Gottes den Israeliten am Sinai gebot, eine einfache Grundübung.
Nicht einfacher wird es, wenn ich mich mit dem vergleiche, was Jesus unter „wahrer Frömmigkeit" versteht (Mt 6,1–6 und 6,16–18). Verunsichert bin ich auch, wenn ich meine kirchlich geübte Gebetsweise mit dem vergleiche, was Jesus empfiehlt (Mt 6,7 f. und 6,14 f.). Den Kern der Umkehrbotschaft Jesu, das Vaterunser (Mt 6,9–13), bin ich als braver Kirchenchrist gewohnt, bei fast jedem gemeindlichen Zusammenkommen mantraartig zu rezitieren. Dabei ist es keine Zauberformel, die schon durch regelmäßiges, braves Aufsagen den Eintritt ins Himmelreich ermöglicht. Wenn ich mich hingegen zu jeder einzelnen der vier „DU-Bitten" und vier „Wir-Bitten" dieses Gebets ganz persönlich und ernsthaft in Beziehung setze, so spüre ich schon wieder mächtige innere Widerstände.
Oder geht es Ihnen anders?

Arm sein vor Gott

Helmut Schmidt sagte einmal: „Mit der Bergpredigt kann man keine Politik machen." Stimmt! Jesus verstand sich auch nicht als Politikberater. Jesus wandte sich in seiner Rede auch vorrangig nicht an ein Volk, sondern er zielte auf das Innere des einzelnen Menschen. Seinem arg gebeutelten Zeitgenossen wollte er die himmlische Perspektive öffnen und ihm Mut machen zur radikalen, heilsamen Selbsterkenntnis. Der unter Fremdherrschaft erfahrenen Gehässigkeit und Brutalität stellt Jesus Sanftmut, Gerechtigkeit und Liebe im Reich Gottes gegenüber.

Damit aus dieser Verheißung Wirklichkeit werden kann, bedarf es der Handlung; es bedarf keiner äußeren, sondern einer „inneren Revolution" im Menschen. Aus dieser kann eine neue Kraft entstehen. *Selig, die arm sind vor Gott, denn ihnen gehört das Himmelreich.* Jesus beschreibt damit eine innere Haltung als Grundvoraussetzung, um zur Erfahrung des Himmelreichs kommen zu können. Doch ist dieses Armsein / Hilflossein nicht ein Zustand, den wir um fast jeden Preis zu vermeiden trachten?

Es scheint aber nach Jesus keinen anderen Weg zu geben, als mich Gott in meiner ganzen Begrenztheit, meinen Illusionen, meiner eigenen Armseligkeit hinzuhalten, sie auszuhalten und ihn wirken zu lassen. Mir meine innere Wirklichkeit, die ich doch mühevoll maskiert oder verdrängt habe, bewusst werden zu lassen und sie anzunehmen, kommt einer inneren Herkulesaufgabe gleich. Mir scheint es sich dabei um mein Kreuz zu handeln, das ich tragen muss, wenn ich beginnen möchte, dem Mann aus Nazareth nachzufolgen.

Selig die Trauernden …

Die Trauernden sollen glücklich sein? Hat man nicht versucht, die Trauer der Erwachsenen von uns Kindern möglichst fernzuhalten? Und hörten wir nicht: „Ein Junge weint nicht! Reiß dich zusammen!“ Später lernten wir: „Ein Soldat ist …“, „Eine erfolgreiche Führungskraft ist …“ Wir lernten also unsere Gefühle aufgrund vielfältiger Verluste, Enttäuschungen, verpasster Chancen und unerfüllter Wünsche mit uns selbst auszumachen und andere mit unserer Trauer nicht zu belästigen. Was nicht sein darf, wird dann verdrängt, geleugnet oder in unserer „Keep-smiling-Gesellschaft“ einfach weggelächelt. Das kann eine Weile gut gehen, doch dann füllen sich die Terminkalender der Ärzte, Psychologen, der Scheidungs- und sonstiger Richter.
Jesus scheinen bei dieser Verheißung die Gründe der Trauer des jeweiligen Menschen nicht zu interessieren. Ihm scheint allein wichtig zu sein, dass der Trauernde mit diesen Gefühlen und Facetten in Berührung kommen und sie innerlich zulassen soll. Für Jesus kann der Trost, also die Linderung, vielleicht sogar die Heilung vom Schmerz nur erfolgen, wenn der Verletzte/Enttäuschte sensibel für seine Gefühle wird, sie wahrnimmt, zu ihnen steht und sie aushält, bis diese Trauer langsam kleiner wird. Oder fromm gesagt: Bis die Trauernden den Trost Gottes/Heilung erfahren.

Selig die Sanftmütigen/die keine Gewalt anwenden

Die jüngsten Kriege in der Ukraine und in Palästina bestätigen, dass mehr und bessere Waffen und Ressourcen zu Landgewinn führen. Das war zur Zeit Jesu nicht anders. Damals wie heute werden die Mächtigen ihren Besitz nicht freiwillig den Habenichtsen abgegeben haben.
Wieder scheint sich die tiefe Wahrheit dieser dritten Verheißung Jesu nur zu erschließen, wenn sich der Blick zur innerseelischen/geistlichen Ebene des Menschen hin öffnet. Das zu erbende Land ist ein Bild für das Himmelreich/das wahre Selbst des Menschen, das Jesus den Wehrlosen und denen, die mutig genug sind, sanft und gewaltlos zu bleiben, verspricht. Jesus selbst tat das in seiner Passion in beispielhafter Weise. Ich vermute, dass sich seine Fähigkeit, der äußeren Gewalt gegen ihn keine Gewalt entgegenzusetzen, ganz wesentlich aus der Kraft speiste, die ihm daraus erwuchs, dass er dem göttlichen Geist in sich keinen Widerstand entgegensetzte.
Schauen wir uns daher zunächst einmal an, wie sanftmütig wir mit uns selbst umgehen. Diese Sanftmut setzt für mich eine achtsame, gelassene, liebevolle Grundhaltung mir selbst gegenüber voraus. Die Wirklichkeit, die ich beobachte, ist jedoch eine andere: alle Wahrnehmungen in mir, die nicht meinem Wunschbild/Ego entsprechen, werden verdrängt, ignoriert oder widerständig bekämpft. Wer statt dieses Irrweges mutig und sanft seine inneren Wahrnehmungen, diese leisen Stimmen des göttlichen Geistes, hört und als Teil seiner Wirklichkeit annimmt, hat sich auf den Weg zu seinem wahren göttlichen Selbst gemacht.

Selig, die hungern und dürsten nach der Gerechtigkeit (nach richtigem, erfülltem Leben vor Gott), …

Die Überlastung unserer Gerichte zeigt, wie groß das Bedürfnis der Menschen ist, bei Interessengegensätzen durch einen Rechtskundigen Gerechtigkeit zugesprochen zu bekommen. Um diese Art der Gerechtigkeit ging es Jesus, der ja vorrangig eine innere Umkehr des Menschen erstrebte, nicht. Er hat die Sehnsucht von Menschen nach einem wirklichen, erfüllten Leben vor Gott im Blick. Die initialen Gründe für diese Sehnsucht eines Menschen können sehr vielfältig sein. Es kann die in Lieblosigkeit erstarrte Ehe oder eine wenig erfüllende und als sinnlos empfundene Berufsroutine oder das Leiden unter Einsamkeit oder die latente Unzufriedenheit mit den Verhältnissen, unter denen man lebt, oder … der Grund für diese Sehnsucht sein.
Erstaunlich ist, wie selten wir eine wirkliche Umkehr der Menschen aus diesen als mangelhaft und traurig empfundenen Lebenssituationen beobachten können. Stattdessen arrangiert man sich damit irgendwie, resigniert, flüchtet in Ablenkung oder betäubt sich in der Sucht. Wirkliches Glück versprechen diese ausweichenden und widerständigen Verhaltensweisen nicht. Jesus hingegen ermutigt, auf dieses innere Hungern und Dürsten sehr achtsam zu hören und ihm bis zu seinem Grund nachzuspüren. Dort entdecke ich möglicherweise meinen göttlichen Wesenskern. Daraus kann die Kraft zur Umkehr zu meinem wirklichen, erfüllten Leben vor Gott erwachsen.

Widerstand gegen die Verheißungen Jesu

In dieser zu Ende gehenden Woche habe ich versucht, beispielhaft an vier Seligpreisungen Jesu der Frage nachzuspüren: Warum tun sich, trotz der wunderbaren Verheißungen Jesu, Menschen so schwer, seinen „Handlungsempfehlungen" zu folgen?
Aus Selbst- und Fremdbeobachtungen leite ich sogar die These ab, dass viele (un)bewussten Widerstand dagegen leisten. Ist es nicht merkwürdig; noch nie in der Geschichte des Christentums lagen, dank intensiver theologischer Forschung, so viele Erkenntnisse und Interpretationen hinsichtlich der Frohen Botschaft des Mannes aus Nazareth vor wie heute. Gleichzeit erreicht sein Evangelium immer weniger Menschen in unserem Land.
Und aus der kleiner werdenden Zahl der engagierten Kirchenchristen begnügt sich, nach meinen Wahrnehmungen, die Mehrheit mit Verehrung, Anbetung und Bewunderung des Jesus, den wir als den Christus glauben. Auch ruhen wir uns lieber auf irgendwelchen Dogmen aus, statt uns endlich auf den mühsamen Weg der inneren Nachfolge zu machen. Die ersten Gemeinden versuchten noch ernsthaft, seinem „Kehrt um!"-Ruf zu folgen. Sie nannten sich auch nur „Die auf dem Wege", bevor ihr Umfeld sie als „Christen" bezeichnete.
Ich frage: „Wo sind die christlichen Lebensschulen?"

Ildiko Mumm

10 Grundüberzeugungen aus dem Schlussdokument der ökumenischen Weltkirchenversammlung in Seoul im März 1990

I Wir bekräftigen, dass alle Ausübung von Macht vor Gott verantwortet werden muss. Die Welt gehört Gott.
II Wir bekräftigen, dass Gott auf der Seite der Armen steht.
III Wir bekräftigen, dass alle Rassen und Völker gleichwertig sind.
IV Wir bekräftigen, dass Mann und Frau nach dem Bilde Gottes geschaffen sind.
V Wir bekräftigen, dass Wahrheit zur Grundlage einer Gemeinschaft freier Menschen gehört.
VI Wir bekräftigen den Frieden Jesu Christi.
VII Wir bekräftigen, dass Gott die Schöpfung liebt.
VIII Wir bekräftigen, dass die Erde Gott gehört.
IX Wir bekräftigen die Würde und das Engagement der jüngeren Generation.
X Wir bekräftigen, dass die Menschenrechte von Gott gegeben sind.

Gerechtigkeit, Frieden und Bewahrung der Schöpfung

Vor 35 Jahren trat in Seoul in Südkorea die ökumenische Weltkirchenkonferenz zusammen. Zum Ökumenischen Rat der Kirchen (ÖRK) zählen lutherische, reformierte, anglikanische, altkatholische, orthodoxe Kirchen in verschiedenen Ausprägungen, sowie Frei- und Friedenskirchen (heute 352 Mitgliedskirchen). Auch die katholische Kirche, die nicht zum ÖRK gehört, war an der Vorbereitung beteiligt und sandte eine Beobachter-Delegation.
Heute kann ich die Ergebnisse des Konziliaren Prozesses im Internet aufrufen. Beim Blick zurück wird mir bewusst, wie sehr sich die Welt seit 1990 gewandelt hat. Das Internet wurde erst 1990 für die Allgemeinheit zugänglich, wenn es auch noch Jahre dauerte, bis alle Interessierten die nötigen Computer und Kenntnisse besaßen. In der Sowjetunion war Michail Gorbatschow Staatspräsident geworden, nach dem Mauerfall kam es zur Wiedervereinigung Deutschlands im Oktober 1990.
In einer Zeit des Aufbruchs formulierten die Versammelten der verschiedenen christlichen Kirchen zehn Grundüberzeugungen (Affirmationen) zum gemeinsamen Lernweg zu Frieden, Gerechtigkeit und Bewahrung der Schöpfung. In verschiedenen Ausschüssen wurden die einzelnen Themen diskutiert und in einem Schlussdokument festgehalten. Darin wurde jede der Affirmationen ausführlich begründet und daraus folgend formuliert, wie Christen sich zerstörerischen, menschenverachtenden Prozessen widersetzen.

Eine Hoffnung lernt gehen

Am heutigen Tag der Demokratie denke ich an Aufrufe der Arbeitsgemeinschaft christlicher Kirchen in der DDR zwischen 1987 und 1989 unter dem Titel „Eine Hoffnung lernt gehen“ zu einer Ökumenischen Versammlung für Gerechtigkeit, Frieden und Bewahrung der Schöpfung. Ich habe 1988 und noch im Frühjahr 1989 die DDR besucht und viele kirchlich Engagierte kennengelernt. Menschen wie ihnen und ihrem Mut war es zu verdanken, dass im November 1989 die Mauer fiel.
Heute, da ich diese Texte schreibe – im Februar und März 2024 – macht es Hoffnung, dass in Ost- und Westdeutschland in Städten und auch in kleinen Orten viele Menschen demonstrieren gegen Rechtsextremismus. Auch die Kirchen haben Stellung bezogen: Auf ihrer Frühjahrsvollversammlung 2024 beschlossen mehr als 60 anwesende katholische Orts- und Weihbischöfe einstimmig eine Erklärung mit dem Titel „Völkischer Nationalismus und Christentum sind unvereinbar“. Der Vorsitzende der katholischen Bischofskonferenz, Georg Bätzing, sagte in Bezug auf die AfD: „Wir halten diese Partei für Christinnen und Christen für nicht wählbar.“ Die amtierende Ratsvorsitzende der Evangelischen Kirche in Deutschland (EKD), Kirsten Fehrs, schloss sich der Warnung der katholischen Bischöfe an: „In diesen Zeiten, in denen Rechtsextremisten die Grundwerte unseres Zusammenlebens infrage stellten, ist eine klare und gemeinsame Haltung der Kirchen wichtig.“ (Webseite der EKD, März 2024)

Die Welt gehört Gott. Wir bekräftigen, dass alle Rassen und Völker gleichwertig sind.

Die Affirmation I und III von Seoul beinhaltet, dass Gott jedem Menschen eine Würde gibt. Ungleiche Behandlung von Personen aufgrund ihrer Herkunft, ihrer religiösen oder kulturellen Prägung (von Rasse würde man heute nicht mehr sprechen) ist nicht gottgewollt. Eine Welle von Protesten richtete sich Anfang 2024 gegen Pläne hochrangiger AfD-Politiker, Neonazis und finanzstarker Unternehmer, die Ende 2023 bei einem Geheimtreffen Pläne zur „Remigration" schmiedeten, der Vertreibung von Millionen Menschen aus Deutschland allein wegen deren Aussehen oder Herkunft.
Viele Menschen fühlen sich aufgrund ihres Aussehens durch rassistische Angriffe bedroht und von der Gemeinschaft allein gelassen. Wo findet Widerstand dagegen statt?
Katharina Oguntoye ist eine nigerianisch-deutsche Historikerin und Aktivistin, die durch Bücher und Aktionen die afrodeutsche Bewegung mitgeprägt hat. 1997 hat sie in Berlin den Verein Joliba gegründet und „ist ein lebendiges Beispiel dafür, wie aus Erfahrungen von Diskriminierung und Ungerechtigkeit positive Energie und Liebe entstehen können" www.joliba.de. Bei Joliba kommen afrodeutsche Frauen und Kinder aus ihrer Vereinzelung heraus und gewinnen Selbstbewusstsein und Kontakte in Gesprächen und interkulturellen Projekten, beim Filmen, Nähen, Basteln oder im Interkulturellen Friendship-Chor. Courage kann ansteckend sein.

Und Gott schuf den Menschen ihm zum Bilde, zum Bilde Gottes schuf er ihn; und schuf sie als Mann und Frau (Gen 1,27)

Grundüberzeugung IV auf der ökumenischen Vollversammlung in Seoul 1990: „Wir bekräftigen, dass Mann und Frau nach dem Bilde Gottes geschaffen sind.“ Im Schlussdokument heißt es: „Wir werden jeder patriarchalischen Struktur widerstehen, die Gewalt gegen Frauen rechtfertigt und ihre Rolle in einer Gesellschaft festschreibt, in der die Arbeitskraft und ihre Sexualität ausgebeutet werden.“ Das ist heute so aktuell wie schon 1990.
Am 8. März 2024, dem Internationalen Frauentag, sind mit diesem Anliegen in vielen Städten Frauen und auch Männer auf die Straße gegangen, um gegen Femizide zu protestieren, denn in Deutschland wird jeden dritten Tag eine Frau umgebracht, weil sie selbstbestimmt leben will. Auch in kirchlichen Institutionen sind Frauen und Kinder von Übergriffen und Gewalt bedroht. Im Januar 2024 haben die Evangelische Kirche in Deutschland (EKD) und ihre 20 Landeskirchen „die Aufarbeitungsstudie ForuM ausgeschrieben und finanziert, um mehr über die Gefährdungskonstellationen für sexualisierte Gewalt in der evangelischen Kirche und Diakonie zu erfahren. Nur wenn die Risiken bekannt sind, kann Präventionsarbeit gelingen“ (Webseite der EKD März 2024). Es wird Zeit, dass die Präventionsbemühungen zum Erfolg führen und die Opfer von Gewalt mit ihren Anliegen und Forderungen nach Entschädigung Gehör finden.

Wir bekräftigen, dass Gott die Schöpfung liebt.

In der Auslegung der Grundüberzeugung VII heißt es im Schlussdokument der Weltkirchenversammlung in Seoul 1990: „Wir widersetzen uns … der Vernichtung der Arten um des von Menschen erzielten Gewinns willen, dem Konsumdenken und der schädlichen Massenproduktion, der Verschmutzung von Land, Luft und Wasser, allen menschlichen Aktivitäten, die jetzt zu wahrscheinlich raschen Klimaveränderungen führen, sowie politischen Vorhaben und Plänen, die zur Zerstörung der Schöpfung beitragen."
Hinweise auf die Gefahren der Meeres-, Boden- und Luftverschmutzung, auf das Artensterben und den Klimawandel hat es vor 35 Jahren schon viele gegeben. Wurden sie gehört? Wären schon damals alle Hebel in Bewegung gesetzt worden, den von Wissenschaftlern vorhergesagten Bedrohungen entgegenzuwirken, könnten unsere Kinder zuversichtlicher in die Zukunft sehen. Das Bewusstsein, dass es Kipppunkte für das Überleben auf diesem Erdball geben kann, wächst langsam. Um dem Pessimismus zu entgehen, suche ich nach Mutmachern, die sich „widersetzen". In der Tageszeitung vom März 2024 werde ich fündig: Ein wunderschöner Mischwald ist abgebildet, der aus 3.000 Setzlingen gewachsen ist, die vor über 30 Jahren von einem Grundbesitzer in Eigeninitiative und auf eigene Kosten gepflanzt wurden. Alle bürokratischen und politischen Hürden wurden überwunden. Auf einer Fläche von 1,5 Hektar stehen nun 10 m hohe Bäume und erfreuen Mensch und Tier.

Wir bekräftigen, dass die Menschenrechte von Gott gegeben sind

Zur Grundüberzeugung X heißt es im Schlussdokument der Weltkirchenversammlung in Seoul 1990: „Wir werden allen Strukturen und Systemen widerstehen, die Menschenrechte verletzen und die Einzelnen und Völkern die Möglichkeit nehmen, sich voll zu entfalten; wir widersetzen uns insbesondere der Folter, dem Verschwindenlassen von Menschen, Hinrichtungen ohne Gerichtsverfahren sowie der Todesstrafe."

Die Nachrichten von gequälten Personen weltweit erreichen uns täglich in den Medien. Sie verweisen uns auf die Erinnerung an unsere eigene Geschichte in Deutschland und die Verpflichtung, uns der Verfolgten anzunehmen. In der Berliner Gedenkstätte „Stille Helden" sind Überlebensgeschichten durch mutige Retter dokumentiert. Die Künstlerin Raphaela Vogel hat mir Verfolgung und Errettung des Schriftstellers Erich Hopp (1888–1949) in einer Kunstausstellung 2024 nahegebracht. Als Jude musste er vor der Verfolgung in den Untergrund gehen und hat dank vieler Helfer*innen in verschiedenen Verstecken im Berliner Umfeld überlebt. In dieser lebensbedrohlichen Situation hat er sich in die Dichtung gerettet und in einem Versteck 24 Psalmen verfasst, die 1947 unter dem Titel „O Mensch, verzage nicht" veröffentlicht wurden. Raphaela Vogel hat einen dieser tröstlichen Psalmen im Rahmen ihrer Kunstausstellung vertont:

„Auf Gott den Herrn vertrauet! / O Mensch verzage nicht, / Nach jeder Nacht noch grauet / Ein helleres Morgenlicht!"

Glaubensbekenntnis zu Frieden und Gerechtigkeit bei der Weltversammlung der Christen in Seoul 1990

Ich glaube an Gott, der die Liebe ist
und der die Erde allen Menschen geschenkt hat.
Ich glaube nicht an das Recht des Stärkeren,
an die Stärke der Waffen,
an die Macht der Unterdrückung.
Ich glaube an Jesus Christus,
der gekommen ist, uns zu heilen,
und der uns aus allen tödlichen Abhängigkeiten
befreit.
Ich glaube nicht, dass Kriege unvermeidbar sind,
dass Friede unerreichbar ist.
Ich glaube nicht, dass Leiden umsonst sein muss,
dass der Tod das Ende ist,
dass Gott die Zerstörung der Erde gewollt hat.
Ich glaube, dass Gott für die Welt eine Ordnung will,
die auf Gerechtigkeit und Liebe gründet,
und dass alle Männer und Frauen
gleichberechtigte Menschen sind.
Ich glaube an Gottes Verheißung
eines neuen Himmels und einer neuen Erde,
wo Gerechtigkeit und Frieden sich küssen.
Ich glaube an die Schönheit des Einfachen,
an die Liebe mit offenen Händen,
an den Frieden auf Erden.
Amen.

Ursula Bleyenberg

Die Versuchung Jesu

Matthäus 4,1–11

Dann wurde Jesus vom Geist in die Wüste geführt; dort sollte er vom Teufel versucht werden. Als er vierzig Tage und vierzig Nächte gefastet hatte, hungerte ihn. Da trat der Versucher an ihn heran und sagte: Wenn du Gottes Sohn bist, so befiehl, dass aus diesen Steinen Brot wird. Er aber antwortete: In der Schrift heißt es: Der Mensch lebt nicht vom Brot allein, sondern von jedem Wort, das aus Gottes Mund kommt. Darauf nahm ihn der Teufel mit sich in die Heilige Stadt, stellte ihn oben auf den Tempel und sagte zu ihm: Wenn du Gottes Sohn bist, so stürz dich hinab; denn es heißt in der Schrift: Seinen Engeln befiehlt er um deinetwillen, und: Sie werden dich auf ihren Händen tragen, damit dein Fuß nicht an einen Stein stößt. Jesus antwortete ihm: In der Schrift heißt es auch: Du sollst den Herrn, deinen Gott, nicht auf die Probe stellen. Wieder nahm ihn der Teufel mit sich und führte ihn auf einen sehr hohen Berg; er zeigte ihm alle Reiche der Welt mit ihrer Pracht und sagte zu ihm: Das alles will ich dir geben, wenn du dich vor mir niederwirfst und mich anbetest. Da sagte Jesus zu ihm: Weg mit dir, Satan! Denn in der Schrift steht: Den Herrn, deinen Gott, sollst du anbeten und ihm allein dienen. Darauf ließ der Teufel von ihm ab und siehe, es kamen Engel und dienten ihm.

EINHEITSÜBERSETZUNG 2016

Dann wurde Jesus vom Geist in die Wüste geführt; dort sollte er vom Teufel versucht werden.

Im ersten Buch der Bibel, in Genesis 3, ist von der Versuchung von Adam und Eva die Rede. Die Existenz des Bösen hat man sich zur Entstehungszeit der Bibel so erklärt: Die ersten Menschen haben sich in einer entscheidenden Situation gegen Gott entschieden und als Erbe einen unvollkommenen Zustand der Welt weitergegeben.
Jesus, der oft als neuer Adam gesehen wurde, gerät ebenfalls in Versuchung, aber er besteht die Probe. In unserem Leben geht es meist nicht um große, bewusste Entscheidungen, sondern um viele kleine. Nachher wissen wir oft nicht, ob es die richtigen waren. „Versuchung" hat denselben Wortstamm wie „versuchen". Wir haben es eben „versucht". Vor einiger Zeit wurde viel über die Bitte im „Vaterunser" gesprochen: „Und führe uns nicht in Versuchung." Wie kann der gute Gott uns in Versuchung führen? Gott will, dass wir wachsen und uns entwickeln. Dazu gehört auch, dass wir uns bewähren. Im Jakobusbrief heißt es: *Denn Gott (...) führt auch selbst niemand in Versuchung. Jeder wird von seiner eigenen Begierde, die ihn lockt und fängt, in Versuchung geführt* (1,13–14). Die Bitte im Vaterunser könnte auch so lauten: „Führe uns gut durch die Versuchung hindurch" oder „Lass uns in Entscheidungssituationen das Rechte wählen, damit wir keinen Schiffbruch erleiden."

Als er vierzig Tage und vierzig Nächte gefastet hatte, hungerte ihn.

Nach vierzig Tagen fasten ist Jesus sicher geschwächt. Gerade dann tritt der Versucher an ihn heran. Er greift in Momenten der Schwäche an. Oft merken auch wir kaum, dass wir vor kleinen Alltagsentscheidungen stehen. Wir wissen eigentlich, was uns guttut, aber schnell schlittern wir in etwas hinein, was uns schadet. Gerade wenn wir müde oder deprimiert sind, wenn wir uns geärgert haben, lockt uns das Internet, die Tafel Schokolade, das Glas Rotwein, die stundenlange „Couchsitzung" vor dem Fernseher. Oder wir kommen aus dem Hamsterrad nicht heraus und ertragen keine Ruhephase oder Stille um uns herum. Natürlich, wir sollen das Leben genießen und aktiv sein! Aber wenn uns die schnelle Lösung zur Gewohnheit wird, rutschen wir in eine Haltung hinein, die wir eigentlich gar nicht wollen, die uns – und vielleicht auch anderen um uns herum – schadet.

Doch so wie Laster aus vielen kleinen, nicht gemeisterten Situationen entstehen können, so führen viele gute Weichenstellungen zu dem, was man „Tugenden" nennt, zu einer antrainierten Leichtigkeit, zu einer Kompetenz, die uns gar nicht mehr bewusst ist. Das gilt nicht nur von der Tugend der Mäßigkeit, sondern auch der des Mutes. Manchmal werden wir herausgefordert, wenn jemand neben uns sich hasserfüllt äußert oder eindeutig falsche Tatsachen verbreitet. Da angemessen zu reagieren, können wir auch üben.

Der Mensch lebt nicht vom Brot allein, ...

Als Geschöpfe sind wir von vielem abhängig. Ohne Nahrung sterben wir. Das heißt auch, dass wir als Geschöpfe nicht über alles verfügen können. Dennoch tun wir oft so, als wären wir die Herren der Welt. So werden zum Beispiel Urwälder gerodet, um Monokulturen darauf zu pflanzen. Das ganze Jahr wollen wir bestimmte Früchte, die von der anderen Seite der Erde herangeschafft werden müssen. Mit dem Ertrag in der Landwirtschaft haben wir es so eilig, dass wir Unmengen an Düngemitteln verwenden. Schnell wachsende Bäume werden gepflanzt, die zwar erst einmal viel CO2 speichern, aber nach ihrer Rodung erodiert der Boden, der sich nur sehr langsam regenerieren kann.
Natürlich kann der einzelne Landwirt nur schwer aus dem System ausbrechen. Der Konsument kann meist nicht zu einer umfassenden Selbstversorgung übergehen. Aber wenn wir den Konsumwahn immer wieder enttarnen, auch in unserem Leben, verbessern wir uns und unsere Umwelt. Wir „leben vom Brot", aber nicht nur. Es kommt auch darauf an, wie wir mit den Früchten der Erde umgehen. Sie sind Geschenke, Produkte, die wir nicht erschaffen, sondern verarbeiten. Wenn wir uns dem Schöpfer gegenüber verantwortlich fühlen, werden wir anders agieren.

… sondern von jedem Wort, das aus Gottes Mund kommt.

Jesus erteilt dem Teufel in der ersten Versuchung eine Absage, indem er sich auf eine Stelle aus dem 5. Buch Mose bezieht, in der es heißt: *Du sollst an den ganzen Weg denken, den der Herr, dein Gott, dich während dieser vierzig Jahre in der Wüste geführt hat. (…) Er wollte dich erkennen lassen, dass der Mensch nicht nur von Brot lebt, sondern dass der Mensch von allem lebt, was der Mund des Herrn spricht.* Wahrscheinlich haben wir schon viel darüber nachgesonnen, was Gott zu uns spricht: die Formulierungen der Zehn Gebote, viele Aussagen in der Bibel, andere Texte, Vorträge …, zu denen wir uns vielleicht auch Notizen gemacht haben. Worin sonst bestehen diese Worte? Gott führt uns ja immer, und er spricht zu uns. Entwickle ich mein inneres Gehör zum Beispiel in den Momenten im Alltag, wo ich notgedrungen untätig bin? Nicht nur in Krankheitsphasen, auch in der Warteschleife am Telefon, in der Schlange an der Kasse, beim Warten auf den Abschleppdienst, während der Computer hochfährt … Die innere Stimme des Geistes spricht oft zu mir, etwa so: „Achte auf die Warnsignale deines Körpers! Schau hin – da stimmt was nicht! Nimm wahr, wie wunderbar das aussieht!“ Diese Momente sind kurze „Wüstenmomente“, die den Blick für Gott hinter allem schärfen.

... stellte ihn oben auf den Tempel

Jesus steht auf einer hohen Stelle des Tempels. Er soll etwas Spektakuläres tun, nämlich sich hinunterstürzen, ohne sich zu verletzen. Die Zuschauer würden ihn bewundern, ihn feiern als ihren neuen Retter. Wünscht sich das nicht jeder, einmal von allen gesehen zu werden? Dank moderner Technik kann ein Mensch in Sekunden auf der ganzen Welt auf einem Bildschirm erscheinen. Man kennt ihn dann. Er wird oft bewundert. Doch genauso schnell kann es bergab gehen. Eine Äußerung in den sozialen Medien reicht, um wieder unten durch zu sein. Manche sind daran schon verzweifelt. Da niemand vollkommen ist, findet sich immer etwas, womit man den anderen schlechtmachen kann, und eine einfache Lüge wird von den Lesern oder Zuschauern gar nicht so schnell erkannt.

Meist geht es nicht darum, ein Medienstar zu werden. Wir wollen natürlich anerkannt sein bei den Menschen, mit denen wir zu tun haben. Wenn wir mal eins auf den Deckel bekommen, hilft es uns vielleicht, mit beiden Beinen auf der Erde zu bleiben. Wir brauchen aber auch einflussreiche Leute. Die Kunst ist dann, dass sie auf dem Teppich bleiben und ihnen der Erfolg nicht zu Kopfe steigt. Influencer können gute, aber auch gefährliche Ideen an Tausende weitergeben. Milliardäre können hilfreiche Projekte finanzieren. Aber wenn sie dem Wahn erliegen, sich unbegrenzt alles erlauben zu können, geraten sie ins Schlingern und können Tausende in den Abgrund ziehen. Idole sind nun mal keine vollkommenen Götter, sondern fehlerhafte Menschen.

Sie werden dich auf ihren Händen tragen, damit dein Fuß nicht an einen Stein stößt.

Dieses Mal ist der Teufel schlauer: Er versucht, Jesus mit einem Vers aus Psalm 91 zu überzeugen. Jesus kontert: *Du sollst den Herrn, deinen Gott, nicht auf die Probe stellen.* Im Psalm selbst steht auch die Formulierung: *auf all deinen Wegen.* Was der Teufel will, wäre gerade nicht Jesu Weg. Der wählt vielmehr den normalen, menschlichen. Dank der Technik können wir fliegen und vieles mehr. Aber es gibt Grenzen.
Jörg Zink schildert in seinem poetischen, prophetischen Text über die letzten sieben Tage der Erde (1970), wie der Mensch nicht mehr auf Gott vertraut, sondern auf sich selbst. Als ihm die Situation entgleitet, besinnt er sich auf den lieben Gott und verflucht ihn, weil er es zugelassen hat, dass die Menschen sich selbst und die Erde zerstören. Am Ende der sieben Tage verstummt der Gesang der Engel im Himmel, und in der Hölle lacht man über die Dummheit der Menschen. Gerade weil wir frei sind und eine gewisse Macht besitzen, können wir Schreckliches tun, aber das Rad wieder zurückdrehen können wir nicht. Je mehr Macht Menschen besitzen, umso mehr Verantwortung haben sie auch. Oft stoßen wir im übertragenen Sinne an einen Stein und kommen ins Stolpern, weil wir uns vielleicht doch etwas eingebildet haben. Das verhindert Gott nicht. Allerdings verlässt er uns nicht, wenn wir auf seinem Weg bleiben. Also gilt: Aufstehen und weitergehen!

Den Herrn, deinen Gott, sollst du anbeten.

Der Teufel zeigt Jesus *alle Reiche der Welt.* Heute wissen wir, dass die Erde rund ist. Der Mensch kann deshalb nicht alle Länder mit einem Blick erfassen, auch nicht aus dem Weltall. Da zeigt sich bereits, dass das Versprechen des Versuchers eine Lüge ist. Es ist an die Bedingung geknüpft, den Teufel anzubeten. Aber würde Jesus dieser Versuchung zur Macht nachgeben, wäre nicht er der Herrscher, sondern das Böse.
Die Figur des Satans, die Personifizierung des Bösen, ist in der Bibel nicht nur der mächtige Widersacher, den Gott zulässt, um die Menschen zu erproben. Er erscheint dort auch als Vater der Lüge. Dem Machtwahn, alles zu beherrschen, sind schon viele erlegen. Macht kann viel Gutes bewirken. Es kommt aber darauf an, wofür sie eingesetzt wird. In dem Film „The Zone of Interest" wird das Familienleben von Rudolf Höß auf dem Lagergelände von Auschwitz geschildert. Seine Frau Hedwig ist stolz auf Haus und Garten. Von ihrem Mann wird sie „die Königin von Auschwitz" genannt. Sie genießt ihr kleines Paradies und die Macht, die sie als Frau des Lagerkommandanten besitzt. Was jenseits ihres Grundstücks geschieht, blendet sie aus. Ihre Mutter dagegen, die zu Besuch kommt, erfasst schließlich die Schrecken dieses höllischen Ortes und reist heimlich ab. Ihre Tochter dagegen ist der Macht und dem Besitz verfallen.

Friederike Weltzien

Ich glaube an die Sonne
Auch wenn sie
Nicht scheint
Ich glaube an die Liebe
Auch wenn ich sie nicht spüre
Ich glaube an Gott
Auch wenn ich ihn
Nicht sehe

Jüdische Inschrift aus dem Warschauer Ghetto

Seit Wochen flüchte ich vor diesem Text. Der Nahost-Krieg wird seit dem 7. Oktober 2023 mit unvorstellbarer Grausamkeit geführt. Leid türmt sich auf Leid und all die alten, verjährt geglaubten Leiden tauchen wieder auf. Könnten die vergangenen Leiden zu neuen Mahnmalen werden, den aktuellen Kriegsgegnern Einhalt gebieten?
Im Warschauer Ghetto formierte sich Widerstand gegen das Naziregime, ein mutiger, todesmutiger Aufstand, ein Versuch, wenn schon nicht das Leben, dann doch die eigene Würde zu retten. Mir erschien diese Initiative der Verzweifelten immer wie ein kleiner Hoffnungsstrahl in diesem Inferno der Unmenschlichkeit. Und gleichzeitig lerne ich immer weiter, mit welch brutaler Übermacht die Vernichtung allen jüdischen Lebens dort vorangetrieben wurde. Einzelne, ganz wenige Menschen haben das überlebt und haben davon berichten können. Wer aber hatte die Kraft, diesen Text in eine Hauswand einzuritzen, als Vermächtnis? Er blieb erhalten in all der Zerstörung, wurde zum Zeichen der Überwindung aller Gewalt und verknüpft uns mit dem Hoffnungsschimmer. Es gab und gibt Menschen, die in ihrer Glaubenskraft fest verankert sind, und sie wirken über ihre Zeit hinaus.

Nie wieder solche Grausamkeit! Nie wieder solche Unmenschlichkeit! Wie gerne hatte ich das geglaubt. Die Bilder aus Israel und Gaza scheinen mich zu verhöhnen. Es ist eine völlig andere Situation, andere Menschen, die sich bekriegen, in einem anderen Land. Dennoch ist es mir, als ob sich die Entsetzensschreie von damals mit den heutigen vermischen. Als seien sie eigentlich nie verhallt, nur weitergetragen worden in neue Lebensräume.
Aber es ist nicht nur das Entsetzen, das bleibt, auch der Geist dieser alten, in eine Hauswand gekratzten Inschrift ging nie verloren. Ich sage das voller Ehrfurcht und beuge mich vor den Menschen, die in der Hoffnungslosigkeit den Weg in die Glaubenstiefe finden. Immer wieder.
Eine Palästinenserin schrieb in der Weltgebetstagsliturgie 2024: „Meine Haut ist runzlig wie der Stamm eines Olivenbaumes. Wie die Olivenbäume habe ich viele Kriege und Gewalt erlebt … Seit meiner Kindheit weiß ich, dass das Leben zerbrechlich ist und dass es für Frieden keine Garantie gibt. Ich hätte das Land meiner Wurzeln verlassen können, aber ich habe mich entschieden zu bleiben und nach dem Gebot Jesu zu leben, andere zu lieben, wie Gott mich liebt.“ Sie übersetzt diese Worte tagtäglich in ihrem schwierigen Alltag in unzählige Friedensaktivitäten.

Ich glaube an die Sonne, auch wenn sie nicht scheint.

Unser aller Lebensrhythmus besteht aus dem Wechsel von Sonne und Finsternis. Die Sonne lässt sich nicht aufhalten. Sie geht wieder auf und bescheint all unsere Angst, Not und Pein. Ist es diese Erfahrung der immer wiederkehrenden Sonne, die uns trösten kann? Lässt sich das übertragen auf Gott, der sich nur mal eine „Nacht" lang nicht zeigt? Eine Gottesnacht, von der niemand weiß, wie lang eine solche Nacht ist. Aber es ist gewiss, dass Gott da ist, so wie die Sonne es wieder sein wird, wenn die Nacht vorüber ist. So soll die eine Gewissheit, die jeden Morgen wieder erlebbar wird, zur nächsten Gewissheit werden, dass Gott trotz aller Unsichtbarkeit da ist. Die Nacht geht vorbei, die Finsternis weicht. Auch die Gottesfinsternis!
Der jüdische Philosoph und Theologe Martin Buber hat den Begriff der Gottesfinsternis geprägt, in dieser gleichen Zeit, als jene Worte in Warschau in eine Hauswand geritzt wurden. Hat Gott die Welt für einen aus Gottes Sicht kleinen Moment sich selbst überlassen? Buber war überzeugt davon, dass wir Gott in seiner Finsternis aufspüren können. Auch eine Gottesnacht geht einmal vorüber. Es waren drei Tage, die Jesu Leichnam im Grab lag. *Hinabgestiegen in das Reich des Todes, am 3. Tage auferstanden von den Toten …*

Ich glaube an die Liebe, auch wenn ich sie nicht spüre.

An die Liebe zu glauben, ohne sie zu spüren? Da muss es schon eine gute Portion Liebe im Leben gegeben haben, um daran glauben zu können. Die Liebe kann sich als tiefste Urerfahrung des Seins verankern im kleinen Menschlein. Sie wird aufgenommen wie die erste Nahrung, wenn sie gespeist wurde von den Berührungen, Blicken und Tönen der begleitenden Angehörigen. Sie bleibt im Seelenkern erhalten und kann sich wie ein Schutzschleier vor die Erfahrungen von Missachtung, Missbrauch und Entwürdigung legen. Eine Verbindung zu dieser Urerfahrung bleibt wohl ein Leben lang bestehen. Ich stelle mir das vor wie eine unsichtbare Nabelschnur, in der die Lebenskraft, die Liebeskraft fließt.
Jesus blieb in all seinem Leiden erfüllt von dieser Liebeskraft, der Kraft, die ihn mit Gott verbindet. Er verlor den Zugang dazu nie, trotz aller Qual. Er war gehalten und geschützt trotz der entwürdigenden Geißelungen. Es gab in ihm keinen Platz für Hass, so scheint es mir. Er hatte auch nicht den Impuls sich zu wehren. Jedenfalls wissen wir davon nichts. Noch im eigenen Sterbeprozess am Kreuz konnte er die beiden mit ihm gekreuzigten Männer trösten. Was ist das für eine große Kraft aus der Mitte des Seelenkernes heraus, wenn die Erfahrung der Liebe, des Geliebtseins einen Menschen durchströmt!

Jom Kippur, das jüdische Versöhnungsfest

Ein Fastentag, ein Ruhetag, um sich mit Gott zu versöhnen oder um Gott wieder mit mir zu versöhnen? Ich habe es nötig, mich zu versöhnen. Auch als Nichtjüdin gehe ich mit in diesen Versöhnungstag. Als könnte ich all den Ärger, die Verzweiflung, alle Finsternis mit dem Sündenbock in die Wüste schicken. Übers Jahr sammelt sich eine ganze Menge Groll in mir an. Mich so mit Liebe auszufüllen, dass der Groll keinen Platz mehr findet, hätte ich mir gerne vorgenommen. Aber das gelingt mir nicht.

Meine Gedanken wandern nochmal zum Weltgebetstag 2024, den die christlichen Frauen aus Palästina gestaltet haben. Wollten sie ein Angebot zur Versöhnung machen? *Ertragt einander in Liebe* war das Motto ihrer Liturgie. Das Zitat stammt aus dem Paulusbrief an die Gemeinde in Ephesus, Kapitel 4. Sie wussten nicht, dass der Krieg toben würde in den Tagen, als die Liturgie gefeiert wurde. Aber sie leben in der seit Jahrzehnten andauernden Feindschaft zwischen den Besatzern und denen, die unter der Besatzung zu leiden haben. Wie kann ein Zusammenleben ohne gegenseitige Unterdrückung möglich werden? Geht es darum, dies zu lernen, erst mal einander zu ertragen. Das wäre ein großer Fortschritt. Einander ertragen, dann müssten die anderen nicht mehr vertrieben oder ermordet werden. Der erste Schritt zur Versöhnung!

Feiertag, Tag der Deutschen Einheit

Ich feiere in jedem Jahr das Wunder des gewaltlosen Aufstandes der Bevölkerung in der DDR. Ich feiere die Bilder von damals, als die Menschen mit den Kerzen in den Händen aus den Kirchen herauskamen, auf die Straßen hinaus, den Soldaten entgegen. Ich feiere diesen Slogan „Schwerter zu Pflugscharen", der an den Pullovern steckte. Ich feiere diesen Geist, diese Überzeugung, im Recht zu sein. Und ich frage mich immer, wie haben sie es ausgehalten, den schwer bewaffneten Soldaten gegenüberzustehen? Niemand konnte wissen, ob sie von ihrer Schusswaffe Gebrauch machen würden. War es die Gemeinschaft, in der die Mutlosigkeit des Einzelnen aufgefangen wurde? „Ich glaube an Gott, auch wenn ich ihn nicht sehe." Und ich freue mich an den Bildern vom Jubel, als die Mauer überwunden wurde. Sie wird abgebaut und auseinandergeschlagen. Sie wird zur Feiermeile.
Wie viele Jahrzehnte der Abschottung und Ausgrenzung waren vergangen, wie viele Erfahrungen von Gottesfinsternis und -ferne. Manchmal macht es mir Hoffnung, wenn ich an andere Mauern denke, etwa die Mauer um Bethlehem herum, um die ganze Westbank herum. Wann wird sie zerschlagen, sich auflösen wie ein Nichts? Es bräuchte den Aufstand der Gewaltlosen, diesmal auf beiden Seiten!

... dem Leben entgegen schreiben

Diese Worte träumten sich mir in der Nacht. Im Aufwachen will ich mich ausrichten wie ein Tier, das die Witterung aufnimmt. Die Nase in die Luft recken, mich orientieren, von wo weht mir der Hoffnungsstrahl entgegen? Lebenszeichen suchen. Zeichen, die mich halten können trotz der Unsichtbarkeit von Liebe.
Solche in die Hauswand geritzten Worte mitnehmen, dankbar, wie ein Geschenk verpackt. Es gibt diese Bilder vom Olivenbaum, der aus der Wurzel immer wieder neue Triebe treibt. Und es gibt die Lieder, die Melodien der Sehnsucht. Manchmal ist es die Trauer, die Menschen zusammenführt zum Leben. Es gibt Eltern in Palästina und in Israel, die jeweils ein Kind verloren haben, die ihre Trauer miteinander teilen können. Es gibt Menschen, die sagen: „Wir wehren uns, Feinde zu sein." Dem Leben entgegengehen, dort wo es mich anweht. Mich orientieren an der Kraft, an der Nabelschnur hängen bleiben, auch wenn ich um die Gottesfinsternis weiß.

Gudrun Gaspers-Jacob

Der Sonnengesang des heiligen Franziskus

Höchster, allmächtiger, guter Herr,
dein sind der Lobpreis,
die Herrlichkeit und Ehre
und jeglicher Segen.
Dir allein, Höchster, gebühren sie,
und kein Mensch ist würdig,
dich zu nennen.

(Erste Strophe)

Sei gepriesen!

Alle haben diesen spannenden Prozess mitbekommen und interessiert verfolgt, in dem der Vater beim Bischof klagte, dass er keinen gehorsamen, guten Sohn mehr habe. Einem der reichsten Bürger der Stadt passierte das: ein Skandal.
Stets fröhlich und gut gelaunt, bei allen Festen in der Stadt ein gern gesehener Gast und immer nach der neuesten Mode gekleidet, hatte der Sohn oft ein Liedchen zum Besten gegeben.
Wenn man später nachdachte, wann es angefangen hatte, dass der Sohn so anders wurde, sagten die einen: „Es war die Krankheit nach dem Krieg." Andere sagten: „Es war die Begegnung mit einem Aussätzigen." Noch andere meinten: „Es war ein Traum, der ihn aus der Bahn geworfen hat."
Auf jeden Fall fing der Sohn an, den Armen Geld aus der Kasse des Vaters zu schenken, und das Tuch aus dem Geschäft verkaufte er, um damit eine kleine, zerfallene Kapelle vor der Stadt wieder aufzubauen.
Alle Ermahnungen und Strafen des Vaters halfen nichts! Der Sohn blieb auf seinem „verrückten" Weg.
So wusste der Vater sich nicht mehr zu helfen und klagte seinen Sohn Franziskus beim Bischof der Stadt Assisi wegen Ungehorsams an. So in die Öffentlichkeit gestellt, musste es zu einer Entscheidung kommen.
Hier der Vater, der seinen gehorsamen Sohn, den Nachfolger seines Geschäfts, wiederhaben wollte, andererseits der Sohn Franziskus, der vor seinem Vater stand, aber seinem Herzen und damit Jesus folgte.
Wie geht man nach solchen gravierenden Entscheidungen miteinander um?

Sei gepriesen!

Noch zu Lebzeiten des Franziskus werden Menschen gedacht haben: Sei gepriesen, guter Gott, dass dieser Mensch seinem Herzen und letztendlich Dir nachfolgt. So haben wir zu essen und erfahren Hilfe.
Was macht den Unterschied von Franziskus zu den Armen aus? Almosen geben und Kranken zu helfen, das war Christenpflicht von Anfang an. Und es steht außer Frage, dass die Reichen der Stadt den Armen Almosen gaben. So gesehen wäre das, was Franziskus tat, etwas Gewöhnliches gewesen.
Bei Franziskus war das „Geben" anders. Er war einer von den Reichen der Stadt. Freiwillig hatte er alles zurückgelassen, selbst die Kleider, die er am Prozesstag angehabt hatte, hatte er ausgezogen und dem Vater zurückgegeben. So war er mittellos geworden wie alle Menschen, die außerhalb der Stadtmauern lebten. Franziskus war seinem Herzen, war Jesus gefolgt. Er war entschieden und freiwillig in die Armut gegangen. Motivation dafür war allein sein Glaube und seine tiefe Demut Gott und dem Menschen gegenüber. So wurde er einer von ihnen.
Ich stelle mir vor, dass manch einer der Armen und Bettler diese Entscheidung zunächst nicht verstehen konnte. Vielleicht fühlten sie sich sogar provoziert oder nahmen Franziskus nicht ernst.
Überliefert sind seine innere Haltung, die innere Ernsthaftigkeit und die Fröhlichkeit, mit der Franziskus seinem Weg folgte. In den Begegnungen mit Bettlern und Aussätzigen war Freundlichkeit zu spüren, aber vor allem das Anschauen, Ernstnehmen und Wertschätzen des Gegenübers. So wurden manche Hände mit etwas Brot beschenkt und die Seelen der Menschen mit Würde.
Sei gepriesen!

Sei gepriesen!

Was macht man mit einem Aussteiger wie Franziskus? Gleichgesinnte hatten sich um ihn gesammelt und er unterwies sie in der Nachfolge Jesu. So waren es schon viele „Minderbrüder“ geworden, die sich Franziskus angeschlossen hatten. So viele, dass sie für die Stadt und die Gegend um Assisi zu viele waren, und so sandte er sie in weiter entfernte Gebiete, um dort den Menschen von der Liebe Gottes zu erzählen.
Was macht man denn mit einem Aussteiger wie Franziskus? Diese Frage haben sich sicher auch der damalige Papst und die Kurie gestellt. Es waren viele Menschen, die von Franziskus und seinem besitzlosen Lebenswandel redeten oder mit ihm unterwegs waren. Wer hätte das gedacht? Ob diese andere Haltung den Frieden in Rom störte?
Für Franziskus selbst muss die Art, wie die Kirchenmänner in Rom den Glauben lebten, eine große Irritation gewesen sein, und doch griff er die Autorität der Kirche nicht an. Er blieb bei sich und den Erfahrungen auf seinem Weg, dem Weg, den er in tiefem Glauben in der Nachfolge Jesu ging. Franziskus bat den Papst um die Aufnahme seiner Minderbrüder-Gemeinschaft als Orden in die Gesamtkirche. Er reichte die selbst geschriebenen Ordensregeln in Rom ein und erlebte, dass seine Gemeinschaft, die in der Nachfolge Christi in der Besitzlosigkeit lebte, in der Gesamtkirche aller Christen anerkannt wurde. Bis heute wissen wir, welch ein Segen das für unzählig viele Menschen an sehr vielen Orten dieser Welt war und ist.
Wie erleben wir heute Autoritäten und den Umgang mit ihrem Lebenswandel?
Sei gepriesen!

Sei gepriesen!

Wenn ich beim Schreiben über Franziskus' Leben nachdenke und aus dem Fenster schaue, dann nehme ich den Regen, den Wind und die Kälte wahr und freue mich an meiner wohlig warmen Wohnung. Von allem, was ich zum Leben brauche, habe ich genug. Franziskus im Sinn, versuche ich mir sein besitzloses Leben im Mittelalter vorzustellen. Es bestand nicht nur die Notwendigkeit, Nahrung zu bekommen, es war auch eine Schutzlosigkeit der Armen außerhalb der Stadt, die einem Ausgeliefertsein gleichkam. Recht und Gesetz veränderten sich mit dem Stand, dem man angehörte und der Fülle von Geld, die man hatte oder eben auch nicht.
Heute in meinem Wohlstand und meiner Sicherheit stelle ich mir die Frage: „Könnte ich so leben? Wollte ich so leben?"
Was hat Franziskus zu diesem extremen Schritt in die Armut bewogen? Franziskus hätte doch für alle Bedürftigen täglich eine Suppe kochen und Brot backen und sich abends in sein trockenes und vorgewärmtes Bett legen können.
Franziskus' Glaube versteht „Teilen" viel umfangreicher und konsequenter. Es beginnt mit dem eigenen Beschenktwerden. Teilen ist: Was da ist als Geschenk im Hier und Jetzt annehmen und in hoher Achtsamkeit zu gleichen Teilen mit allen gleichberechtigt in Freiheit und Würde zu teilen. Ob das die wärmende Sonne, der Gesang der Vögel, das erbetene Brot, das Lachen einer alten Frau oder die Tränen eines Kindes sind, alles wird geteilt. Das Teilen macht es wertvoll und stellt eine innige Verbindung zum Mitmenschen und zum Göttlichen her, von dem alles kommt, aus dem und wovon wir leben.
Sei gepriesen!

Sei gepriesen!

Es ist nicht immer einfach, an das Göttliche und sein liebevolles Wirken in und für die Welt zu glauben. Im Wohlstand, wenn alles passt und das Leben gut läuft, kann man das Glauben vielleicht sogar vergessen oder verlernen. Und wenn die Katastrophen und die Not in einem Leben zu groß sind und zu schwer wiegen, dann können der Glaube und die Hoffnung am Ende verloren gehen. Worte richten dann nichts mehr aus, weil sie nicht in der Seele ankommen. Eine Umarmung, ein Miteinander-Weinen oder ein Stück Wegbegleitung können die Seele eher berühren.
Franziskus sah die Menschen seiner Zeit in ihren Nöten. Er bemerkte immer wieder, dass die Worte der Frohen Botschaft sie nicht erreichten. Vielleicht war das der Anstoß zu der Idee, die Weihnachtsgeschichte nicht zu erzählen, sondern sie zu spielen: mit Ochs und Esel, mit Schafen und Hirten, mit Maria, Josef und dem Kind. Und so lud Franziskus die Menschen ein, am 24. Dezember 1223 zur Höhle bei Greccio zu kommen. Und sie kamen. Im Spiel der Frohen Botschaft wurde aus dem Abend Nacht. Da wurde ein Feuer entzündet und Lieder wurden gesungen zur Ehre Gottes, und das Lob und der Dank kamen an in den Herzen der Menschen. Ich stelle mir vor, dass die Herzen erfüllt und viele Seelen getröstet waren in dieser Nacht, von der man noch lange zehren konnte.
Wann verstehe ich die Frohe Botschaft mit dem Herzen?
Sei gepriesen!

Sei gepriesen!

Etwa zur gleichen Zeit wie Franziskus lebte Klara ebenfalls in der Stadt Assisi. Sie war die Tochter eines Adligen. In den Räumen der Frauen hatte man von Franziskus gehört. Klara spürte ähnlich wie er den Wunsch, ein anderes Leben zu führen, als es ihr im Hause ihrer Eltern möglich war. Sie wollte Gott allein dienen und Jesus nachfolgen. Als Frau ihrer Zeit konnte sie nicht in gleicher Weise in der alltäglichen Öffentlichkeit wirken und leben wie Franziskus und seine Brüder. Nach einigen erfolglosen Versuchen, in anderen Ordensgemeinschaften spirituell Heimat zu finden, fand Klara für sich den Weg in die Zurückgezogenheit, betend und besitzlos Gott nahe zu sein. In dem Kirchlein San Damiano fand sie ihren Platz und gründete später hier ihre Ordensgemeinschaft.
Es gab Anlässe wie Nahrungsbesorgung, Reparaturen oder Gottesdienste, die zu Kontakten zwischen Klara und Franziskus oder den Brüdern und Schwestern führten. Bei diesen Anlässen tauschte man sich natürlich auch immer über das spirituelle Leben aus. Für Franziskus war es ein innerer Konflikt, das Maß zwischen Klaras Zurückgezogenheit und seiner Lebensart, mitten unter den Menschen zu leben, für sich zu finden. War er in der Einsiedelei Cacceri, so zog es ihn bald wieder zu den Menschen. War er bei den Menschen, zog es ihn in die Einsamkeit.
Auch heute leben viele Menschen mit diesem inneren Konflikt, in dem es um Maßhalten geht, und stellen sich vielleicht die Frage: „Wie finde ich die Balance in meinem äußeren Leben und in meiner Seele?“

Sei gepriesen!

Diese Woche reicht nicht aus, um vom Leben und Wirken des heiligen Franziskus zu erzählen, seiner Haltung anderen Religionen gegenüber und vor allem seiner Haltung der Schöpfung gegenüber.
Was mich besonders an der Person Franziskus, aber auch an Klara beeindruckt, ist das Vertrauen. Das Vertrauen zu ihrem Selbst und das Vertrauen zum Göttlichen.
Dieses Vertrauen, gepaart mit dem tiefen Glauben an Gott, hat in der Zeit der beiden Heiligen eine unglaubliche Wirkkraft gehabt, ohne dass es je der Wunsch eines der beiden war, die Menschen, die Welt zu verändern. Und doch gab ihr Leben zu allen Zeiten und bei vielen Menschen den Anstoß zum Nachdenken und Handeln, bis hin zu unserem gegenwärtigen Papst Franziskus.
Das Bedeutsame dieser beiden Menschen, Franziskus und Klara, heißt für mich:
Etwas zu bewegen und zu verändern im Leben und in der Welt, das fängt bei mir in ganz kleinen Schritten an. Ich brauche Ausdauer, Mut, Selbstreflexion und Beharrlichkeit.
Aber vor allem brauche ich Vertrauen zu mir und zu meinem Gott!

Er war offen und achtsam,
er teilte und würdigte,
er bat und gab,
er hörte und sah,
er war genügsam und zufrieden,
er war vertrauensvoll und beharrlich
er war ein Teil im Ganzen,
er war dankbar und fröhlich
und er traute seinem Herzen und Gott.

Robert Ochs

Psalm 18

1 Für den Chormeister. Vom Knecht des HERRN, David,
der dem HERRN die Worte dieses Liedes sagte
an dem Tag, als ihn der HERR aus der Gewalt all seiner Feinde
und aus der Hand Sauls errettet hatte.
2 Ich will dich lieben, HERR, meine Stärke,
3 HERR, du mein Fels und meine Burg und mein Retter;
Mein Gott, mein Fels, bei dem ich mich berge,
mein Schild und Horn meines Heils, meine Zuflucht.
7 In meiner Not rief ich zum HERRN
und schrie zu meinem Gott,
er hörte aus seinem Tempel meine Stimme,
mein Hilfeschrei drang an seine Ohren.
8 Da wankte und schwankte die Erde …
Sie wankten, denn sein Zorn war entbrannt
20 Er führte mich hinaus ins Weite,
er befreite mich, denn er hatte an mir Gefallen.
30 Ja, … mit meinem Gott überspringe ich Mauern.
37 Du schufst weiten Raum meinen Schritten,
meine Knöchel wankten nicht.

EINHEITSÜBERSETZUNG 2016

Mit Psalmen beten

Mit Psalmen beten. Mit ihren Worten mitbeten, sich für das eigene Gebet ihre Sprache ausleihen. Solches Beten hat zwei Seiten. Zum einen ist es bereichernd, schenkt Worte, die der eigene Glaube (noch) nicht zu sagen wagt. Es trägt und „belebt" (Ps 119,50). Andererseits lässt es das Gebet ins Stocken geraten, denn es gibt Passagen, die ungeheuerlich fremd sind. Gar im Widerspruch zu eigenen Glaubensvorstellungen stehen.
Bei all dieser Ambivalenz aber ist klar: Der innerste Kern der Psalmen ist die Beziehung des Menschen zu Gott. Einer Beziehung, die das ganze Spektrum menschlichen Lebens umfasst: Dank und Zweifel, Freude und Trauer, Hoffnung und Angst, Klage und Bitte. Daher können auch wir heute unser Leben in das Gebet der Psalmen hineinnehmen. Unser Leben mit den Worten der Psalmen vor Gott bringen. Wo nötig aber auch im glaubenden Widerspruch zu ihnen.

Mit Psalmen beten. Dafür sollten wir uns die Empfehlung von Dietrich Bonhoeffer zu eigen machen: „Hier hilft uns ein ganz langsames, stilles, geduldiges Fortschreiten von Wort zu Wort, von Satz zu Satz." Damit wir in ihnen Gott entdecken, der sich dem Menschen zuwendet, ihn hört und nicht allein lässt.

Sitz im Leben

Das Intro, Vers 1, wird meist schnell überlesen. Es ist noch kein Gebet, sondern eine Information an den Chormeister.
Trotzdem, der Anfang ist wichtig. Er benennt den „Sitz im Leben“ des Psalms. Seine existenzielle Herkunft.
Der Psalm wird, wie viele andere, David zugeschrieben. Dabei wird nie das Amt Davids genannt, König, sondern immer nur der Eigenname. David steht als Betender vor Gott. An dieser Stelle findet sich aber noch ein Zusatz, eine – in den Psalmen einmalige – Selbstbezeichnung: *Knecht des HERRN.* Damit wird angezeigt: David ist mit seinem ganzen Sein auf Gott bezogen. Er versteht sich von Gott her. Ohne Gott ist er nichts, vermag er nichts. Und so ist es auch Gott, der ihn aus der Gewalt seiner Feinde errettet. Rettung bringen nicht seine Macht, sein militärisches Geschick, seine taktischen Fähigkeiten. Rettung kommt von Gott allein.
Der Prophet Jesaja fasst diesen Zusammenhang ganz grundsätzlich: *Glaubt ihr nicht, so bleibt ihr nicht.* (Jes 7,9) Frei formuliert: Macht ihr euch nicht in Gott fest, so habt ihr keinen Bestand.
Das ist der existenzielle Grundton, der diesem Danklied unterlegt ist – selbst in seinen schwierigen Passagen.

Ich will dich lieben, HERR, meine Stärke

So beginnt das Danklied Davids. Eine Liebeserklärung. „Herzlich lieb hab ich dich, Herr" übersetzt Luther einfühlsam. „Ich minne dich, DU, meine Stärke!" – so Buber, das mittelhochdeutsche Wort für lieben aufgreifend. *Ich will dich lieben* – ein in den Psalmen nur hier vorkommender Beginn eines Dankliedes.
Eine intensive Beziehung. Es reicht nicht nur ein Wort, um sie zu beschreiben. Nein, überschäumend und euphorisch wird eine Vielfalt von Metaphern für diese Liebe aneinandergereiht. Eine Liebe zu einem Gott, der rettet, bei dem die Beterin sich bergen kann, Zuflucht findet.
Können wir unsere Gottesbeziehung heute in vergleichbarer Weise zum Ausdruck bringen? Vielleicht mit anderen Bildern, aber ebenso intensiv? Manchen von uns mag das schöpferisch gelingen.
Anderen stellen sich die Worte des Psalms zur Verfügung. Sie eröffnen einen Sprachraum, in den sie mitvollziehend eintreten können. Der Psalm sagt mehr, als der Beter, die Beterin zurzeit sagen kann. Er, sie leiht sich die Worte des Psalms, um stammelnd zu sagen: Ja, dich will ich lieben, mein Gott.

In meiner Not rief ich zum HERRN – er hörte

Bekannter als dieser Vers dürfte Psalm 130 sein. Ein einziger existenzieller Hilferuf: *Aus den Tiefen rufe ich, HERR, zu dir: Mein Herr, höre doch meine Stimme.* (Ps 130,1 f.) Bekannter auch durch die Vertonung Martin Luthers (EG 299, GL 277).

Für unseren Aufschrei in und aus der Not, dafür bieten uns Psalm und Lied Worte des Betens. Dann, wenn unser Leben gefährdet ist, dann, wenn wir keine Zukunftsperspektiven mehr sehen, dann, wenn nach menschlichem Ermessen nichts mehr geht, genau dann können, ja müssen wir uns unserem Gott zumuten. Wir können Gott, den Gott des Lebens, nicht loslassen. Daher muten wir uns ihm in unserer Not zu. Immer verbunden mit der Bitte, dass er uns hört, dass unser Hilfeschrei an seine Ohren dringt.

Wie Gott uns erhört, das müssen wir im Gebet ihm überlassen. Wir können ihn nicht für unsere Vorstellungen der Erhörung vereinnahmen. Sie ihm gar vorschreibend vorbeten. Das ist die Ohnmacht unseres Betens aus tiefer Not. Sich trotzdem Gott zuzumuten, das ist nicht nichts, sondern Ausdruck der Hoffnung, dass „bei Gott viel mehr Gnade ist" (Luther), die Leben schenkt durch die Not hindurch.

Denn sein Zorn war entbrannt

Mein meditierendes Nachdenken über Psalm 18 gerät ins Stocken. Vom Zorn Gottes ist die Rede. Ein Zorn, der mit „archaisch-elementarer Wucht“ (Kurt Marti) geschildert wird. Eine Gewalt, die die Grundfesten der Erde wanken und schwanken lässt (Ps 18,8–16)

Ein solch zorniger Gott ist fremd in meinem Gottesbild. Aber ich will nicht ausweichen. Was also ist zu halten von diesem zornigen Gott?

Fakt ist: Von der Genesis bis zu den Propheten durchzieht die Rede vom Zorn Gottes die Hebräische Bibel. Sie ist also eine im Glauben geteilte und mitgeteilte Vorstellung.

Fest steht auch: Der Zorn Gottes ereignet sich aufgrund von Unrecht und Ungerechtigkeit, von Verfehlungen gegen Arme und Notleidende. Es ist kein willkürlicher Zorn, sondern ein begründeter, weil etwas fundamental falsch läuft im Zusammenleben der Menschen.

Könnte dieser „heilige Zorn Gottes“ daher ein Bild für einen Gott sein, der sich zutiefst berühren lässt? Gott erschüttert, bis in sein Innerstes, vom falschen Leben des Menschen, den er doch gut geschaffen hat?

Vielleicht wäre das eine schwache Spur, sich der heute fremden Rede vom Zorn Gottes zu nähern.

Er führte mich hinaus ins Weite

„Aus aller Enge in die Weite!" Das war der Leitspruch von Joseph Otto Kolb, Erzbischof in Bamberg von 1943 bis 1955. Er hatte die Verengungen und ihre katastrophalen Wirkungen der nationalsozialistischen Diktatur erfahren. Als die Erzdiözese kurz nach dem Krieg Burg Feuerstein, eine vormalige Forschungseinrichtung der Wehrmacht in der Fränkischen Schweiz, kaufte, geschah dies auf seine Initiative hin. Erzbischof Kolb wollte für die Jugend eine Bildungsstätte schaffen, in der diese aus der Enge der Nazizeit zu einer neuen Weite des Denkens, Handelns und Glaubens finden konnte.
Mehr als zehn Jahre durfte ich als Ehrenamtlicher, später als theologischer Referent auf Burg Feuerstein Jugendliche auf diesem Weg begleiten.
Du schaffst meinen Schritten weiten Raum (Ps 18,37). Das sollten Jugendliche an diesem Ort erfahren, miteinander bedenken und für ihr Leben fruchtbar machen. Einen weiten Raum, der aufatmen und atmen lässt, der freies Denken fördert, offenen Austausch in Spruch und Widerspruch. Ein Laboratorium der Weite für das Leben.
Mit Gott menschenfreundliche Weite zu gewinnen – auch unsere Zeit hat das dringend nötig.

Mit meinem Gott überspringe ich Mauern

Leicht kommt dieser Vers daher. Ebenso ein Bild von Sieger Köder zu diesem Psalmwort. Ein Ministrant im rot-weißen Chorrock schwingt sich – wie ein Hochspringer – am Stab mit einer brennenden Kerze scheinbar schwerelos über massive Mauern.
Aber so leicht ist es überhaupt nicht, Mauern zu überwinden.
Nicht äußere, reale Mauern aus Steinen mit Stacheldraht oder robusten Grenzzäunen. Sie trennen Menschen, sortieren nach draußen und drinnen, nach Einheimischen und Fremden, nach zugehörig und nicht zugehörig.
Nicht innere, mentale Mauern. Sie besetzen unsere Köpfe mit Vorurteilen und Verschwörungsfantasien, Ideologien und erfundenen Identitäten.
Gemeinsam ist beiden Mauerbauten: Sie verhindern Kontakt und Begegnung von Mensch zu Mensch, sodass die anderen immer die unbekannten, fremden anderen bleiben.
Der Psalmvers steht „wider die Vermauerungen" (Wolfgang Dietrich). Mit einer größeren Perspektive, mit der Perspektive Gottes kann es gelingen, trennende Mauern zu überwinden. Er, sie will das volle Leben aller, wirklich aller Menschen in Würde und Freiheit. Mit Gott also Brücken, nicht Mauern bauen.

Monika Altenbeck

Amos 5,21–24

Ich bin euren Feiertagen gram und verachte sie und mag eure Versammlungen nicht riechen.
Und wenn ihr mir auch Brandopfer und Speisopfer opfert, so habe ich kein Gefallen daran und mag auch eure fetten Dankopfer nicht ansehen.
Tu weg von mir das Geplärr deiner Lieder, denn ich mag dein Harfenspiel nicht hören.
Es ströme aber das Recht wie Wasser und die Gerechtigkeit wie ein nie versiegender Bach.

LUTHER 2017

Ein nie versiegender Bach.

Der Prophet Amos steht sehr deutlich für die Parteilichkeit Gottes mit allen Armen, Ausgebeuteten und Vernachlässigten ein. Amos übt eine starke Kritik an den bestehenden Verhältnissen. Er prangert die große Schere zwischen Arm und Reich an und zieht die Wohlhabenden und Selbstgerechten zur Verantwortung. Das Leben, das sie führen, kann nicht im Sinne Gottes sein.
Heute haben wir zwar ganz andere sachliche Probleme, etwa die von Menschen erzeugte Klimaerwärmung, das Artensterben, die Plastikflut in den Meeren. Aber das moralische Problem ist geblieben: Der uneingeschränkte Reichtum auf Kosten der Armen ist auch heute ein Unrecht. Ein Umdenken und ein gerechtes Handeln zum Wohl der Benachteiligten, aller Geschöpfe und der Natur sind unbedingt nötig. Jeder kleine Schritt in die richtige Richtung bedeutet, Widerstand zu leisten und die Welt ein kleines Stückchen gerechter und heiler zu machen.

Ich hasse eure Feste, ich verabscheue sie und kann eure Feiern nicht riechen.

Wer feiert nicht gern. Feste und Feiern sind gegenüber dem Alltag etwas Besonderes und im Leben sehr wichtig. Geburtstage, Hochzeiten, Beerdigungen, Jubiläen werden zu Ehren einer oder mehrerer Personen gefeiert.
Das kultische Feiern ist zu Ehren Gottes gedacht. Die Israelit*innen opfern kostbare Tiere und Speisen, um Gott zu gefallen. Aber der Prophet Amos lässt Gott ihre Feste verwerfen. Denn Wohlstand auf Kosten der Armen und Ungerechtigkeiten aller Art, die im alltäglichen Leben selbstverständlich sind, passen nicht zu einem kultischen Tun zur Ehre Gottes. Damit will und soll Gott nichts zu tun haben. Alltag und Ritual müssen zusammenpassen. Wer im Alltag ein Leben in Überfluss führt, die Ausbeutung von Menschen, Umweltzerstörung und Unrecht in Kauf nimmt, auf dessen Feiern hat Gott keine Lust.
Da gibt es auch heute nichts zu beschönigen. Wer Arme und Entrechtete übersieht und Kinder nicht schützt, dessen Gebete können nicht gut riechen, auch wenn der kostbarste Weihrauch verwendet wird. Vielleicht hilft manchmal nur noch, mit der Psalmbeter*in zu bitten: *Erschaffe mir, Gott, ein reines Herz und gib mir einen neuen, beständigen Geist!*
(Psalm 51,12)

… und dennoch seid ihr nicht umgekehrt zu mir – Spruch des Herrn.

Ihr vernachlässigt Pflegebedürftige und es ist euch egal, ob Frauen in Altersarmut geraten, ihr missbraucht Kinder und sprecht Frauen ihre Selbstbestimmung ab
… und dennoch seid ihr nicht umgekehrt.

Ihr nehmt Überschwemmungen und Dürre hin, ihr seht Inseln versinken und die Pole schmelzen
… und dennoch seid ihr nicht umgekehrt.

Ihr leidet unter Stress und esst, was euch nicht guttut, ihr tragt Kleidung, deren Herstellung Menschen krank macht und sie ausbeutet
… und dennoch seid ihr nicht umgekehrt.

Ihr nehmt für neue Handys Kinderarbeit in Kauf,
ihr verschwendet Energie und Ressourcen
und produziert Müll- und Plastikberge
… und dennoch seid ihr nicht umgekehrt.

Ihr quält Tiere durch Massentierhaltung und für Versuche in Medizin und Kosmetik, ihr verseucht Erde, Luft und Meere und entzieht euch eure Lebensgrundlage
… und dennoch seid ihr nicht umgekehrt.

Heilung geschehe …

(In Anlehnung an Amos 4,6–11)

… sondern das Recht ströme wie Wasser, die Gerechtigkeit wie ein nie versiegender Bach.

Gerade (als ich über den Amos-Text nachdenke) geht die Meldung durch die Presse, dass der russische Oppositionspolitiker und Kremlkritiker Alexej Nawalny mit 47 Jahren in Gefangenschaft in Sibirien gestorben ist. Obwohl er vom russischen Geheimdienst vergiftet worden war, kehrte er in sein Land zurück, weil er die Hoffnung nicht aufgeben wollte, ein anderes Russland aufzubauen. Er leistete Widerstand gegen ein diktatorisches Regime, was ihn nun das Leben gekostet hat. Eindrucksvoll bezog er sich in einer seiner Reden vor Gericht auf die Bergpredigt und bezeichnete sich als gläubigen Menschen: „Dieses ‚*Selig sind, die hungert und dürstet nach Gerechtigkeit; denn sie sollen satt werden*' – das mag ja exotisch oder komisch klingen, aber in Wirklichkeit ist das aktuell die bedeutendste politische Idee Russlands."
Es gab und gibt so viele Menschen auf der Welt, die dafür Sorge getragen haben, dass Recht wie Wasser ströme und Gerechtigkeit wie ein nie versiegender Bach. In El Salvador bekehrte sich der Erzbischof Oscar Romero zu den Armen und wurde am Altar erschossen. Die Umweltaktivistin und Ordensschwester Dorothy Stang wurde mit der Bibel in der Hand im Auftrag von brasilianischen Großgrundbesitzern erschossen, während sie aus der Bergpredigt vorlas.
Ich spüre große Hochachtung für all diese Menschen, die berühmten und die nicht bekannten, die in ihrem Umfeld nicht nur das Nötige getan, sondern in der Nachfolge Christi ihr Leben gelassen haben und die Welt durch ihren Einsatz für Gerechtigkeit etwas heller gemacht haben.

… sondern das Recht ströme wie Wasser, die Gerechtigkeit wie ein nie versiegender Bach.

Als ich im Herbst 2023 in San Francisco war, stieß ich dort auf die Erinnerung an drei beeindruckende Menschen. Alle leisteten auf ihre je eigene Weise Widerstand gegen Ungerechtigkeiten. Ihnen möchte ich jeweils einen Tag widmen.
Auf einer Straße bemerkte ich eine Erinnerungstafel, die wie ein riesiger Stolperstein auf dem Weg an Audre Lorde erinnerte und sie würdigte. Am 18. Februar 2024 wäre Audre Lorde (1934–1992) 90 Jahre geworden. Sie war US-amerikanische Schriftstellerin, politische Aktivistin, Dichterin, Feministin, Lesbe und Künstlerin. In ihren Arbeiten ging sie gegen Rassismus, Sexismus und Homophobie vor und engagierte sich für soziale Gerechtigkeit. Sie machte deutlich, wie wichtig es ist, sich für Gleichberechtigung einzusetzen und die Frauen in ihren unterschiedlichen Erfahrungen ernst zu nehmen. Sie setzte sich für marginalisierte Gruppen ein und inspirierte viele, sich ebenfalls für gerechte Verhältnisse zu engagieren.
Audre Lordes Zeugnis ihres Lebens und Schreibens ist mir schon lange wichtig. Es ist eine große Kunst, in einer guten Balance zu leben zwischen liebevollem Umgang mit sich und anderen und einem zähen Kampf gegen Ungerechtigkeit: „Wenn sie nicht lieben und zugleich Widerstand leisten können, werden sie nicht überleben.“ (Audre Lorde) Dieses Zitat bezog sie damals auf schwarze Kinder, für die es überlebensnotwendig war, beides zu leben. Auch für mich ist diese Balance sehr wichtig und gibt mir jeden Tag neue Hoffnung, dass auch kleine Schritte in die richtige Richtung wertvoll sind.

... sondern das Recht ströme wie Wasser, die Gerechtigkeit wie ein nie versiegender Bach.

Der US-amerikanische Pastor und Bürgerrechtler Martin Luther King Jr. (1929–1968) setzte sich gewaltfrei gegen die damalige Praxis der Rassentrennung ein, kämpfte für das uneingeschränkte Wahlrecht von Schwarzen in den Südstaaten. Ihm zur Ehre wurde in San Francisco ein großes Denkmal in Form einer Brunnenlandschaft gestiftet, das den Namen Offenbarung / Enthüllung (revelation) trägt. Wasserkaskaden strömen rauschend über Steinwände, sodass die Stadtgeräusche nicht mehr zu hören sind. Hinter den Wasserfällen sind auf Steintafeln Zitate von Martin Luther King Jr. zu finden. Eines bezieht sich auf den Propheten Amos: „Nein, nein, wir sind nicht zufrieden und wir werden nie zufrieden sein, bis Recht strömt wie Wasser und Gerechtigkeit wie ein mächtiger Strom."
Der Friedensnobelpreisträger (1964) praktizierte zivilen Ungehorsam, nahm an vielen Aktionen teil, wurde 29-mal inhaftiert und 1968 ermordet. In San Francisco hielt er 1956 eine Rede, in der er seiner unerschütterlichen Hoffnung Ausdruck verlieh: „Ich glaube, dass der Tag kommen wird, an dem alle Kinder Gottes sind – schwarze und weiße –, gleich wertvoll und notwendig, wie auf der Tastatur eines Klaviers." Es gibt ein wunderbares Lied von Paul McCartney, das er gemeinsam mit Stevie Wonder singt: Ebony and Ivory (Ebenholz und Elfenbein). Das Lied erinnert mich an Martin Luther Kings Zitat der Klaviertastatur und ist ein Plädoyer für das friedliche Miteinander aller Menschen.

... sondern das Recht ströme wie Wasser, die Gerechtigkeit wie ein nie versiegender Bach.

Harvey Bernhard Milk (1930–1978) war US-amerikanischer Politiker und Bürgerrechtler der Schwulen- und Lesbenbewegung. Er war der erste offen schwule Politiker der USA. Zuhause war er in San Francisco im Castro-Viertel und setzte sich dort für die Rechte von Schwulen und Lesben ein. H. Milk war Stadtrat und wurde von einem ehemaligen Kollegen im Rathaus erschossen. Posthum erhielt er viele Ehrungen, so ist ein Platz nach ihm benannt, eine historische Straßenbahn ist ihm als Museum auf Rädern gewidmet. Auf einem Geländer an einer Straßenbahnhaltestelle ist ein Zitat von ihm zu lesen: „Hoffnung auf eine bessere Welt, auf eine bessere Zukunft. Hoffnung ist niemals still. Ihr müsst ihnen Hoffnung geben." Mit diesen Worten endet die originale Tonaufnahme, die ich im dortigen Museum hören konnte; er rechnet mit seiner Ermordung und sein Vermächtnis war, der schwul-lesbischen Community Hoffnung zu geben auf ein Leben ohne Angst vor Strafen und Verfolgung.
Im heutigen Castro-Viertel ist dieser Geist von Freiheit, liebevollem Miteinander und Toleranz zu spüren und wird immer weiter kultiviert. Wie gut wäre es, wenn dies überall auf der Welt selbstverständlich wäre.

Regina Hallmann

Matthäus 22,1–14

Und Jesus fuhr fort und sprach wieder zu ihnen in Gleichnissen: Das Königtum Gottes ist mit der Wirklichkeit in der folgenden Geschichte von einem Menschenkönig zu vergleichen, der ein Hochzeitsmahl für seinen Sohn veranstaltete.
Und er schickte seine Sklaven, um die Eingeladenen zum Hochzeitsmahl zu rufen, und sie wollten nicht kommen.
Da schickte er noch einmal andere Sklaven und sagte: Richtet den Eingeladenen aus: Hört her! Ich habe mein Mahl vorbereitet, meine Stiere und meine gemästeten Tiere sind geschlachtet, und alles ist bereit. Kommt her zum Hochzeitsfest!
Sie aber gingen weg, ohne sich beeindrucken zu lassen, einer zu seinem Ackerland, ein anderer zu seinen Geschäften. Die übrigen Eingeladenen überwältigten die Sklaven des Königs, misshandelten sie und töteten sie.
Da wurde der König zornig und schickte seine Truppen und vernichtete diese Mörder und verbrannte ihre Stadt …
Gott ruft alle Völker, aber das schwächste liebt er besonders.

(Übersetzung von Luise Schottroff, Gleichnisse)

Das Hochzeitsmahl

Was für eine Geschichte! Meine Konfis sagen: megaunsympathisch, von Anfang bis Ende.
Ja, wenn ich sie wörtlich so nehme, schon.
Aber fangen wir anders an: Es ist Ende Oktober, Anfang November. Eine besondere Zeit: Das Advents- und Weihnachtsgetöse ist noch nicht da. Alles wird stiller, die Blätter sind fast alle abgefallen, man hört kaum noch Vögel, die meisten sind in den Süden geflogen. In unseren Breiten stirbt die Natur, sonst gäbe es keinen Frühling.
Menschen bereiten sich auf das Gedenken an die Toten vor und schmücken Gräber. Das Nachdenken über die „Letzten Dinge" liegt nahe, über das Lebensende, über das Ende der Welt. Gibt es da etwas, was noch kommt?
Im jüdischen Glauben gibt es die Erzählung vom Festmahl am Ende der Zeit. Es gibt sogar ein jiddisches Lied davon. Ein Schüler fragt seinen Rabbi: Sag mir, Rabbi, was wird sein, wenn der Messias kommt? Wenn der Messias kommt, wird es ein großes Festmahl geben.
Was gibt es da zu essen und zu trinken, fragt der Schüler. Den Ochsen, der seit dem Paradies dafür aufbewahrt wurde. Und den großen Leviathan, das Meeresungeheuer, das für so viele untergegangene Schiffe verantwortlich war und all die toten Seeleute. Er wird enden als „gefillte Fish" am Tisch des Messias. Mose selbst wird an diesem Festmahl die Thora lehren (wie die Thora-Stunde nach einem Shabbat-Mahl), König Salomo persönlich die Weisheit unterrichten, Moses' Schwester Miriam wird singen und König David die Harfe spielen.
Nice, sagen die Konfis, viel netter als das Gleichnis.

… aber Gottes Mahl ist anders

Die Vorstellung vom Festmahl am Ende der Zeit gibt es schon beim Propheten Jesaja (Jes 25,6–9). Zu diesem Festmahl sind alle Völker eingeladen (Jes 49,6): *damit du der ganzen Welt die Rettung bringst, die von mir kommt.*
Bei diesem Mahl wird sogar der Tod verschlungen, verheißt Jesaja, und Gott wird alle Tränen abwischen und von den Völkern *die Decke* des Unverständnisses wegziehen.
Das Mahl am Ende der Zeit ist also ein Freudenmahl, bei dem alle Menschen einen Platz an der Tafel finden.
Das weiß Jesus, und das wissen die, die ihm zuhören.
Und sie wissen aus ihrer Realität, dass die meisten der damaligen Herrscher ungerecht und mit Gewalt regieren. Jesus weist bei Matthäus mehrfach darauf hin. Er dagegen preist die Armen selig in der Bergpredigt und die, die hungern und dürsten nach Gerechtigkeit (Mt 5,3–10).
Also ist das Königtum Gottes gerade eben nicht mit dem Reich dieses Menschenkönigs direkt vergleichbar, sondern es steht im Kontrast dazu: An diesem Beispiel könnt ihr sehen, wie es im Königtum Gottes gerade nicht zugeht.
Die Menschen um Jesus werden dafür Zeugen: Jesus lädt Sünder und Ausgestoßene zum Mahl ein. Er schickt Kranke und Gebrechliche nicht weg. Er heilt sie, sogar am Shabbat. Auch den Diener eines römischen Hauptmanns, eines unreinen Heiden und Vertreters der Besatzungsmacht (Lk 7,1–10).

Der Menschenkönig

Der Menschenkönig sieht durch die Zurückweisung der zuerst geladenen Gäste seine Herrschaft infrage gestellt. Also metzelt er sie nieder. Die anderen von den Stadtausgängen der Straßen überwacht er beim Festmahl. Und von dem, der nicht passend gekleidet ist, sieht er sich missachtet und lässt ihn in den Kerker werfen.
Ja, sagen vermutlich Jesu Zuhörer, das kennen wir. Gerade so geht es im Königtum Gottes nicht zu. Und es beginnt schon jetzt, klein wie ein Senfkorn, wenn alle an meinem Tisch willkommen sind, auch die Zerlumpten und die Kranken und die Sünder, vor allem die, verkündet Jesus.
Es muss eine riesige Freude ausgelöst haben bei den Eingeladenen, die Geschichte vom Zöllner Zachäus ist ein Beispiel dafür (Lk 19,1–10).
Sehr lange Zeit in der Geschichte der Christen ist dieses Gleichnis wörtlich übertragen worden: Gott ist der König, der Sohn ist Jesus, die zuerst Eingeladenen sind die Juden. Die wollten Jesus nicht. Also wurden die Heiden eingeladen. Der mit dem falschen Gewand ist der, der es nicht ernst meint mit dem Glauben.
Diese Auslegung führte direkt auf den „highway to hell", in den Antijudaismus und Antisemitismus. Man fand im Neuen Testament den Hass auf Juden legitimiert und konnte loslegen mit der Gewalt.
Von der Alten Kirche bis zur NS-Diktatur folgten unzählige Menschen diesem verhängnisvollen Weg.

... aber Gott ist König

Gott ist König, König über alle anderen Könige, das ist ein sehr alter Gedanke des Glaubens Israels. Schon in der Frühzeit, berichtet die Bibel, als die israelitischen Stämme unbedingt einen König haben wollen mit dem Argument „die anderen haben auch einen", geht die Sache mit den weltlichen Königen schief.
Sie haben nicht dich, sondern mich verworfen, sagt Gott zum Propheten Samuel (1. Sam. 8,7c). Denn eigentlich ist der eine und wahre König nur Gott.
Seither zeigen die biblischen Geschichten immer wieder Fehlverhalten der Könige Israels auf: Sie sind gewalttätig, sie sind unberechenbar, sie bereichern sich, sie beuten ihr eigenes Volk aus und führen es in Kriege mit verheerenden Folgen. Und sie halten sich nicht an Gottes Gebote.
Es gibt eine starke herrschaftskritische Strömung in der Bibel.
Und zu Jesu Zeiten las man daraus genauso auch Kritik an der römischen Herrschaft.
Gott dagegen ist ein König, dessen Herrschaft gerecht ist: Das geknickte Rohr wird er nicht zerbrechen und den glimmenden Docht wird er nicht auslöschen, in Treue trägt er das Recht hinaus, verkündet Jesaja (Jes. 42,3). Gott ist des Armen Schutz, preisen ihn die Psalmen (z. B. Psalm 9,10).
Jesus erinnert mit diesem Gleichnis kurz vor seinem Leidensweg die Armen seiner Zeit daran, dass Gott der gerechte König ist, auf den sie hoffen dürfen.

Gerechtigkeit am Ende der Zeit

In der Zeit Ende Oktober, Anfang November gehen mit dem Sterben in der Natur die Gedanken auf das eigene Ende hin. Und auf das Ende der Welt. Die Texte in den Kirchen sind darauf ausgerichtet.
Gott (oder der Messias) wird erscheinen, um die Welt zu richten. Aber eben mit Gerechtigkeit und nicht mit Willkür.
Gott wird einen Ausgleich herstellen – in seinem Reich werden die Kleinen, Unterdrückten und Misshandelten ganz groß werden. Und wer ihnen zu Lebzeiten geholfen hat, Hungrigen zu essen gegeben und Durstigen zu trinken, wer Fremde beherbergt hat (und nicht ausweisen will), wer Nackte bekleidet und Kranke und Gefangene nicht allein gelassen hat (Matth. 25,31–40), für den gilt das genauso.
Eine solche Aussicht auf das Ende ist für sehr viele Menschen durch die ganze Geschichte hinweg erleichternd und befreiend.
Ein solches Ende muss man nicht fürchten: Gott schafft Gerechtigkeit. Sie gilt für die ausgebeutete Näherin in den Sweat-Shops der Kleiderindustrie in Bangladesh genauso wie für die ungezählten Kriegsopfer auf der Erde. Sie gilt für die, die in der Shoa ermordet wurden; für die, die vor Bomben und Gewalt fliehen mussten und für viele mehr.
Ja, am Ende wird es ein Festmahl geben, wie Jesaja verkündet. Und das jiddische Lied: Nicht mal mehr der Leviathan ist gefährlich – er wird einfach verspeist.

... und ließ ihn in die Finsternis hinauswerfen – Martin Luther gegen den finsteren Gott.

Am 31. Oktober 1517 hat Martin Luther in einem Brief an Albrecht von Brandenburg, den Erzbischof von Mainz und Magdeburg, 95 Thesen gegen den Ablasshandel geschrieben. Kurze Zeit später wurden diese Thesen veröffentlicht (und angeblich an die Tür der Schlosskirche zu Wittenberg gehängt). Zuerst waren seine Thesen nur ein Beitrag zu einer innerkirchlichen Auseinandersetzung. Später nannte man dieses Datum den Reformationstag.
Die Kirche seiner Zeit war allmächtig. Und despotisch, wie der Menschenkönig im Gleichnis. Sie verkündete Gott als einen, der auch kleinste Sünden aufs Härteste bestraft. Gnade konnte man bei ihm kaum finden. Ein finsterer Gott, unter dem auch der Mönch Martin Luther lange Zeit sehr gelitten hat.
Durch das Studium der Bibel, vor allem von Paulus' Römerbrief, erkannte Luther, dass die Kirche Falsches verkündete.
Nein, Gott ist nicht finster, er ist gnädig. Und darum erschien Luther der Handel mit der Sündenvergebung, den Ablassbriefen, damit die Kirche viel Geld einnehmen konnte, umso schändlicher.
Nein, Gottes Königtum ist nicht so wie das des Menschenkönigs im Gleichnis, verkündet Jesus seinen Zuhörern. Und Gottes Königtum liegt auch nicht in irgendeinem Jenseits, daran dachten die Menschen zur Zeit Jesu nicht. Sondern es geht um seine, um Gottes Welt, hier und jetzt, wenn Menschen in seinem Namen handeln.

Gott liebt alle Völker, aber das schwächste liebt er besonders.

Dieser Vers, vielleicht ein einzeln überliefertes Jesus-Wort, passt nicht zu dem Gleichnis. Im Lauf der Überlieferung wurde es an das Gleichnis „drangeklebt".
Und noch weniger passt die Übersetzung aus der Luther-Bibel, wie sie vielen geläufig ist: „Denn viele sind berufen, aber wenige sind auserwählt." Versteh ich nicht, sagen die Konfis, wo ist denn da der Unterschied?
Und tatsächlich gibt es diesen Unterschied im Neuen Testament nicht.
Luise Schottroff übersetzt diesen einzelnen Vers anders: „Gott liebt alle Völker, aber das schwächste liebt er besonders" (Schottroff, Gleichnisse, 67). Gott als König ruft alle Völker zum Mahl und liebt das schwächste, Israel. Es geht nicht darum, Menschen auszuschließen, sondern vielmehr darum, sie dazuzuholen.
Sie beruft sich dabei auf 5. Mose 7,7: Nicht weil ihr zahlreicher wärt als andere Völker hat Gott euch erwählt – schließlich seid ihr das Geringste unter allen Völkern –, sondern weil er euch liebt.
Noch einmal: Dieses Gleichnis ist eine Gegenteil-Geschichte. Bei Gott geht es gerade nicht so zu wie …

Und das ist ein Trost am Festtag Allerheiligen, am 1. November, wo in vielen Gegenden die Menschen an die Gräber ihrer Verstorbenen gehen und sie besonders schmücken: Leben ist endlich. Gott wird Gerechtigkeit schaffen. Er ruft alle und schließt keinen aus. Und am Ende gibt es ein Fest.

Brigitte Peschke

J S. Bach, Kantate für Alt-Solo, BWV 54
Widerstehe doch der Sünde

Widerstehe doch der Sünde,
sonst ergreifet dich ihr Gift.
Lass dich nicht den Satan blenden;
Denn die Gottes Ehre schänden,
trifft ein Fluch, der tödlich ist.
…
Wer Sünde tut, der ist vom Teufel,
denn dieser hat sie aufgebracht;
Doch wenn man ihren schnöden Banden
mit rechter Andacht widerstanden,
hat sie sich gleich davongemacht. *… die Sünde*

(Text: Hofbibliothekar Georg Christian Lehms, 1711)

Widerstehe ...

Gerade hatte ich das Thema für WeiterGehen 2025 erfahren, als ich am Sonntag diese Bachkantate hörte. Beeindruckt und verblüfft wählte ich einen Teil des Kantatentextes für diese Woche.
Gleich zu Beginn bringt Bach mit einschmeichelnder Melodie die verlockende Schönheit der Sünde zum Klingen und ruft mit dem Dominantseptakkord zum Widerstand auf.
Immer wieder erklingt der Spannungsakkord, der nach Auflösung verlangt. Wie ein musikalischer Anlauf klingen die beiden Silben „wi-der-“ und dann das „-ste-he“ wie eine energische Aufforderung, sich zu widersetzen und nicht einwickeln zu lassen von den Verführungen zum Bösen.
Bach hat den Text zu unserer Kantate bei einem Autor seiner Zeit gelesen. Für den ist der Teufel der Bösewicht, der Verführer zu Sünden, „die Gottes Ehre schänden“.
Aber hier steht der Singular: die Sünde. Was ist gemeint? Was hat das mit meinem Leben zu tun?

Widerstehe doch der Sünde …

Um welche Art Sünden könnte es hier gehen:
Wenn ich nicht an Gott glaube?
Missachtung der 10 Gebote?
Sich „verruchten Dingen" hingeben wie Alkohol, Prostitution, Exzessen jeglicher Art?
Menschen kränken, beleidigen, ablehnen oder gar missbrauchen, missachten, verachten?
Bosheit in Gedanken, Worten und Werken?
Wenn ich Schuld auf mich geladen habe durch mein Handeln oder Nichthandeln?
Oder geht es um Widerstände in mir selbst, mit mir selbst?
Mir selbst widerstehen, meiner Trägheit, Feigheit und Angst. Und im „Wider"-, im Dagegensein oder Dagegenhandeln „Stand" gewinnen, Klarheit, Mut, für Überzeugungen einzutreten.

„Ein Rabbi sprach:
Die große Schuld des Menschen sind nicht
die Sünden, die er begeht –
die Versuchung ist groß und seine Kraft ist klein.
Die große Schuld des Menschen ist,
dass er jederzeit umkehren kann und es nicht tut."

EKG 444, Aus dem Chassidismus

Widerstehe doch dem Bösen, sonst ergreifet dich ihr Gift …

„Nawalny! Alexej! Nawalny sdjes! Nawalny ist hier!", rufen Tausende Moskauer Bürger, als der Sarg in die kleine Kirche getragen wird. Sie haben sich zur Beerdigung versammelt, um dem toten russischen Oppositionsführer die letzte Ehre zu erweisen und ihre Trauer zum Ausdruck zu bringen. Allen Drohungen und Verboten der Staatsmacht zum Trotz.
Ob sie keine Angst hätten, werden etliche von Journalisten gefragt. Einer sagt, dass er große Angst habe. „Aber wenn ich eine andere Schulter an meiner Schulter spüre, weiß ich, ich bin nicht allein!"
„Nein, ich habe keine Angst. Er hat doch gesagt, man muss keine Angst haben", sagt eine Frau.
Ein anderer Mann: „Ich bin gekommen, um zu zeigen, wie ich wirklich denke!"
Wieder andere sagen: „Nein, wir sind zu viele! … Er hatte keine Angst, zu seinen Mördern zurückzukehren … Er hat sich nicht gefürchtet, und wir fürchten uns nicht!"
In diesen Tagen, Februar / März 2024, erschüttern uns die Berichte von Nawalnys Tod und dem Versuch der Moskauer Regierung, öffentliche Teilnahme zu verhindern, bis hin zur Drohung, ihn im Straflager zu verscharren, wenn seine Mutter nicht einwilligt in eine einsame Bestattung.
Und dann kamen sie zu Tausenden auf den Friedhof und die Straßen und Plätze in vielen russischen Städten, um ihn, den Mutigen, den Mutmachenden und Hoffnunggebenden zu ehren.
Was für ein Zeichen!
Viele wurden von der Polizei festgenommen.
(Zitate aus der SZ, 2. / 3. März)

Das Leben ist der Güter höchstes nicht,
der Übel größtes aber ist die Schuld!
(Friedrich Schiller, Die Braut von Messina, Schlusssatz)

Diesen Satz zitiert Emmi Bonhoeffer 1945 in einem Brief an ihren 14-jährigen Sohn und fährt fort: „Wenn du das einmal wirklich begriffen haben wirst, wirst du nie mehr Angst haben. Darum ist auch Papa so ruhig und strahlend …"
Klaus Bonhoeffer ist der Papa, von dem seine Frau hier an den Sohn schreibt. Er ist in Haft als Angehöriger des Widerstands. Hingerichtet am 25.4.45.
Er hätte es als „Schuld" empfunden, nicht eindeutig dem Übel des Nationalsozialismus entgegenzutreten, zu widerstehen. Und so riskierte er – wie auch sein Bruder Dietrich – sein Leben und gab es hin als Sühne für die Schuld seines (unseres) Volkes und auch als Konsequenz seines Handelns.
Von Angst oder Verzweiflung über die aussichtslose Situation ist hier nichts zu spüren. Von Dietrich Bonhoeffer ist überliefert, dass er wie ein „Gutsherr" aus seiner Zelle trat, um zum Richtplatz abgeführt zu werden.
„Der Mensch muss sich selbst hinter sich gelassen haben, wenn er eine Ahnung von sich selbst bekommen will." Meint der Priester Alfred Delp damit, dem Tod ins Auge sehen zu müssen, um das eigene Tun auf den Prüfstand zu stellen, und dann mit dem eigenen Handeln und den daraus folgenden Verurteilungen einverstanden zu sein? So mit der Arbeit im Kreisauer Kreis, der Widerstandsgruppe, die Pläne zur gesellschaftlichen Neuordnung nach dem Fall des Nationalsozialismus erarbeiten wollte.

Der Widerstand von mutigen Menschen wurde in Diktaturen meistens mit Gewalt niedergeschlagen, die Beteiligten getötet bis heute.
Angefangen hat es schon mit Jesus von Nazareth, der mit seinem Leben zeigte, dass es nicht in erster Linie um die Gesetze der Thora, sondern die Liebe und Barmherzigkeit Gottes den Menschen gegenüber geht. Er stellte die Macht der Pharisäer und Schriftgelehrten infrage. Das hatte seinen Tod am Kreuz zur Folge.
In der Reformationszeit ging es Martin Luther um das genaue Lesen und Verstehen der Bibel, deren Inhalte nicht zu den Dogmen der kirchlichen Tradition passten. Auch ein Infragestellen von Macht! Und in der Folge ging es den Menschen um Befreiung von Machtmissbrauch. Es folgten Bauernkriege, der Dreißigjährige Krieg. Die Französische Revolution, Versuche, im 19. Jahrhundert aus Deutschland eine Demokratie zu machen. Und dann das Dritte Reich.
Ein ganz anderes Beispiel aus Südfrankreich in den 1980er-Jahren: Ein Truppenübungsplatz sollte über eine ganze Hochebene voller Naturschönheiten und Schafherden vergrößert werden. Schafbauern, engagierte Bürger aus der Umgebung und viele junge Leute und Priester leisteten mit Erfolg fantasievollen, gewaltlosen Widerstand und zogen bis nach Paris, wo sie eine riesige Schafherde unter dem Eiffelturm grasen und demonstrieren ließen.
Um ihre Interessen deutlich zu machen, greifen auch heute Einzelne und Gruppen zu öffentlichem Widerstand. Diese Widerständler müssen in unserer Demokratie nicht mit dem Tod rechnen. Aber sie müssen Verantwortung für ihr Tun und die Folgen übernehmen.

Woher kommt die Kraft derjenigen zum Widerstand, die trotz Folter und Todesdrohungen nicht von ihrer Überzeugung ablassen? Die sich nicht entmutigen lassen durch die Vergeblichkeit ihrer Anstrengungen?
Klaus Bonhoeffer und seine Frau waren der Ansicht, „dass Bildung und Entwicklung geistig freier Persönlichkeiten den innersten Sinn eines menschlichen Lebens ausmachen. Dass diese Freiheit und die sie ermöglichende Wahrheit dazu verpflichtet Verantwortung zu übernehmen und notfalls mit dem eigenen Leben dafür einzustehen".
Der Epheserbrief vergleicht diese Kräfte mit der Ausrüstung eines Kämpfers im Krieg. Mit dem Bild von der *Waffenrüstung* fordert er: sich mit Wahrheit, Gerechtigkeit, Heil und Glauben an das Wort Gottes zu bewaffnen. Dann wären wir bereit für das Evangelium des Friedens. Damit könnten wir *auslöschen alle feurigen Pfeile des Bösen.*
Bleiben, nicht nachgeben, nicht weichen ist Widerstand. Darin liegt Kraft, und es braucht Kraft auch zu gewaltlosem Widerstand. Wenn die innere Kraft versagt, ist die Versuchung zu Gewalt groß. Ermüdung ist oft das Ende des Widerstands – Gewaltherrscher wissen das schon immer.
Und was bleibt uns? Was bleibt mir zu tun?

Hier sitze ich und zweifle, denn wenn ich mich umschaue, sehe ich nur, wie das Böse sich ausbreitet in Gedanken, Worten und Taten. Die mit Gottes Wort „Bewaffneten" haben noch keine Chance. Es scheint, als könne zurzeit nur mit Aufrüstung und Gewalt dem „Bösen" entgegengetreten werden, dem Angriffskrieg der Russen auf die Ukraine und der unverhältnismäßigen Verteidigung Israels gegen die Hamas mit Tausenden unschuldigen Toten auf allen Seiten.
Und in unserem Land müssen wir die Demokratie verteidigen gegen Parteien mit rechtsradikalen Vorstellungen. Klaus Bonhoeffer war immer der Meinung, dass man Hitler keine Chance geben dürfe, seine Vorstellungen zu verwirklichen.

Ich fühle mich müde.
Schon seit zwei Jahren scheint es nichts zu nützen, mit Luther zu beten: „Verleih uns Frieden gnädiglich, Herr Gott zu unsern Zeiten, es ist doch ja kein andrer nicht, der für uns könnte streiten, denn du unser Gott alleine."
Warum tut ER es nicht? Weil wir Verantwortung übernehmen müssen und mit Dietrich Bonhoeffer hoffen können: „dass Gott aus allem, auch aus dem Bösesten, Gutes entstehen lassen kann und will. Dafür braucht er Menschen, die sich alle Dinge zum Besten dienen lassen."
„Ich glaube, dass Gott uns in jeder Notlage so viel Widerstandskraft geben will, wie wir brauchen. Aber er gibt sie nicht im Voraus, damit wir uns nicht auf uns selbst, sondern auf ihn verlassen …"
Könnte in solchem Glauben alle Angst vor der Zukunft überwunden werden?

Gottfried Stritar

Brief an die Römer 13,1–8

Jedermann sei untertan der Obrigkeit, die Gewalt über ihn hat. Denn es ist keine Obrigkeit außer von Gott; wo aber Obrigkeit ist, ist sie von Gott angeordnet. Darum: Wer sich der Obrigkeit widersetzt, der widerstrebt Gottes Anordnung; die ihr aber widerstreben, werden ihr Urteil empfangen. Denn die Gewalt haben, muss man nicht fürchten wegen guter, sondern wegen böser Werke. Willst du dich aber nicht fürchten vor der Obrigkeit, so tue Gutes, dann wirst du Lob von ihr erhalten. Denn sie ist Gottes Dienerin, dir zugut. Tust du aber Böses, so fürchte dich; denn sie trägt das Schwert nicht umsonst. Sie ist Gottes Dienerin und vollzieht die Strafe an dem, der Böses tut. Darum ist es notwendig, sich unterzuordnen, nicht allein um der Strafe, sondern auch um des Gewissens willen. Deshalb zahlt ihr ja auch Steuer; denn sie sind Gottes Diener, auf diesen Dienst beständig bedacht. So gebt nun jedem, was ihr schuldig seid: Steuer, dem die Steuer gebührt; Zoll, dem der Zoll gebührt; Furcht, dem die Furcht gebührt; Ehre, dem die Ehre gebührt. Seid niemandem etwas schuldig, außer dass ihr euch untereinander liebt; denn wer den anderen liebt, der hat das Gesetz erfüllt.

LUTHER 2017

Jedermann sei untertan der Obrigkeit, die Gewalt über ihn hat. Denn es ist keine Obrigkeit außer von Gott; wo aber Obrigkeit ist, ist sie von Gott angeordnet.

Der 9. November ist ein „Schicksalstag" für Deutschland: An diesem Tag war 1918 das blutige Ende der Märzrevolution. 1923 scheiterte in München der Hitlerputsch. Am 9. November 1938 begann mit der „Reichspogromnacht" die systematische Verfolgung unserer jüdischen Mitbürgerinnen und Mitbürger. Und im Jahr 1989 fiel an diesem Tag die Berliner Mauer.

Wenn Christinnen und Christen ihrer nationalsozialistischen Obrigkeit nicht *untertan* gewesen wären, sondern den Gehorsam verweigert hätten, dann hätten sie ihre jüdischen Nachbarn und Freunde am 9. November 1938 und in den Jahren danach vermutlich nicht diffamiert, verfolgt und gequält.

Doch vielleicht haben die Kirchen aus ihrer verhängnisvollen Vergangenheit gelernt. Die Berliner Mauer fiel 1989 jedenfalls auch deshalb, weil viele Christinnen und Christen dem Gewaltregime der DDR den Gehorsam eben verweigert und gewaltlos Widerstand geleistet haben. Auch mit ihren Gebeten.

Ist wirklich jede Obrigkeit *von Gott angeordnet und Gottes Dienerin?*

Auch Martin Luther hat mit seiner kirchlichen und staatlichen Obrigkeit Schlimmes erlebt: *Gott der Allmächtige hat unsere Fürsten toll gemacht, dass sie meinen, sie können tun und ihren Untertanen gebieten, was sie nur wollen, und die Untertanen irren auch und glauben, sie seien schuldig, dem allen zu folgen …* (Von weltlicher Obrigkeit, wie weit man ihr Gehorsam schuldig sei, 1523)

Der Apostel Paulus, der stolz war, römischer Bürger zu sein, hatte vermutlich mit seinen Ermahnungen an die Gemeinde in Rom nicht nur die kaiserliche Obrigkeit im Blick. Vermutlich dachte er auch an die religiöse Obrigkeit in den Synagogen. Denn die Zahl derer, die an Jesus aus Nazareth als den lang ersehnten Messias, als ihren Christus glaubten, ist in Rom stark gewachsen. Dies hat vermutlich zu Spannungen mit den Juden und Jüdinnen geführt, die die Überzeugungen der Christusanhänger nicht teilten oder sie gar verwarfen. Deshalb gab es möglicherweise Vorbehalte gegenüber den Oberen in den Synagogen. Und einige Christen sind ihren Verpflichtungen, etwa bezüglich der Tempelsteuer, nur widerwillig oder überhaupt nicht nachgekommen. Sie ermahnt Paulus, ihre religiösen Pflichten trotzdem zu erfüllen. Trotz aller Vorbehalte. Und die Oberen der Synagogen zu respektieren. Denn sie sind Gottes Diener, die ihren Dienst gewissenhaft ausführen:

So gebt nun jedem, was ihr schuldig seid: Steuer, dem die Steuer gebührt; Zoll, dem der Zoll gebührt; Furcht, dem die Furcht gebührt; Ehre, dem die Ehre gebührt.

Der Apostel ruft damit auch zu Toleranz auf: Beharrt nicht rechthaberisch auf eurer Meinung. Sondern sucht das Gespräch. Nehmt euch gegenseitig an. Akzeptiert euch. Auch wenn andere eben anders denken und anders glauben als ihr. Versucht es trotzdem. Immer wieder. Tut es um der Gemeinschaft willen. Und um Gottes willen.

Denn sie ist Gottes Dienerin, dir zugut ...

Die *Obrigkeit ist Gottes Dienerin.* Sie dient Gott. Und sie dient den Menschen. So sollte es sein. Leitlinie ihres Handelns ist in Deutschland das *Grundgesetz,* das nach den bitteren Erfahrungen der Shoah und des Zweiten Weltkriegs verfasst wurde und vor 75 Jahren in Kraft trat. Darauf wird die Obrigkeit verpflichtet.

Der erste Artikel, gleichsam die Überschrift, lautet: „Die Würde des Menschen ist unantastbar. Sie zu schützen und zu achten ist Verpflichtung aller staatlichen Gewalt." Die *Obrigkeit* ist also danach zu beurteilen, wie weit sie dieser Aufgabe nachkommt. Und wo dies nicht geschieht, wo die Würde des Menschen angetastet wird, wo unterschieden wird zwischen Ausländern und Inländern, zwischen Menschen mit und ohne Migrationshintergrund, dort ist die *Obrigkeit* an ihre Verantwortung zu erinnern. An die Leitlinie ihrer Macht. Denn das ist die Leitkultur, an der unsere *Obrigkeit* und alle Bürgerinnen und Bürger sich zu orientieren haben: „Die Würde des Menschen ist unantastbar." Jedes Menschen. Ohne Ausnahme. Ohne Wenn und Aber.

Der heilige Martin, dessen Namenstag heute gefeiert wird, hat sich daran orientiert. Er hat seinen Mantel mit einem Bettler geteilt. Er hat Anteil genommen an seinem Leben. Und damit hat er ihm seine Würde zurückgegeben. Martin war ein Diener Gottes. Und der Menschen. Deshalb wird er zu Recht als Vorbild und Heiliger verehrt.

Darum ist es notwendig, sich unterzuordnen …

Anders als Paulus leben wir heute in keinem Obrigkeitsstaat. Gott sei Dank. Wir sind auch keine Untertanen. Wir sind freie Menschen. Wir leben in einer Demokratie. In der „alle Staatsgewalt vom Volke ausgeht." Nicht von oben. Von unten. Wir wählen unsere Regierung selber. Und wir sind so frei, sie auch wieder abzuwählen.
Damit der Staat aber funktioniert und unser gesellschaftliches Zusammenleben einigermaßen gelingt, ist es notwendig, sich an die vorgegebenen Gesetze und Regeln zu halten. Selbst wenn wir manche vielleicht als Einengung unserer Freiheit empfinden. Doch so ganz ohne Spielregeln geht es eben nicht. Auch die Freiheit der anderen ist ein hohes Gut, das geschützt werden muss. Dies ist oft ein schwieriger Balanceakt, der allzu leicht aus dem Gleichgewicht gerät.
… nicht allein um der Strafe, sondern auch um des Gewissens willen.
Doch wir sollten uns nicht aus Angst vor Strafe an die Gesetze und Vorschriften halten. Sondern aus Einsicht. Aus Vernunft. Aus der Erkenntnis, dass diese Spielregeln unsere Demokratie schützen. Und eben nicht das Recht des Stärkeren entscheidet, was richtig und falsch, gut und böse ist. Sondern in einer Demokratie kommt es darauf an, das Recht des Schwächeren und der gesellschaftlichen Minderheiten zu stärken. Und wo das geschieht und immer wieder neu versucht wird, dort ist Gott auf unserer Seite.

Dietrich Bonhoeffer schreibt in seinen Briefen und Aufzeichnungen aus der Haft (1942/43): „Wir haben in diesen Jahren viel Tapferkeit und Aufopferung, aber fast nirgends Civilcourage gefunden, auch bei uns selbst nicht ... Wir Deutschen haben in einer langen Geschichte die Notwenigkeit und die Kraft des Gehorsams lernen müssen ..."
Müssen wir diese Zeilen des christlichen Widerstandskämpfers Dietrich Bonhoeffer nicht neben die Ermahnung des Apostels stellen: *Jedermann sei untertan der Obrigkeit?* Eine demokratische Gesellschaft braucht beides: Loyalität gegenüber dem Staat und Zivilcourage. Beides ist wichtig. Demokratie lebt davon, dass die Bürgerinnen und Bürger sich aktiv beteiligen. Dass sie sich für diejenigen in unserer Gesellschaft einsetzen, die benachteiligt sind und deshalb oft den Kürzeren ziehen. Dass sie dem Hass auf Menschen mit einer anderen Kultur, einer anderen Religion oder einer anderen Lebensweise entgegenwirken. Dazu braucht es Mut zur Zivilcourage. Zu Widerspruch und Widerstand.
Gerade Christinnen und Christen sind da besonders gefordert. Denn, und so schließt Bonhoeffer seine Überlegungen zur Zivilcourage: „Sie beruht auf einem Gott, der das freie Glaubenswagnis verantwortlicher Tat fordert und der dem, der darüber zum Sünder wird, Vergebung und Trost zuspricht."

Eine Stadt in Thüringen. Die Neuwahl des Bürgermeisters steht an. Ein unabhängiger Kandidat und der Kandidat einer rechtspopulistischen Partei stehen zur Wahl. In der Stadt formiert sich ein breites Bündnis von Bürgerinnen und Bürgern, die für Offenheit und Toleranz eintreten, für Vielfalt und Demokratie.
Wie sollen sich die Kirchengemeinden in dieser Situation verhalten? Abwarten? Schweigen? Neutral bleiben? Die Christinnen und Christen entscheiden sich dafür, Farbe zu bekennen. Für uns ist unaufgebbar, so begründen sie ihre Entscheidung, dass ausnahmslos alle Menschen die gleiche Würde haben. Deshalb setzen wir uns für die Schwächeren ein. Für Weltoffenheit statt Nationalismus. Für Menschlichkeit statt Menschenhass. Wer sich vom Hass gegen Ausländer, gegen Juden und Muslime nicht deutlich distanziert, sollte nicht in ein verantwortliches Amt gewählt werden. Die Kirchengemeinden unterstützen das breite Bürgerbündnis – mit Erfolg: Gewählt wurde gegen alle Prognosen der unabhängige Kandidat.
Ein Bespiel, das Mut macht. Die Menschen dieser Stadt haben verstanden, worum es geht. Anders als in einem Obrigkeitsstaat sind in der Demokratie alle Bürgerinnen und Bürger aufgerufen, sich für Gerechtigkeit und Frieden, für Toleranz und Menschlichkeit einzusetzen. Wir alle sind dafür mitverantwortlich. Wir alle sind Gottes Dienerinnen und Diener, seine Mitarbeiterinnen und Mitarbeiter.

Jedermann sei untertan der Obrigkeit, die Gewalt über ihn hat …

Seid loyal gegenüber dem Staat und seiner demokratisch gewählten Regierung. Befolgt die von den Parlamenten beschlossenen Gesetze. Und achtet darauf, dass die Würde des Menschen gewahrt bleibt. Sie zu schützen ist unser aller Aufgabe. Habt Mut zu Zivilcourage.
Denn es ist keine Obrigkeit außer von Gott … Sie ist Gottes Dienerin …
Alle Menschen, die sich füreinander einsetzen, die für Frieden und Gerechtigkeit, für die Bewahrung der Schöpfung eintreten, sind Dienerinnen und Diener Gottes, Mitarbeiterinnen und Mitarbeiter an seinem Schalom.
Darum ist es notwendig, sich unterzuordnen, nicht allein um der Strafe, sondern auch um des Gewissens willen …
Passt gut aufeinander auf! Habt offene Augen für eure Mitmenschen. Besonders für die Schwachen, die auf unsere Unterstützung und Solidarität angewiesen sind. Hört auf euer Gewissen. Und handelt danach.
So gebt nun jedem, was ihr schuldig seid: Steuer, dem die Steuer gebührt; Zoll, dem der Zoll gebührt; Furcht, dem die Furcht gebührt; Ehre, dem die Ehre gebührt.
Tragt euren Teil dazu bei, dass der Staat seine Aufgaben finanzieren kann. Vor allem: Geht respektvoll miteinander um, tolerant und wertschätzend.
Seid niemandem etwas schuldig, außer dass ihr euch untereinander liebt; denn wer den anderen liebt, der hat das Gesetz erfüllt.

Christoph Huppenbaue

Ezechiel 18,32

Kehret um, so werdet ihr leben!

Kehret um, so werdet ihr leben!

Kaum eine Aussage der Bibel scheint so aktuell in unsere heutige Zeit hineinzusprechen wie dieses vom Propheten Hesekiel verkündete Wort Gottes an die von Nebukadnezar nach Babylon verschleppten Bürger Jerusalems – gesprochen vor über 2.600 Jahren:
Spontan höre ich für mich die Warnung renommierter Wissenschaftler unserer Zeit, dass die Erde ohne eine radikale Wende in unserem Ressourcenverbrauch immer schneller auf den Abgrund zurast und alles Leben auf ihr bedroht.
Viele der Jüngeren bezichtigen uns über 60-Jährige, wir würden ihnen durch unseren Lebensstil die Zukunft nehmen. Manche nennen sich gar die ‚letzte Generation' und machen mit spektakulären Aktionen auf sich aufmerksam. Sie sind überzeugt, dass die Menschheit ohne eine radikale Verhaltensänderung hin zu mehr Klimagerechtigkeit ihr eigenes Ende provoziert.
Haben sie recht? Sind wir schuld am Niedergang unseres Planeten? Noch sei es nicht zu spät, sagen die Wissenschaftler, der sogenannte Tipping Point noch nicht erreicht. Umkehr sei noch möglich.

Wer ist schuld?

Damals in Babylon hatte die Mahnung des Propheten ein völlig anderes Ziel. Viele der aus Jerusalem Verbannten verstanden ihr Schicksal als Strafe Gottes an seinem Volk, insbesondere dafür, dass deren Vorfahren dem Gott Israels die Ehre verweigert und fremde Götter angebetet hatten. Fatalismus und Resignation kehrten ein bei ihnen: Wir müssen ausbaden, was unsere Alten verbockt haben, klagen sie und zitieren ein gängiges Sprichwort jener Tage: *„Die Väter haben saure Trauben gegessen und den Söhnen werden die Zähne stumpf."* (Ez 18,2)
Werden unsere Kinder und Kindeskinder uns Ähnliches vorwerfen: wir hätten trotz besseren Wissens ihre Zukunft verspielt?
Die Antwort des Propheten: Nein, ihr tragt nicht die Schuld am Fehlverhalten eurer Voreltern. Jeder von euch kann umkehren und sich Gott erneut zuwenden. Als neues Gotteswort verkündet er: *Meinst du, dass ich Gefallen habe am Tod des Gottlosen und nicht vielmehr, dass er von seinen Irrwegen umkehrt und am Leben bleibt?*
Die Verbannten im Exil hörten auf ihn. Nach ihrer Rückkehr aus Babylon bauten sie in Jerusalem den Tempel wieder auf, und stellten den Gehorsam gegenüber der Thora ins Zentrum des sich neu entfaltenden jüdischen Glaubens.
Ich lerne daraus: Du kannst die Verantwortung für die Probleme der Welt nicht abschieben auf andere. Es kommt auch auf dein persönliches Verhalten an, ob unsere Kinder eine Zukunft haben.

Die Reich-Gottes-Botschaft Jesu

Doch ist es überhaupt legitim, ein an eine spezielle Zielgruppe gerichtetes uraltes Prophetenwort in unsere heutige Zeit zu übertragen, es gar als Herausforderung für die gesamte Menschheit zu verstehen? Ich meine ja, sofern wir unseren Christusglauben in der Kontinuität zum Gottesglauben des jüdischen Volkes verstehen.
600 Jahre nach Hesekiel treten Johannes der Täufer und kurze Zeit später auch Jesus von Nazareth in Galiläa mit nahezu derselben Botschaft auf: Kehret um! verbunden mit der Aufforderung zur Taufe zur Vergebung von Schuld (Mt 3,2. 4,17; Mk 1,4.15; Lk 3,3) sowie der Ankündigung des von Gott her in die Welt hereinbrechenden Gottesreiches (Mk 1,15).
Doch wie und wann wird Gott die Welt verwandeln? Jesus weist alle Spekulationen über den Zeitpunkt und die konkrete Gestalt des Gottesreiches zurück. Doch er betont, dass es nahe bevorstehe und bereits in diesem Leben *„mitten unter euch"* (Lk 17,21) präsent sei. Auch bleibe seine Reichweite nicht auf die Anhänger des jüdischen Glaubens beschränkt. Vielmehr bezieht Jesus alle ein, die dem Willen Gottes entsprechen. Er preist sie *‚selig'* (Mt 5), selbst wenn sie dafür Anfeindung, Verfolgung und Elend erleiden müssen.
Ich lerne daraus: Wenn du an deine Grenzen kommst, schuldig wurdest und nicht mehr weiterweißt: Gott will dir einen Neuanfang gewähren: Umkehr und Vergebung deiner Schuld sind möglich.

„…, so werdet ihr leben" – und der Tod?

Konnte dieses Wort zu Hesekiels Zeiten noch als Verheißung für ein Kollektiv, das Volk Gottes mitsamt seinen künftigen Generationen, gedeutet werden, so gilt es bei Jesus, spätestens jedoch im Auferstehungsglauben der ersten Christen, auch dem Einzelnen in der Nachfolge Christi über dessen Tod hinaus. Das zeigt sich etwa in der Zusage Jesu an den *Schächer am Kreuz* (Lk 23,43): *„Wahrlich, ich sage dir: Heute wirst du mit mir im Paradies sein."* (Lk 23,42.43)
Doch wenn jedes Leben unwiderruflich durch den Tod begrenzt ist, wie ist dann die Zusage *‚Ihr werdet leben'* zu verstehen? Keiner kann den Raum jenseits der Todesschwelle beschreiben. Gibt es überhaupt eine das persönliche Leben übergreifende Wirklichkeit?
Rein logisch scheint ja der griechische Philosoph Epikur recht zu haben, wenn er feststellt: „Der Tod ist … für uns ein Nichts: Solange wir da sind, ist er nicht da, und wenn er da ist, sind wir nicht mehr."
Doch unser Leben selbst spricht eine andere Sprache. Unsere Fantasie und Gefühle, unsere Ängste und Leidenschaften, aber auch unsere Hoffnungen und Wünsche, vor allem aber die Erfahrung der Liebe sind nicht Nichts. Sie greifen in ihrer tiefen Sehnsucht über das persönliche Leben hinaus. Sie wirken in uns und wecken die Ahnung einer Wirklichkeit, die unsere vordergründige Realität übersteigt. Sie öffnen Horizonte unseres Lebens.

Ewiges Leben – und der Tod?

Dein Reich komme. Dein Wille geschehe. Jesus betont, dass, wo immer Gottes Wille geschieht, sein Reich, seine allumfassende Wirklichkeit gegenwärtig ist. Das bedeutet ewiges Leben.
Ein Schriftgelehrter fragt Jesus: *„Was muss ich tun, dass ich das ewige Leben ererbe?“* Jesus antwortet: *„Du sollst den Herrn deinen Gott lieben von ganzem Herzen … und deinen Nächsten wie dich selbst.“* (Lk 10,27)
In diesem Sinne ist Ewigkeit für mich nicht das Jenseits des Todes, auch nicht die endlose Fortdauer der Zeit. Ewigkeit ist Diesseits und Jenseits. Sie ist gegenwärtig, wo *Glaube, Hoffnung und Liebe* lebendig sind. In diesem Sinne kann auch der erfüllte Augenblick Ewigkeit bedeuten als beglückende, gar ekstatische Erfahrung zeitloser Gegenwart mitten im Leben. Ewiges Leben ist daher auch präsent in der uns unbekannten Dimension jenseits des persönlichen Todes des Einzelnen. Diese können wir allenfalls in poetischer Sprache und Bildern unseres Gottvertrauens erahnen.

Der Liederdichter Arno Pötzsch (1900–1956) hat dies so umschrieben:
Wir sind von Gott umgeben
auch hier in Raum und Zeit
und werden in ihm leben
und sein in Ewigkeit. (EG Nr. 533, V. 3)

Hoffnung über den Tod hinaus – Lydia.

Lydia Holmer, die Cousine eines befreundeten Pastors, arbeitete als Kinderkrankenschwester mit Straßenkindern in El Salvador, als sie schwer erkrankte: Knochenkrebs. 2012 starb sie mit 28 Jahren. Vor ihrem Tod schrieb sie für Freunde und Familie auf ihrer Homepage einen Brief, aus dem ich zitiere:

„Meine lieben Freunde, es ist wirklich schwer zu beschreiben: mein Körper verliert nach und nach an Funktionen, aber mein Herz ist voller Hoffnung. Mit dem Monats-Bibelvers für März ist es aber schon besser zu verstehen: ‚Bei Gott allein kommt meine Seele zur Ruhe, denn von Ihm kommt meine Hoffnung.' (Ps 62,6) *… Ich bin todkrank! […] Ich werde eines Tages sterben, wie jeder von uns. … Manche Menschen denken, dass mein Leben nun nur von Traurigkeit geprägt ist. Das ist nicht der Fall. Im Gegenteil. Ich darf vieles noch mehr schätzen lernen. Mein Herz ist dankbar und damit von Frieden durchzogen. […] Ich wünsche euch und mir, dass wir Tag für Tag mehr lernen, uns in unserem Leben auf Jesus zu stützen. Dann haben wir eine Hoffnung, die über den Tod hinausgeht. Lasst uns die Ewigkeit nicht ausblenden!"*

„Lasst uns die Ewigkeit nicht ausblenden!"
– Krisen und Kriege – die Welt am Abgrund

Mir persönlich geht es gut. Dankbar mache ich mir das täglich bewusst: Die Katastrophen der Welt sind bislang an mir vorübergegangen. Doch wie lange noch bleibe ich verschont? Denn auch „ich werde sterben, wie jeder von uns" (Lydia). Während ich hier schreibe, herrschen andernorts bereits die apokalyptischen Reiter der Neuzeit: Das sind etwa Verlustängste, auch in den saturierten Ländern dieser Welt, Zukunftsängste fast überall angesichts der drohenden Klimakatastrophe, Verzweiflung und Todesängste in den Kriegsgebieten der Ukraine, im Heiligen Land und weiteren Regionen unserer Erde, sowie Gewalt, Flucht, Armut, Hunger – und für alle der Tod. Gerade darum gilt für mich umso mehr Lydias Appell: „Lasst uns die Ewigkeit nicht ausblenden!" und Hesekiels prophetische Mahnung: *„Kehret um"* – ich ergänze: in die große Wirklichkeit Gottes. Sie ist die Quelle meiner Hoffnung in diesem Leben und darüber hinaus. Und so bete ich fast täglich mit den Worten der Dichterin Marie Schmalenbach (1835–1924):
Ewigkeit, in die Zeit leuchte hell hinein,
dass uns werde klein das Kleine
und das Große groß erscheine.
Sel'ge Ewigkeit.
Ich hoffe inständigst und bete darum, dass auch die verzweifelten Opfer gegenwärtiger und künftiger Schrecken einmal tot oder lebendig die Ewigkeit Gottes erfahren werden, wie Jesus es ihnen zugesagt hat: *Selig sind, die da Leid tragen; denn sie sollen getröstet werden.* (Mt 5,4)

Traugott Schächtele

Mit Bildern und Worten apokalyptisch widerstehen

Das Lied vom fremden Gott

Fremd bist du mir, o Gott!
Soll'n nicht nur Hohn und Spott
als Lohn mir bleiben,
muss mein Wort mutig sein.
Ich wehr' mit klarem Nein
dem bösen Treiben.

Nah bist du mir, o Gott,
reißt mich aus falschem Trott
hinein ins Leben.
Wo mich dein Geist durchweht,
mir neu vor Augen steht,
was du gegeben.

(Melodie EG 659: Die Erde ist des Herrn –
Text Traugott Schächtele)

Widerständige Mutmach-Videos

Schreibe, was du gesehen hast und was ist und was geschehen soll danach. (Offb 1,19)

Meine Schülerinnen und Schüler in der Oberstufe haben die Offenbarung des Johannes geliebt. Kein anderes Buch der Bibel ist so prallvoll von einer teils bizarren, detailliert beschriebenen und auch Gewalt zur Darstellung bringenden Bilderwelt. Damit ist auch kein anderes biblisches Buch so nah dran an den Clips, Reels oder wie auch immer diese kleinen Filme heißen, von denen sich Jugendliche tagtäglich unzählige vor Augen führen. Bilder, die die Welt beschreiben – wie sie ist oder wie sie werden könnte. Johannes, der „Bild-Sekretär" der Apokalypse, tut nichts anderes. Er führt uns Bilder vor Augen, die die Gegenwart und die Zukunft meinen – aber in einer verschlüsselten Zeichensprache. Die fremde Staatsmacht soll nicht verstehen, welche Botschaften da kommuniziert werden. Die Apokalypsen – und es gab davon ja jede Menge – sind eine besondere Art von Widerstandsliteratur – harmlos, skurril und fremd für die, die sie nicht verstehen, aber eine „Offenbarung" für die lesekundige Zielgruppe. Dem Seher Johannes blieb nichts anderes, als seine inneren Videos zu beschreiben – heute würde er, da bin ich mir sicher, kleine Clips drehen und sie in seinem Kanal täglich online stellen. Seine apokalyptischen Bilder beschreiben nur vordergründig Horrorszenarien. Eigentlich sind es Mutmach-Videos. Davon können wir auch heute nicht genug haben.

Himmlische Zeugnisausgabe

Weil du mein Wort von der Geduld bewahrt hast, will auch ich dich bewahren vor der Stunde der Versuchung, die kommen wird über den ganzen Weltkreis. (Offb 3,10)

Wer im Beruf seine Stelle wechselt, möchte von seinem Arbeitgeber ein Zeugnis. Zeugnisse sind wie die Apokalypse in einer Sprache geschrieben, die deutungsbedürftig ist. Dass sich jemand „bemüht" hat, ist eigentlich aller Anerkennung wert. In einem Zeugnis ist die Aussage vernichtend. Bei dem Bemühen kam wohl am Ende wenig heraus. Besser ist es allemal, wenn jemand „stets zur vollsten Zufriedenheit" gearbeitet hat.
Am Beginn der Apokalypse des Johannes stehen sieben Zeugnisse. In der kirchlichen Insidersprache ist von „Sendschreiben" die Rede. Aber es sind knallharte Beurteilungen von sieben Gemeindetypen. Und dass sie ehrlich gemeint sind, sieht man daran, dass keines der Beurteilungsschreiben nur Lob enthält. Manche der Rückmeldungen sind vernichtend! Die eine Gemeinde ist „weder kalt noch warm", eine andere Gemeinde ist schlicht „tot". Die Gemeinde in Philadelphia kommt sehr gut weg. Sie wird nicht zuletzt wegen ihrer Geduld gelobt. Diese Tugend ist in unserer schnelllebigen Gesellschaft noch rarer geworden. Alles muss sich sofort rechnen. Muss möglichst noch heute über die Bühne gehen. Aber Reife braucht Zeit. Dass etwas wachsen und sich erst entwickeln muss, dass manchmal erst Umwege ans Ziel führen, ist eine wichtige Lebenserfahrung. Wenn man mir das irgendwann ins Zeugnis schreiben könnte, wäre ich froh und dankbar.

Die Farbe des Widerstands

Und einer der Ältesten antwortete und sprach zu mir: Wer sind diese, die mit den weißen Kleidern angetan sind, und woher sind sie gekommen? (Offb 7,13)

Wenn es ums Ganze geht, ist die himmlische Farbe Weiß. Die Grabtücher Jesu, die Gewänder der Engel, die Taufgewänder in den Anfangsjahrhunderten der Kirche – sie alle nehmen diese besondere Farbe auf. Der „weiße Sonntag" erinnert an diese Tradition, ebenso die Altarfarbe in den Kirchen in der Weihnachts- und Osterzeit. Das bemerkenswerteste Weiß in der Bibel ist für mich noch einmal ein anderes. Mich elektrisiert jedes Mal neu die weiße Farbe der Gewänder der Unzähligen, die sich nach den Bildern der Offenbarung im Himmel um den Thron Gottes versammeln. Es sind diejenigen, die zu Opfern der Willkür und Bosheit der Mächtigen geworden sind und ihr Eintreten für Recht und Gerechtigkeit und ihren Glauben nicht selten mit dem Leben bezahlen mussten. Das Weiß ihrer himmlischen Gewänder ist ein ins Bild gesetzter Hinweis, dass Gott die Opfer ins Recht setzt. Am Ende sind sie es, auf die es ankommt.

Der heutige Internationale Gedenktag der Gewalt an Frauen und Mädchen erinnert an eine besondere Gruppe von Menschen, die bis heute in ihrem Lebensrecht und ihrer Lebenslust behindert und ausgegrenzt werden und Erfahrungen brutaler Gewalt machen müssen. Das Bild der weißen Kleider ist deshalb keines der Vertröstung, sondern eines, das ihren Mut und ihre Kraft zum Widerstehen aufnimmt.

Das siebte Siegel

Und als das Lamm das siebente Siegel auftat, entstand eine Stille im Himmel etwa eine halbe Stunde lang.
(Offb 8,1)

Die innere Dramatik der Offenbarung ist nicht zu überbieten. Ich muss beim Lesen jedes Mal den Atem anhalten, wenn auch keine halbe Stunde! Die Rätsel des Lebens, aufgezeichnet im Buch mit den sieben Siegeln, werden gelöst. Für die römischen Besatzer muss die innere Kraftquelle der Menschen ein Buch mit sieben Siegeln sein. Sie verstehen nicht, was sich hinter all den Bildern verbirgt. Im Himmel aber werden die Siegel gebrochen und das Buch geöffnet. Der Himmel ist hier aber gerade nicht als zukünftige Welt der Vertröstung zu verstehen. Eher könnte man ihn als die verborgene Welt Gottes beschreiben. Sie ist allemal so real wie die Welt, die die Menschen vor Augen haben und erleiden. Aber sie ist gewissermaßen hinter den Kulissen des sichtbaren Lebens verborgen. Mit dem Öffnen des siebten Siegels kommt die Enthüllungszeremonie zu ihrem Höhepunkt. Aber auch der wird nicht überstürzt. Nach und nach ertönen Posaunen. Denn das, was enthüllt werden soll, hat kosmische Bedeutung. Am Ende sitzt Gott an den Schalthebeln der Macht und nicht die irdischen Machthaber. Die desolate Gegenwart kann nicht darüber hinwegtäuschen.
Das ist mehr als nur Rückenwind für die Menschen, denen andere das Leben vorenthalten wollen. Die Botschaft des siebten Siegels ist eine, die den Herrschenden nicht schmeckt. Das macht sie brisant und hochgefährlich. Bis heute!

Kein guter Ort für Drachen

Und es entbrannte ein Kampf im Himmel: Michael und seine Engel kämpften gegen den Drachen. (Offb 12,7)

Von wegen Friede, Freude, Eierkuchen im Himmel! Die Handlanger des Bösen, die die Macht an sich reißen wollen, machen nicht einmal vor dem Himmel halt. Und nicht nur ein einziger Name fällt mir ein von Herrschern der Gegenwart, denen ich das sofort zutrauen würde, wenn sie nur die Möglichkeit dazu hätten. Der Himmel ist hier also nichts anderes als die Beschreibung der Gegenwart unter Berücksichtigung der Einflussmöglichkeiten Gottes. Der Himmel als eine alternative Weise der Wahrnehmung der Wirklichkeit. Im Himmel, so liest es sich in der Apokalypse weiter, zieht der Drache darum auch den Kürzeren. Er wird dann aber erst einmal auf die Erde geworfen und kann da weiter sein zerstörerisches Tun entfalten.
Den römischen Unterdrückern mit ihrem gottgleichen Kaiser hätten die Ohren klingeln müssen bei dem Spiegel, den ihnen dieser Text vor Augen hält. Ihr Wirken ist allemal vorübergehender Natur. Und wenn ich mir den Lauf der Geschichte in Erinnerung rufe, war jedes Weltreich nur von begrenzter Dauer. Wenn man mittendrin steckt in der Geschichte des Elends und des Unrechts, kann einen das womöglich nicht unbedingt trösten. Aber es stärkt die Kraft zum Durchhalten und Widerstehen. Denn nicht einmal dem Drachen bleibt seine Macht auf Dauer. Und am Ende fallen Himmel und Erde zusammen, und dem Bösen wird der Garaus gemacht.

Die Festplatte Gottes

Und die Toten wurden gerichtet nach dem, was in den Büchern geschrieben steht, nach ihren Werken. (Offb 20,12)

Auch die Apokalypse des Johannes kommt nicht aus ohne das Bild vom letzten, „jüngsten" Gericht. Diese Vorstellung entspringt wohl einer inneren Sehnsucht nach Gerechtigkeit. Es muss doch einen Ort geben, an dem die Täterinnen und Täter ihrer Verbrechen überführt und die Opfer wieder ins Recht gesetzt werden. Und die Tradition kennt kaum Einhalt, wenn sie die drastischen Strafen ausmalt, die denen winken, die im Gericht nicht bestehen können.
Für mich bleibt beim Bild des Jüngsten Gerichts, das die Taten wiegt, immer ein schaler Nachgeschmack. Am Ende gilt es nie nur den anderen, sondern auch mir. In der Apokalypse werden nur die vor Gericht gestellt, die nicht schon mit weißen Gewändern um den Thron Gottes herumstehen. Diese Vorstellung aber führt zu einer gefährlichen Zweiteilung der Menschheit. Und ich muss hoffen, dass ich am Ende auf der richtigen Seite stehe. Mir ist wohler, wenn ich mit dem inneren Bild lebe, dass dieser Riss nicht durch die Menschheit, sondern durch jeden einzelnen Menschen geht. Und ich traue Gott zu, dass ich nicht „hin-gerichtet", sondern „recht-schaffen" aus dem Gericht herauskomme und mein Sündenregister in den himmlischen Büchern gelöscht wird. Oder dass Gott am Ende gleich seine ganze himmlische Festplatte „crashen" lässt.

Ein völliger Neuanfang

Gott wird abwischen alle Tränen von ihren Augen, und der Tod wird nicht mehr sein, noch Leid noch Geschrei noch Schmerz wird mehr sein. (Offb 21,4)

Mein absoluter Lieblingstext in der Bibel! Keine komplizierten Zusammenhänge, die ich erst entschlüsseln muss. Keine Bilder aus ferner Zeit, die ich erst übertragen muss. Nein, eine Zusage, die bei den alltäglichen Erfahrungen einsetzt. Schmerzen, Tränen, Krankheit und Tod – irgendwann gehören sie der Vergangenheit an. Aber was ich als „gesetzt“ verstehe, weil es zum Leben dazugehört, ist nach dem Verständnis der Apokalypse Kennzeichen einer zu Ende gehenden Welt. Es gibt also nicht nur eine sich allmählich vollziehende Veränderung. Es gibt auch einen Bruch und einen völligen Neuanfang. Das Faszinierende an der Apokalypse ist, dass sich der nicht nur auf meine eigene Existenz bezieht und mich auf eine himmlische Zukunft vertröstet. Nein, hier ist der Zustand der Welt gemeint. Hier geht's genauso um die Schöpfung wie um die politischen Strukturen. Die Welt ist also nicht dem Untergang geweiht und auch nicht hilflos denen ausgeliefert, die sie lieber ausbeuten anstatt sie zu bebauen und zu bewahren.
Die große Hoffnung der Unterdrückten am Ende des 1. Jahrhunderts nach Christus kann ihre kühne Kraft des Widerstehens bis heute entfalten. Die Vision vom Neuanfang am Ende der Tage wird Wirklichkeit mitten in unserer Gegenwart. Dass heute das alte Kirchenjahr endet und morgen ein neues beginnt, ist dafür ein schönes Gleichnis.

Ulrike Knörlein

Jesaja 58,7–10

7 Heißt das nicht: Brich dem Hungrigen dein Brot, und die im Elend ohne Obdach sind, führe ins Haus! Wenn du einen nackt siehst, so kleide ihn, und entzieh dich nicht deinem Fleisch und Blut! 8 Dann wird dein Licht hervorbrechen wie die Morgenröte, und deine Heilung wird schnell voranschreiten, und deine Gerechtigkeit wird vor dir hergehen, und die Herrlichkeit des Herrn wird deinen Zug beschließen. 9 Dann wirst du rufen und der Herr wird dir antworten. Wenn du schreist, wird er sagen: Siehe, hier bin ich. Wenn du in deiner Mitte niemand unterjochst und nicht mit Fingern zeigst und nicht übel redest, 10 sondern den Hungrigen dein Herz finden lässt und den Elenden sättigst, dann wird dein Licht in der Finsternis aufgehen, und dein Dunkel wird sein wie der Mittag.

LUTHER 2017

Werde Mensch!

Heute vor 190 Jahren, am 30. November 1835, wurde der amerikanische Schriftsteller Samuel Langhorne Clemens geboren. Besser bekannt ist er unter seinem Pseudonym Mark Twain, der Schöpfer von Tom Sawyer und Huckleberry Finn. Er führte ein turbulentes Leben: Er lebte als Lotse auf dem Mississippi, versuchte sich als Goldgräber, war als Reporter tätig und unternahm zahlreiche Reisen, die ihn unter anderem auch nach Europa führten. Seine Werke sind geprägt von einem humoristischen und satirischen Stil, der die Heuchelei der damaligen Gesellschaft aufzeigt. In seinen Büchern setzt er sich kritisch mit Korruption, Habgier, Rassismus, Militarismus, Sklaverei und Vorurteilen auseinander. Das sind Themen, die leider immer noch hochaktuell sind; heute wie vor 150 Jahren und ebenso schon vor 2.500 Jahren, als in etwa der Text aus Jesaja 58 entstanden ist. Auch in ihm geht es um Kritik an einer Gesellschaft, in der alle nur sich selbst im Blick haben und dabei die Augen vor den Nöten ihrer Mitmenschen verschließen.
Dass es auch ganz anders laufen kann, macht uns Gott selbst vor. Anstatt in fernen Himmeln um sich selbst zu kreisen, wird er Mensch und kommt als Mensch zu uns Menschen. Er hat unsere Nöte gesehen und nimmt sich unser an. In Jesus Christus hat uns Gott gezeigt, wie ein wahrhaft menschliches Leben aussehen kann.
Vielleicht können wir versuchen, es ihm in dieser Adventszeit gleichzutun und füreinander Mensch werden?

Aus der Ferne

Der Song „From a distance" wurde vor 40 Jahren von Julie Gold in ihrem Ein-Zimmer-Appartement in New York komponiert. Fünf Jahre später sang ihn Bette Midler und machte ihn damit weltberühmt. Heute feiert die Sängerin und Schauspielerin Bette Midler ihren 80. Geburtstag.
In „From a distance" geht es darum, dass unsere Welt aus der Ferne wunderschön und heil aussieht. Es herrschen Harmonie und Frieden und es haben alle genug. Und aus dieser Entfernung beobachtet uns Gott.
Solche Worte bringen unsere Sehnsucht zum Klingen, unsere Sehnsucht nach dem verlorenen Paradies, nach dem Garten Eden, als Gott nach seiner Schöpfung sein Werk betrachtete und es als sehr gut befand. (Vgl. Gen 1,31)
Doch aus der Nähe sieht unsere Welt heute ganz anders aus. Sie ist verwundet und beschmutzt, es herrschen Kriege und Ungerechtigkeit, es gibt so viel Leid und hungernde Menschen. Bette Midler wollte das nicht hinnehmen. 1995 gründetet sie daher das „New York Restoration Project". Dabei handelt es sich um eine gemeinnützige Organisation, die zahlreiche Bäume pflanzt und sich um verwahrloste Parks in benachteiligten Stadtvierteln kümmert. Über 100 Gemeinschaftsgärten sind so in New York City bereits entstanden und bringen damit ganze Stadtteile im wahrsten Sinn des Wortes zum Blühen.
Was kann ich dazu beitragen, dass die Welt nicht nur aus der Ferne schön aussieht, sondern sie es tatsächlich auch in der Nähe wird?

Dann wird mein Licht eure Dunkelheit vertreiben.

April 2020: Ein Land im Ausnahmezustand. Ein neuartiges Virus versetzt die Menschen in Angst und Schrecken. Die Schulen sind geschlossen. Aus Italien und dem Elsass flimmern furchtbare Bilder der dramatischen Situation vor Ort über die Bildschirme. Auch Johanna hat Angst. Noch hat sie das Glück, dass sie als Lehrerin im Gegensatz zu vielen anderen einen sicheren Arbeitsplatz hat. Im doppelten Sinn, denn sie kann zu Hause an ihrem PC sitzen und von dort aus ihre Schülerinnen und Schüler unterrichten. Doch wenn der PC heruntergefahren ist, ist es still in der Wohnung. Nachrichten kann sie keine mehr hören, das Café nebenan ist geschlossen. Sie macht sich Sorgen um ihre Eltern, die sie nicht besuchen kann. Sie macht sich Sorgen um ihre Schüler, die beengt zu Hause sitzen. Sie macht sich Sorgen, wenn sie niesen muss. Sie macht sich Sorgen, wenn sie nachts wachliegt und die Uhr ticken hört, nur unterbrochen von der aufheulenden Sirene eines vorbeirasenden Krankenwagens.
Dunkle Nachtgedanken lasten auf ihrer Seele. So soll das nicht weitergehen, sagt sie sich und folgt einem Aufruf des Landratsamtes. Sie beginnt, in einem schwer vom Personalausfall betroffenen Seniorenheim auszuhelfen. Tag für Tag sitzt sie nun mit gelbem Schutzkittel und Maske bei Frau X. Sie gibt ihr Essen ein, streichelt über ihre Hand, erzählt ihr aus ihrem Leben.
Tag für Tag nährt sie somit zwei Seelen, und allmählich wird es heller in

Int. Tag der Menschen mit Behinderungen

Meine Herrlichkeit beschließt euren Zug

Zahlreiche Todeserfahrungen prägten ihr Leben. Aemilie Juliane von Schwarzburg-Rudolstadt, geborene Gräfin von Barby und Mühlingen, verlor bereits als kleines Kind Mutter und Vater. Später folgten ihre Pflegeeltern, ihre leiblichen Geschwister, ihre Pflegeschwestern und auch ihre neugeborene Tochter. Doch all diese Verluste konnten ihrem starken Glauben nichts anhaben. Diesen brachte sie in fast 600 selbst gedichteten Liedern zum Ausdruck. Zwei von ihnen stehen auch im Evangelischen Gesangbuch: „Bis hierher hat mich Gott gebracht" (EG Nr. 329) und „Wer weiß, wie nahe mir mein Ende" (EG Nr. 530). Letzteres verweist auf ihre intensive Beschäftigung mit dem Tod. Die vielen Verlusterfahrungen hatten sie nicht abgeschreckt, sondern vielmehr dazu bewogen, sich auch mit ihrem eigenen Tod auseinanderzusetzen. Täglich feierte Aemilie Juliane Andachten und gab auch ein Gebetbuch heraus, das sich mit sämtlichen Themen beschäftigt, die zur damaligen Zeit für Frauen relevant schienen („Geistliches Weiber-Aqua-Vit"). Ihr Engagement zeigte sich auch ganz praktisch, indem sie unter anderem eine Mädchenschule unterstützte und mehrere Stiftungen für Arme, Witwen und Waisen gründete. Sie starb am Freitag, dem 3. Dezember 1706, mit 69 Jahren zur Todesstunde Jesu. Sie hatte sich angewöhnt, immer zu dieser Zeit eine entsprechende Andacht zu feiern. Voller Hoffnung und Gottvertrauen erwartete sie im Tod die Begegnung mit Jesus. Ihr Gedenktag ist ihr Todestag, denn es ist ihr himmlischer Geburtstag. Wie stelle ich mir meine letzte Stunde vor?

Brot und Rosen

Hunger hat viele Facetten. Es gibt auch einen Hunger, der nicht allein mit Brot zu stillen ist. Der wunderbare Dichter Rainer Maria Rilke wurde heute vor 150 Jahren, am 4. Dezember 1875, in Prag geboren. Über ihn gibt es eine Anekdote, die genau das zum Ausdruck bringt: In Paris soll er einmal einer Bettlerin eine Rose in ihre Hand gelegt haben. Die sonst täglich am selben Platz sitzende Frau blieb daraufhin eine Woche lang verschwunden. Auf seine Nachfrage, wovon sie denn solange gelebt habe, antwortete sie: „Von der Rose."
Der Mensch braucht mehr als Nahrung und Kleidung. Er braucht Zuwendung und Nähe, eine liebevolle Gemeinschaft und Begegnungen auf Augenhöhe, er braucht ein Leben in Würde. Die Diakonische Basisgemeinschaft „Brot & Rosen" in Hamburg hat sich genau das zu ihrer Lebensaufgabe gemacht. Die christlich-ökumenische Lebensgemeinschaft möchte der zunehmenden Vereinsamung, Ausgrenzung und Ungerechtigkeit in unserer Gesellschaft mit ihrer Vision von einem Haus, in dem alle Menschen willkommen sind, begegnen. Dort wird gemeinsam mit obdachlosen Geflüchteten und Migrant*innen gekocht und gegessen, gefeiert, gelacht und geweint. Dort wird dem Dunkel des Hungers das Licht des Lebens entgegengesetzt. Dort gibt es Brot und Rosen.
Mit wem könnte ich heute Brot und Rosen teilen?

Sterntaler

Die Advents- und Weihnachtszeit ist die Zeit der Märchen. Seit jeher nutzten die Menschen die langen, dunklen Winterabende, um sich Geschichten zu erzählen. Das Märchen „Sterntaler" der Brüder Grimm handelt von einem Waisenmädchen, das nur noch ein Stück Brot und das, was es auf dem Leib trägt, besitzt. Doch selbst diese wenigen Habseligkeiten verschenkt es, als ihm Menschen in Not begegnen.
Am Ende, als es im wahrsten Sinn des Wortes sein letztes Hemd hergegeben hat und nichts mehr zu haben scheint, fallen „die Sterne vom Himmel" und es ist reich.
Bei Jesaja klingt das so: *Nehmt euch der Hungernden an und gebt ihnen zu essen, versorgt die Notleidenden mit allem Nötigen! Dann wird mein Licht eure Finsternis durchbrechen. Die Nacht um euch her wird zum hellen Tag.* (Jes 58,10)
Beide Texte kennen die tiefe Wahrheit, die darin steckt, dass Barmherzigkeit, Selbstlosigkeit und Großzügigkeit nie eine Einbahnstraße sind. Wir selbst werden dabei reich beschenkt. Und so sind in Deutschland etwa 29 Millionen Menschen ehrenamtlich engagiert und verschenken ihre Zeit, ihre Kraft, ihr Geld, ihre Aufmerksamkeit. Heute, am 5. Dezember, wird der Internationale Tag des Ehrenamtes begangen, um damit dessen hohe Bedeutung zu betonen und vor allem auch, um all den engagierten Menschen zu danken. DANKE!
Morgen werden zahlreiche engagierte Menschen als „Nikolaus" verkleidet vielen Kindern eine große Freude bereiten. Vielleicht könnte auch ich morgen jemandem etwas Gutes tun?

Widerstand

Ich widerstehe, sprach der Metzger,
und das Kalb sprang fröhlich davon.
Ich widerstehe, sprach der Soldat
und gewann einen Freund.
Ich widerstehe, sprach die Inhaberin der
Supermarktkette,
und eine ganze Obdachlosenunterkunft wurde satt.
Ich widerstehe, sprach der Mann
und verliebte sich neu in seine Frau.
Ich widerstehe, sprach die Gartendesignerin,
und überall summten die Bienen.
Ich widerstehe, sprach der Politiker
und konnte wieder schlafen.
Ich widerstehe, sprach die werdende Mutter
und hörte den Herzschlag ihres Kindes.
Ich widerstehe, sprach der Konzernchef,
und der Regenwald atmete auf.
Ich widerstehe, sprach die Journalistin,
und die Wahrheit machte sie frei.
Ich widerstehe, sprach Gott
und ließ sich finden.
Und das Dunkel wurde hell.

Regine Gittinger

Hoffnung für die Schöpfung und Gewissheit des Heils

Eine schwere Geburt

Römer 8,18–25

18 Denn ich bin überzeugt, dass dieser Zeit Leiden nicht ins Gewicht fallen gegenüber der Herrlichkeit, die an uns offenbart werden soll. 19 Denn das ängstliche [sehnliche] Harren der Kreatur wartet darauf, dass die Kinder Gottes offenbar werden.

LUTHER 2017

…

24 Weil wir hoffen, sind wir gerettet. Was wir sehen, macht keine Hoffnung. Denn wie können wir hoffen angesichts dessen, was wir sehen? 25 Wenn wir auf etwas hoffen, was wir noch nicht sehen können, so hilft uns widerständige Geduld, darauf zu warten.

BIBEL IN GERECHTER SPRACHE (BIGS)

18 Denn ich bin überzeugt, dass dieser Zeit Leiden nicht ins Gewicht fallen gegenüber der Herrlichkeit, die an uns offenbart werden soll. (Luther)
Ich bin überzeugt, dass die Leiden, die wir jetzt! zum gegenwärtigen Zeitpunkt erfahren, ihre Macht verlieren im Schein der kommenden göttlichen Gegenwart, die sich an uns offenbart. (BigS)

Manchmal ist es wichtig, dass einem Worte von außen gesagt werden. Worte, die man sich selbst angesichts der Erfahrungen und Nachrichten in dieser Welt, in unserer Zeit nicht mehr so einfach zusprechen möchte, oft auch nicht mehr kann. Paulus hat diese Worte. Er ist überzeugt davon, dass die Gemeinde in Rom diese Worte braucht. Es ist die Zeit des Kaisers Nero (54–68 n. Chr.), der die Errungenschaften des großen Kaisers Augustus für sich weiter in Anspruch nimmt. Nero gilt als Fortsetzer jenes goldenen Zeitalters und seiner Errungenschaften, zu denen vor allem die Herrschaft des Kaisers und der Menschen im Allgemeinen über die Schöpfung gehört. Und so wie Augustus beansprucht er, der zu sein, der den Frieden und die Stabilität auf der Erde, ja, im gesamten Kosmos garantiert – er, der Erlöser, Bringer der Pax Romana.
Wie erging es dabei wohl der wachsenden christlichen Gemeinde in Rom, zusammengesetzt aus vielen verschiedenen Menschen, von unterschiedlichsten religiösen, nationalen und kulturellen Hintergründen kommend? Es waren Männer und Frauen, Reiche und Arme, Sklaven und freie Bürger. So wie sie brauchen wir diese Worte heute nicht weniger!

19 Denn das ängstliche [sehnliche] Harren der Kreatur wartet darauf, dass die Kinder Gottes offenbar werden. (Luther)
Die gespannte Erwartung der Schöpfung richtet sich darauf, dass die Töchter und Söhne Gottes offenbar werden. (BigS)

„Ich harre der Dinge, die da kommen" – so sagt man. Was ist das, dieses *Harren?* Ist es ein Seufzen aus Resignation, ein Sich-ver-trösten auf das, was dermaleinst kommen soll, ein geduldiges Warten voller Hoffnung?
Harren – so schreibt der Duden, das ‚Herkunftswörterbuch': Die Herkunft dieses erst seit mittelhochdeutscher Zeit bezeugten Verbs sei dunkel. Das einfache Verb sei heute nahezu ausgestorben. Gebräuchlich seien eher Zusammensetzungen wie ausharren, verharren und beharren.
Aufschlussreich ist, wie verschieden die einzelnen Bibelübersetzungen dieses *Harren* übertragen: *in sehnsüchtigem Verlangen warten* (Zürcher u. a.); *sehnsüchtig und voller Hoffnung warten* (Hoffnung für alle), *sehnsüchtig warten* (Einheitsübersetzung).
Ein Sprichwort sagt: Hoffen und Harren hält manchen zum Narren.
Das ist es wohl nicht, was Paulus den Empfänger*innen seines Briefes in Rom mitteilen will. Er, der in den Schriften des Ersten Testaments gelehrte Jude, kennt Jesaja 40,31: *Aber die auf den HERRN harren, kriegen neue Kraft, dass sie auffahren mit Flügeln wie Adler, dass sie laufen und nicht matt werden, dass sie wandeln und nicht müde werden.*

20 *Die Schöpfung ist ja unterworfen der Vergänglichkeit – ohne ihren Willen, sondern durch den, der sie unterworfen hat –, doch auf Hoffnung;* (Luther)
Denn die Schöpfung ist der Nichtachtung ausgeliefert – nicht aus freier Entscheidung, sondern gezwungen von einer sie unterwerfenden Macht. Sie ist aber ausgerichtet auf Hoffnung. (BigS)

EINE LÜCKE
ZWISCHENZEIT. AUSHALTEN.
TRÄNEN. WARTEN. HARREN.
UND ES GIBT EINE HEILIGE IDEE,
DIE LÜCKE ZU FÜLLEN:
DIE HOFFNUNG

21 *Denn auch die Schöpfung wird frei werden von der Knechtschaft der Vergänglichkeit zu der herrlichen Freiheit der Kinder Gottes.* (Luther)
Denn auch sie, die Schöpfung, wird aus der Versklavung durch die Korruption befreit werden und wird teilhaben an der Befreiung der Kinder Gottes durch die göttliche Gegenwart. (BigS)

Renovabis faciem terrae –
so betitelt Dorothee Sölle eines ihrer Gedichte – Du erneuerst das Antlitz der Erde!
Diese Hoffnung zu teilen lädt Paulus ein. Aber spricht nicht alles, was wir in und um uns in unserer Zeit erleben, dagegen? Breitet sich nicht eher Resignation aus angesichts des Gegenprogramms, der immer noch vorhandenen Versklavung? Krisen bisher ungekannten Ausmaßes verstärken sich gegenseitig – Polykrise –, als eine neue Wortschöpfung dafür. Ein Begriff, der die Atemlosigkeit und Überforderung, wie wir sie im Alltag häufig empfinden, nur zu gut ausdrückt. Wie ist dem zu widerstehen?

Gott deine geistin erneuert das gesicht der erde
erneuere auch unser herz
und gib uns den geist der klarheit und des mutes
denn das gesetz des geistes
der uns lebendig macht in christus
hat uns befreit von dem gesetz der resignation …
(Dorothee Sölle – Auzug)

Gott traut uns schon jetzt, gerade jetzt zu, für diese Hoffnung einzutreten! Auch wenn meine Kraft begrenzt ist, auch wenn die Zukunft mich ängstigt und oft so gar nichts erkennbar ist von der Befreiung der Kinder Gottes.

22 *denn wir wissen, dass die ganze Schöpfung mit uns gemeinsam schreit und mit uns zusammen an der Geburt arbeitet – bis jetzt!* (Luther)
Denn wir wissen, dass die ganze Schöpfung bis zu diesem Augenblick seufzt und in Wehen liegt. (BigS)

Wer eine Geburt miterlebt hat, weiß, als Gebärende oder als mitfiebernde Begleitung, dass der Wunsch nach einer *sanften Geburt* selten zutrifft. Nicht umsonst kommt *Kreißsaal* von *kreißen,* was lautmalend das Schreien, Kreischen und Stöhnen aufnimmt. Und wer Ohren hat zu hören, der hört, hört aus dem Radio, aus den Medien, aus nahezu jeder Ecke das Schreien und Seufzen: aus den Kriegsgebieten, das Schreien der Kinder, das Seufzen der nach Wasser lechzenden Tiere … Schaue ich mir die Schönheit der Natur an, so gibt es kaum eine aktuelle Doku dazu, die nicht aufmerksam machen muss auf die Zerstörung all dieser Schönheit, unserer Lebensgrundlagen. Mit Paul Gerhardt möchte man dagegen ansingen:

Mach End, o Herr, mach Ende
mit aller unsrer Not;
stärk unsre Füß und Hände
und lass bis in den Tod
uns allzeit deiner Pflege
und Treu empfohlen sein,
so gehen unsre Wege
gewiss zum Himmel ein.

Manchmal wird uns dafür die Zeit lang und die Kraft klein, manchmal möchte ich sagen: es reicht! … und dann doch tief durchatmen und der Lebenskraft trotz alledem vertrauen.

23 *Nicht allein aber sie, sondern auch wir selbst, die wir den Geist als Erstlingsgabe haben, seufzen in uns selbst und sehnen uns nach der Kindschaft, der unseres Leibes.* (Luther)
Denn nicht nur sie allein schreit, sondern auch wir, die wir schon die Geistkraft als ersten Anteil der Gottesgaben bekommen haben, wir schreien aus tiefstem Innern, weil wir sehnlich darauf warten, dass unsere versklavten Körper freigekauft und wir als Gotteskinder angenommen werden. (BigS)

Stimmen zu diesem Text aus dem Internationalen Bibliodramaworkshop 2023/Turku in Finnland:
„Ich kann nicht anders. Ich sehe die Parallelen zwischen dem antiken Rom und unserer heutigen westlich-zivilisierten Welt. Die Sicherheit und der Reichtum Roms und seine perfekte Zivilisation beruhten auf dem System der Sklavenhaltung, der Unterdrückung und Ausbeutung der unterworfenen Völker und auf seinem überlegenen Militär. Wie die Menschen im antiken Rom sind wir Gebundene. Gebunden an die systembedingte Ausbeutung der natürlichen Ressourcen über das verträgliche Maß hinaus, gebunden an die Ausbeutung der Arbeitskraft anderer Menschen in anderen Teilen der Welt. Es gibt objektiv das Seufzen der ganzen Schöpfung nach Erlösung.
Paulus hat eine andere Vision: Die Gemeinde als Gemeinschaft der befreiten Kinder Gottes, universell, über alle Grenzen hinweg." – „Ein Text zwischen ‚Suffering und Glory'. Eine Zu-Mutung, die nachwirkt."

24 Denn wir sind gerettet auf Hoffnung hin. Die Hoffnung aber, die man sieht, ist nicht Hoffnung; denn wie kann man auf das hoffen, was man sieht? 25 Wenn wir aber auf das hoffen, was wir nicht sehen, so warten wir darauf in Geduld. (Luther)
Weil wir hoffen, sind wir gerettet. Was wir sehen, macht keine Hoffnung. Denn wie können wir hoffen angesichts dessen, was wir sehen? 25 Wenn wir auf etwas hoffen, was wir noch nicht sehen können, so hilft uns widerständige Geduld, darauf zu warten. (BigS)

Das gefällt mir an der Übersetzung der ‚Bibel in gerechter Sprache': widerständige Geduld! Nicht einfach in der Ecke sitzen und abwarten, was um uns herum geschieht. Widerständige Geduld – fast ein Paradox und darin etwas, was neugierig macht und wach hält.
Schaue ich in die Bibel, so ist sie voller Geschichten, in denen Menschen mit dieser widerständigen Geduld vor Gott leben, mit ihm ringen ob dieser Zumutung, ob dieses Zutrauens in seine Menschen.
Jetzt ist Adventszeit – da sind es die Geburtsgeschichten der Frauen, die nicht aufgehört haben zu hoffen: von Hannah (1 Sam 1 f.) und der Geburt Samuels, von Elisabeth und der Geburt Johannes des Täufers und dann von Maria und der Geburt Jesu (Lk 1 f.). Diese Geschichten erzählen vom Festhalten an der Hoffnung, es werden Lieder gesungen voller Vertrauen auf Rettung und Erlösung. Maria singt: *Meine Seele erhebt den Herrn, und mein Geist freuet sich Gottes, meines Heilandes …* Diese Geschichten sind Hoffnungsquellen, sie helfen uns zu widerstehen und trotz Wehen und Seufzen die neue Welt zur Welt zu bringen.

Hanna Thorbeck

Aber Gottes Wort ist nicht gebunden! 2. Tim. 2,9

2. Tim 29

Aber Gottes Wort ist nicht gebunden

Psalm 40,10

Ich will predigen die Gerechtigkeit in der großen Gemeinde, siehe, ich will mir meinen Mund nicht stopfen lassen, HERR, das weißt du

Neben mir liegt die Bibel von Karl Steinbauer. Die Farbe der Schutzhülle aus Leder ist nicht mehr eindeutig zu erkennen. Abgewetzt, eingerissen ist sie, hat viele Spuren und „Narben". Innen ist viel unterstrichen, an den Rändern winzig geschriebene Bemerkungen und Kommentare, nur mit der Lupe zu entziffern. Zerlesen, bearbeitet, strapaziert – das Fundament von Karl Steinbauer, sein „Werkzeug", mit dem er glaubte, liebte, predigte, argumentierte, stritt, lebte – und 1988 starb. Überall war diese Bibel dabei: Viermal im Gefängnis, im KZ, vor dem Kriegsgericht in Berlin, auch an der Front. Auf einer leeren Seite steht: „mein KZ-Weihnachtslied Sachsenhausen zum Christfest 1939 aus Zelle 9 des Schutzhäftlings 297".
Karl Steinbauer war einer der wenigen bayerischen Pfarrer, die öffentlich gegen das Unrecht im Naziregime und das Verhalten der Kirchenleitung auftraten. In vier Bänden „Einander das Zeugnis gönnen" berichtet er darüber. Dieses in WeiterGehen umfassend darzustellen, ist unmöglich. Ich versuche es ansatzweise, denn es ist auch ein Stück Familiengeschichte. Bevor ich mit dem Schreiben für diese Woche begonnen habe, ist seine Bibel auf sehr merkwürdige Weise bei mir gelandet. Als Zeichen für mich? Aufgeschlagen liegt sie neben mir.

Wie alles begann

Im Sommer 1933 kam Karl Steinbauer als Vikar nach Penzberg. Damals schon stand er dem Nationalsozialismus sehr kritisch gegenüber. Vor allem aber auch seiner Kirche, der er Anpassung vorwarf. Im Februar 1934 bekräftigten die Kirchenführer ihre Treue zum Dritten Reich und dem Führer. Der junge Vikar erhob lautstark Einspruch, sprach von Erpressung Hitlers und vom Umfallen der Kirchenleitung. Im Nachgespräch rechtfertigte sich Bischof Meiser: „Was Sie sagen, ist theologisch alles sehr fein, wir aber müssen mit den Tatsachen rechnen." Die gegebenen Tatsachen waren Hitler, seine Macht, sein Drohen.
Der junge Vikar Steinbauer: „Es fragt sich nur, ob der Herr Christus, dem gegeben ist alle Gewalt im Himmel und auf Erden, auch noch eine gegebene Tatsache ist, mit der wir in der Kirche rechnen dürfen."
Das Predigtverbot danach befolgte er nicht. Begründung: Es gibt nur ein Predigtgebot, zu dem ich mich bei der Ordination verpflichtet habe. Nach dem „Wahlsieg" 1936 (99 %) ordnete die Kirchenleitung Geläut und Beflaggung an. Steinbauer verweigert. Es hieß: „Sie haben zu gehorchen. Die Verantwortung tragen wir." Steinbauer: „Sie verlangen von mir Missbrauch. Ich bin ordinierter Bischof der evangelischen Gemeinde Penzberg und nicht Sie."
Danach: Verhaftung, Gefängnis, Entlassung. Redeverbot für das ganze Reich, Aufenthaltsverbot für Oberbayern. Das Predigtverbot befolgte er nicht. Begründung: „Es gibt nur ein Predigtgebot, zu dem ich mich bei der Ordination verpflichtet habe."

Mein bester Professor

Karl Steinbauer wurde 1906 in Windsbach geboren. Er war das zehnte von zwölf Kindern von Johann und Magdalena Steinbauer. Der Vater war Pfarrer und Rektor des Progymnasiums. Die Schule war Karl Steinbauer eine Last, er wollte ja Bauer werden wie der Großvater. Aber der Vater konnte ihn überzeugen, wenigstens bis zum Abitur durchzuhalten. Nach dem Studium der Theologie folgten Predigerseminar und Ordination, dann das Vikariat in Penzberg.
Nicht nur die Probleme mit dem Nationalsozialismus und der Kirche plagten ihn. Ihn quälte die Frage: Wie soll ich armseliger, kümmerlicher, sündiger Mensch diese ungeheuerliche, große, heilige göttliche Botschaft recht sagen? In einem verzweifelten Brief an seine Eltern schrieb er, er müsse den Dienst aufgeben, die Last sei zu groß. Zwei Tage später klopft es. Die alte Mutter mit ihrem altmodischen Hütchen und dem Regenschirm überm Arm ist es. Da steht sie und sagt: „Was hast denn, mei Karla. Weißt, ich glaub, du singst zu wenig. Lob- und Danklieder musst singen, dass Jesus unser Heiland und Erlöser worden ist. Und jetzt bleib i a weng bei dir."
Einmal, nach dem Professor mit dem größten Einfluss auf ihn gefragt, nannte er seine Mutter – und den Großvater.

Die Gemeinde, die ihrem Pfarrer was gepfiffen hat

Das Aufenthaltsverbot wurde aufgehoben. Steinbauer nahm seinen Dienst in Penzberg wieder auf. Im Schaukasten der Hitlerjugend stand im November 1936 folgender Text: „Bibellesen? Nein! Mit Bibellesen rettet man kein Volk, wurde noch keine Schlacht gewonnen und kein Acker bestellt. Wir stehen heute im schwersten Kampfe. Da nützt es nicht, die Jugend von den staatlichen Verbänden abzulocken und mit Bibellesen beschäftigen zu wollen. Sondern die Jugend muss körperlich und geistig gestählt werden für die Aufgaben, die ihr bevorstehen."
Karl Steinbacher entfernte die Mitteilung, schrieb einen Protestbrief an die Presse- und Propagandaabteilung. Eine Woche später stand im Schaukasten: „Unsere Bibel ist des Führers Buch ‚Mein Kampf'." Auch das entfernte er: Erneute Verhaftung. Im Gefängnis in Weilheim bekam er täglich „Pfeifbesuch": Gemeindeglieder pfiffen ihm vor dem vergitterten Fenster das Osterlied „Gelobt sei Gott im höchsten Thron!" Der Verhaftete nannte es das „Todes-Auslachlied". Er zog sich am Zellenfenster hoch und winkte mit dem Taschentuch. Nach fünf Monaten Entlassung ohne Verurteilung, wieder mit dem Verbot, seinen Dienst auszuüben.

„Die Verhaftungspredigt" – und die Folgen

Nach einem kurzen Gefängnisaufenthalt in Bamberg war Karl Steinbauer 1938 zum „ständigen Verweser" in der Gemeinde Senden-Ay ernannt worden. Am 8.1.1939 hielt er eine Predigt über den Kindermord in Bethlehem, er nannte sie „Verhaftungspredigt". Immer waren seine Predigten biblisch und auf den Text bezogen, wurden aber durch seine Auslegung durchsichtig für die Gegenwart. Eine Woche später überfielen betrunkene SA-Leute das Pfarrhaus. Kurz danach kam er ins Gefängnis Neu-Ulm.

Am 27. März wurde er ins KZ Sachsenhausen gebracht. Die „Reiseroute" war bekannt geworden. Und so standen auf allen Bahnhöfen Freunde, Pfarrer und die Familie, um sich mit Blicken und gepfiffenen Chorälen zu verabschieden. „Vivit – er lebt", riefen sie ihm zu. Am 1.9.39 schreibt er aus Sachsenhausen: „Morgen ist mein Geburtstag. Ich sitze hier und meine sechs Brüder und vier Schwager kämpfen an der Front." Er meldet sich zur Wehrmacht, wird „begnadigt" und im Januar 1940 eingezogen. Bischof Meiser hat diese Entscheidung bei der Geheimen Staatspolizei wärmstens befürwortet. Fürbittgebete im Gottesdienst für Steinbauer und andere Gefangene wurden abgelehnt.

Die folgenschwere Weihnachtspredigt

Im März 1943 wurde Karl Steinbauer schwer verwundet, kam ins Lazarett, erhielt Kriegsauszeichnungen. Während eines längeren Weihnachts- und Genesungsurlaubs hielt er seine Weihnachtspredigt über Jes. 9,5 und 6: „Denn uns ist ein Kind geboren … und die Herrschaft liegt auf seiner Schulter …“ Im August (!) folgte eine Anzeige gegen ihn wegen dieser Predigt. Er schrieb: „Selten habe ich so dankbar und befreit aufgeatmet. Jetzt ist alles gut! Immer hatte ich gehofft, ich möchte von der Gestapo nur wegen meiner Verkündigung gestellt werden.“ Dann erhielt er völlig unerwartet die Vorladung vors Zentralgericht des Heeres, das oberste Kriegsgericht in Berlin. Zitternd und bleich wie eine Wand gab ihm der Kompaniefeldwebel die Vorladung. Es ging um Leben und Tod. Mit diesem Wissen verabschiedete er sich von seiner Frau. Der Vorsitzende war ein Oberstaatsrichter, der 1. Beisitzer ein Hauptmann, der 2. Beisitzer ein Feldwebel. Die Predigt lag dem Gericht vor. Trotzdem durfte Steinbauer die ganze Predigt als Beweismittel vor Gericht noch einmal vortragen. Nach langer Beratung verkündete der Richter – Freispruch! Nach dem Krieg erfuhr Karl Steinbauer, dass beide Beisitzer die Unterschrift unter das Urteil „5 Jahre Haft“ verweigert und damit die Überstellung an Himmler verhindert hatten. Das wäre das Todesurteil für ihn gewesen.

Ein Telegramm – die Erlösung

Noch immer liegt die Bibel von Onkel Karl aufgeschlagen neben mir. Die Verhandlung vor dem Reichskriegsgericht war am 27.9.1944. Meine Mutter erzählte, dass sie an diesem Tag sehr unruhig war, ohne den Grund zu ahnen. Ich muss zu meinen Eltern nach Windsbach, dachte sie. Sie traf beide ganz feierlich im Sonntagsgewand auf dem Sofa sitzend an. Vor ihnen lag die Bibel. „Was ist bei euch los, was feiert ihr?", fragte sie die Eltern. „Unser Karl steht heute vor dem Kriegsgericht, da können wir nichts tun. Wir müssen beten."
Kurz nach dem Freispruch erreichte die alten Eltern ein Telegramm. Nur eine Bibelstelle stand darauf. Ich kannte bisher nur den Inhalt des Textes und suchte in seiner Bibel eine Weile, bis ich ihn rot unterstrichen bei Hebräer 13,23 fand: *Wisset, dass der Bruder Timotheus wieder frei ist …* Nach dem Krieg verwendete Onkel Karl beim Erzählen immer wieder einen griechischen Begriff, den ich vergessen hatte. Beim Arbeiten mit seinen Texten fand ich ihn wieder: „metanoia". Damit bat er den Bischof inständig „gemeinsam zu laufen" und um ein „Umdenken nach dem Gehorsam des Glaubens, das allein fruchtbare Buße ermöglicht".

Brigitte Reinard

Jesaja 9,1–6

Das Volk, das im Finstern wandelt, sieht ein großes Licht, und über denen, die da wohnen im finstern Lande, scheint es hell. 2 Du weckst lauten Jubel, du machst groß die Freude. Vor dir freut man sich, wie man sich freut in der Ernte, wie man fröhlich ist, wenn man Beute austeilt. 3 Denn du hast ihr drückendes Joch, die Jochstange auf ihrer Schulter und den Stecken ihres Treibers zerbrochen wie am Tage Midians. 4 Denn jeder Stiefel, der mit Gedröhn dahergeht, und jeder Mantel, durch Blut geschleift, wird verbrannt und vom Feuer verzehrt. 5 Denn uns ist ein Kind geboren, ein Sohn ist uns gegeben, und die Herrschaft ist auf seiner Schulter; und er heißt Wunder-Rat, Gott-Held, Ewig-Vater, Friede-Fürst; 6 auf dass seine Herrschaft groß werde und des Friedens kein Ende auf dem Thron Davids und in seinem Königreich, dass er's stärke und stütze durch Recht und Gerechtigkeit von nun an bis in Ewigkeit. Solches wird tun der Eifer des HERRN Zebaoth.

LUTHER 2017

Wintersonnwende und Winteranfang

Heute ist die kürzeste Nacht des Jahres. Und morgen der kürzeste Tag. Und dann geht es endlich wieder nach vorne.
Wintersonnwende: Nach der Zeitumstellung im Oktober – gegen die ich persönlich nichts habe, egal ob im Frühjahr oder Winter – fiebere ich dem Licht entgegen. Ich beobachte jeden Tag, ob es nicht schon früher hell wird, ob es nicht später dunkelt. Ich werde wieder aktiver, möchte raus. Raus aus dieser Dunkelheit, die mich umgibt. Die mich hindert, nach draußen zu gehen, am Abend etwas zu unternehmen. Ins strahlende Licht, Weihnachten entgegen. Die vierte Kerze auf dem Adventskranz brennt. Der Countdown läuft. Es wird Licht.
Winteranfang: Dann der Gegensatz. Mit dem Winteranfang beginnt die kalte Jahreszeit mit Frost und Kälte, viel Regen und Schnee. Der Winterblues bricht noch einmal kräftig durch. Jede hell erleuchtete Straße, jeder bunte Weihnachtsmarkt schafft es nicht, bei vielen Menschen ein Licht in der Seele zu entzünden. Es bleibt dunkel, frostig, kalt.
Mir tun die Worte von Jesaja gut. Sie zeigen ins Licht. Mein Weihnachtswunsch für die Menschen in der Dunkelheit ist, dass ihnen die Macht der Worte Jesajas ein Wegweiser sein kann.

Die Suche nach Licht

Mich lässt der Gedanke an das Licht nicht los. Das innere Licht, das mir Orientierung ist. In meinem Umfeld finden sich verstärkt Menschen, die nicht wissen was sie wollen, auf was es ihnen ankommt, die überall nur das Negative sehen. Zukunftsängste und das Nachplappern und Aufbauschen von schlechten Nachrichten; Unsicherheit und Mutlosigkeit prägen das Miteinander. Was zur Folge hat, dass falsche Ratgeber und Nothelfer Konjunktur haben. Und dann noch Kirche und Gott und das alles? Schlichtweg vergessen. Einen wichtigen Bezugspunkt unseres Lebens haben wir aus den Augen verloren. Unsicherheit, Freudlosigkeit und ständige Bedrohung sind die Folge davon.

Erstaunt stelle ich dann fest, dass gerade diese Menschen sich am Licht festhalten. Die Vorgärten werden illuminiert. Kerzen erhellen die Wohnungen. Frieden schleicht sich in die Herzen. Ob diese eigentlich unzufriedenen Menschen wissen, dass ihre Sehnsucht, eine Suche nach dem Licht – mit der Suche nach einem festen Anker verbunden ist? Ob sie wissen, dass Gott uns nicht verlässt und wir deswegen jedes Jahr so massiv – durch Christi Geburt – an ihn erinnert werden? Dass er uns im Blick hat, lässt er uns mit der Botschaft der Engel an Weihnachten jedes Jahr verkünden. In zwei Tagen ist es so weit.

Vorfreude

Letzter Arbeitstag – fast alles ist erledigt. Ich schließe mein Berufsjahr ab. Das übliche Gewusel in den Geschäften und der Urlaubsverkehr beherrschen den Tag. Ich bin froh, dass ich alles eingekauft habe und den heutigen Tag auf dem Christkindlesmarkt in Nürnberg genießen kann. Einmal im Jahr gönne ich mir das Geschiebe. Aber erst gegen Abend. Es sind nur noch wenige Touristen da und die Einheimischen stimmen sich nun ein auf den morgigen Tag. Die Buden erstrahlen im hellen Licht. Mit einer Tasse Glühwein bahne ich mir meinen Weg, beobachte die Menschen, höre einem Posaunenchor auf der Bühne zu. Zuvor besuchte ich die Lorenzkirche. Die Stimmung so kurz vor Weihnachten ist eine ganz eigenartige für mich. Am Heiligen Abend werde ich keinen Gottesdienst besuchen. Ich schaffe es zeitlich nicht und bin allerdings auch nicht sehr traurig darüber. Der Heilige Abend verspricht jetzt schon, für mich etwas Besonderes zu werden. Auch ohne Kirchgang. Ich fühle mich gestärkt, freue mich über diesen Abend in Nürnberg auf dem Christkindlesmarkt und in der Lorenzkirche. Ich fühle mich leicht. Mir geht es gut. Ich freue mich auf Weihnachten. Morgen ist es so weit.

Heiliger Abend

Wir – zwölf Frauen und drei Männer – sitzen um eine Biergarnitur und freuen uns. Für uns ist Weihnachten. Und zwar so, wie wir es uns vorstellen. Eine bunt gemischte Gruppe sind wir. Gläubige, Nichtgläubige – egal, das interessiert nicht. An diesem Abend haben wir alle ein Ziel: Weihnachten gemeinsam. Seit vielen Jahren organisiere ich diese Veranstaltung am Heiligen Abend. Eingeladen sind alle, Jung und Alt, mit oder ohne Beeinträchtigung, Ehepaare, Arm oder Reich. Egal. Die meisten der anwesenden Gäste kenne ich persönlich durch meine Arbeit. Ich kenne ihre Geschichten, ihre Lebensverhältnisse, ihre Einsamkeit. Ich freue mich über ihr Kommen.
Meine Helferinnen und Helfer servieren ein Festmahl. Wir bedienen über 120 Personen mit Getränken, mit Gänsebrust und Blaukraut, einem leckeren Dessert. Mit einem kleinen Programm umrahmen wir den Abend. Wir Helfende wollen da sein für unsere Gäste, ein offenes Ohr haben, miteinander singen, Geschichten hören. Ich bin dankbar, dass sich andere Menschen, Musiker, das Christkind, unser Pfarrer und unser Bürgermeister Zeit nehmen, an diesem Abend ebenfalls da zu sein, mal länger – mal kürzer.
Nach getaner Arbeit sitzt nun meine einzigartige Helfergruppe am Tisch. Wir sind müde. Die Beine tun uns weh. Doch wir strahlen, wir freuen uns. Es ist Weihnachten.

Denn uns ist ein Kind geboren –
Wunder-Rat, Gott-Held, Ewig-Vater, Friede-Fürst

Ich verspüre ein Kribbeln auf meiner Haut, wenn ich heute, am 1. Weihnachtstag, das Video der Christvesper meiner Kirche anschaue. *Fürchtet euch nicht, denn euch ist heute der Heiland geboren.* Diese Worte begleiten mich das ganze Jahr. Gerade der erste Teil ist für mich oft schon zum Mantra geworden in schwierigen Zeiten. Es ist eines der Bibelworte, die mich begleiten. Ich empfinde es jedes Jahr aufs Neue als ein Wunder, dass Gott, unser Ratgeber in vielen Nöten, uns seinen Sohn als Held im Alltag zur Seite stellt. Der ewige Vater schickt uns den Friedensfürsten. Schon mit dem Wissen, dass sein Sohn für alles büßen wird, das uns Gläubige belastet.
Eine politische Botschaft gibt uns da Jesaja weiter. Die göttliche Macht kann große, gewaltige Taten mit Umsicht planen. Als Vater kümmert er sich um das Wohlergehen seines Volkes. Umfassendes Heil kann kommen. Das alles hat Jesaja geweissagt in Voraussicht auf die Wiederherstellung des Reiches Davids. Der große Wunsch nach Frieden, nach Freiheit, nach gesegnetem Miteinander begleitet die Menschen seit Jahrtausenden. Ich kann daran nicht mehr glauben. Auch wenn es geweissagt ist und heute Friede herrschen soll. Es ist Weihnachten.

Das Volk, das im Finstern wandelt,
sieht ein großes Licht und über denen,
die da wohnen im finstern Lande,
scheint es hell.

Der Ukraine-Krieg dauert nun schon zwei Jahre, und Krieg herrscht im Heiligen Land seit mehr als sechs Monaten – das ist der Ist-Zustand, während ich diese Zeilen schreibe. Alle anderen Krisenherde erwähne ich nicht. Anfang des Jahres sind Pläne einer Gruppe von Menschen aus Deutschland bekannt geworden, die Menschen aus anderen Ländern „isolieren" wollen. Ich frage mich: Wo ist das Licht? Wo scheint es hell? Wo setzen wir Grenzen den ewig Gestrigen? Denen, die populistisch die Unzufriedenen aufwiegeln und alles schlecht reden? Ich habe mich so gefreut, dass unzählige Menschen in Deutschland Ende Februar auf die Straße gingen und ihren Unmut kundtaten gegen die Machenschaften einiger. Ich versuche immer wieder, irgendeinen Hoffnungsschimmer zu finden, der die obigen Kriege zum Ende bringt. Doch wo ist die Hoffnung für die Menschen, die ihre Liebsten verloren haben? Die Zeit heilt keine Wunden, wenn Söhne und Töchter zum Opfer werden. Sie lehrt, mit dem Unbegreiflichen umzugehen. Der Schmerz erscheint milder. Ich frage mich, ob Terroristen keine Familien haben, um die sie trauern, wenn diese sterben?
Eine Antwort finde ich nicht. Mir bleibt die Hoffnung. Und das Licht.

Über denen, die da wohnen im finstern Land, scheint es hell.

Weihnachten? Ist schon wieder fast Vergangenheit. Das Leben geht weiter. Und doch: Ich wünsche mir Frieden. Natürlich Frieden, den nicht alle anderen bestimmen wollen und dem sie ihre Vorstellung, ihr Weltbild aufdrängen wollen, sondern Menschen, die zuhören, verstehen und Hoffnung verbreiten. Ein frommer Wunsch – doch auch diese Wünsche gehören zum Leben. Gerade dann, wenn die Welt wieder einmal gefühlt aus den Fugen bricht. Ich kann nur meinen Beitrag in meiner kleinen Welt dazu leisten. In meinem Denken und mit meinen Werten. Mit meinem Handeln, das mich auszeichnet. Mit dem ich meinen Mitmenschen begegne. Es gelingt mir nicht immer, zu allen so zu sein, wie ich es sein sollte. Doch ich arbeite daran, die Menschen zu akzeptieren, so wie sie sind. Denn das erwarte ich auch von meinem Gegenüber. Mit allen Fehlern, die ich mache. Ich kann unsere Welt nicht retten, doch ich kann dafür sorgen, dass ich Hoffnung gebe und Licht scheinen lasse für die Menschen, die mich brauchen. Ändern kann ich niemanden außer mir selbst. Doch ich kann versuchen, ein Vorbild zu sein mit meinem Handeln und Denken. Lichtbringerin zu sein.
Das ist die Botschaft, die ich mitnehme. Meine Hoffnung für das nächste Jahr.

Imke Diepen

Magnificat

Lk 1,46–55

Und Maria sprach:
Meine Seele lobt *die Lebendige,*
und mein Geist jubelt über Gott, die mich gerettet hat.
Sie hat auf die Erniedrigung einer Sklavin geschaut.
Seht von nun an werden mich
alle Generationen glücklich preisen,
denn Großes hat die göttliche Macht an mir getan,
und heilig ist ihr Name.
Ihr Erbarmen schenkt sie von Generation zu Generation
denen, die Ehrfurcht haben.
Sie hat Gewaltiges bewirkt.
Mit ihrem Arm hat sie die auseinandergetrieben,
die ihr Herz darauf gerichtet haben,
sich über andere zu erheben.
Sie hat Mächtige von den Thronen gestürzt
und Erniedrigte erhöht,
Hungernde hat sie mit Gutem gefüllt
und Reiche leer weggeschickt.
Sie hat sich Israels, ihres Kindes, angenommen
und sich an ihre Barmherzigkeit erinnert,
wie sie unseren Vorfahren gesagt hatte,
Sara und Abraham und ihren Nachkommen für alle Zeit.

BIBEL IN GERECHTER SPRACHE

Magnificat einer jungen Ukrainerin

Meine Seele sehnt sich nach Dir, o mein Gott,
nach Frieden und Ruhe.
Meine Grundfesten sind erschüttert,
meine Vorfahren hatten denselben Glauben,
und haben Dir gesungen in unseren goldenen Kathedralen.
Jetzt sind sie auseinandergerissen und zerstritten
und statt ihrer Lieder hören unsere Kinder
das unheilvolle Donnergrollen des Kriegs.
Ich aber halte fest an dem Glauben an Dich
und an eine Zukunft, in der Frieden möglich ist.
Ich glaube an eine Wahrheit,
die nicht von Propaganda verzerrt wird.
Ich glaube an ein Wort,
das gilt und nicht gebeugt und verdreht wird.
Ich glaube an den Wert des Lebens von jedem Einzelnen,
von Frauen, Kindern und Soldaten, der nicht verhandelbar ist.
Ich lobe Dich, ewiger guter Gott,
weil ich das Leben und seine Schönheit liebe,
und ich singe dir mein Lied:
erweise Dich uns in Deiner Heiligkeit
als der Garant von Wahrheit, Leben und Zukunft.
Lass uns nicht allein!
Mit meiner ganzen Seele hoffe ich auf Dich
und auf die umwälzende Kraft Deines Friedens!

Magnificat einer jungen Leipziger Studentin

Meine Psyche dreht hohl.
Bald ist Weihnachten.
Ich kann nicht glauben,
was unsere Mütter und Väter geglaubt haben.
Der Gott der Christen,
kommt alle Jahre wieder als Baby auf die Erde,
damit Frieden werde.
Und es ändert sich nichts.
Werden wir noch eine Zukunft haben,
in der Kinder zu vernünftigen Menschen groß
werden?
Die Kriege hören nicht auf,
die Menschenwürde ist keinen Pfifferling wert
und das Klima läuft völlig aus dem Ruder.
Ich will aufstehen für das Leben.
Gegen machtgeile Despoten, postkoloniale Unrechts-
strukturen,
Populismus und menschlichen Größenwahn.
Wir haben doch ein Recht darauf,
dass wir eine Zukunft haben
in Frieden, Würde und mit sauberem Wasser.
Ich singe nicht, ich schreie:
OMG, wenn es Dich gibt,
tu was, lass es Vernunft regnen
und gib uns zumindest genügend Widerstandskraft,
um für eine Überlebenschance unseres Kosmos zu
kämpfen.
Denn schön ist er, dieser blaue Planet,
und die Buntheit des Lebens auf ihm!

Magnificat einer jungen Palästinenserin

Meine Seele ringt nach Luft,
mein Land liegt in Schutt und Asche.
Und doch preise ich Dich, den Lebendigen,
der älter ist als unsere ältesten Olivenbäume
und frischer als unsere saftigsten Zitronen.
Ich traue Dir zu, dass Du alles neu machst:
dass Du Flüchtlingszelte wieder zu Lebensräumen machst,
in denen es genug zu essen gibt für alle,
dass hasserfüllte Machtmenschen verstummen
und die Hoffnungen von Frauen und Kindern gehört werden,
dass mein Vertrauen in ein Gegenüber wieder wächst,
mit dem ich auf Augenhöhe Seite an Seite zusammenleben kann
und dass es einen Ort geben wird, an dem meine Kinder
in Zukunft ohne Angst Hüpfspiele in den Sand zeichnen
und Friedenslieder pfeifen –
wie du, Lebendiger, es unseren Vorfahren zugesagt hast
heute und alle Zeit.

Magnificat einer jungen Israelin

Meine Seele preist den Lebendigen,
heute bringe ich ein Menschenkind zur Welt:
wunderbar geschaffen, unschuldig und zart.
Ich staune über das Wunder des Lebens
und der Menschwerdung.
Ein Mensch ist ein Mensch ist ein Mensch.
Ich habe die Kriege satt, die Leben zerstören
und in denen der Mensch den Menschen ein Wolf wird.
Lege Deinen Schalom zwischen die Menschen,
dass sie wieder Achtung haben
vor dem Leben der anderen
und vor Dir, Erhabener.
Schenke diesem neugeborenen Kind eine Zukunft, Ewiger,
im Hier und Jetzt als Mensch unter Menschen,
ohne Anschauung der Herkunft und der Religion.
Wir sind doch alle Deine Kinder!
Schenke uns einen neuen Anfang,
dort, wo das Leben beginnt
und wo wir gemeinsam von einer Zukunft träumen,
in der Milch und Honig fließen für alle!
Hab Erbarmen mit dem Volk und mit all Deinen Menschenkindern!

Magnificat einer Nigerianerin

Jeden Tag singe ich dir mein Lied,
Gott mein Schöpfer.
Ich hoffe auf Dich.
Ich kann die Zeit nicht mehr zählen,
seit ich entführt wurde,
aber ich weiß, dass du die Zeit in Händen hältst
und dass irgendwann Dein Feiertag kommt.
Der Tag, an dem Du uns befreist
und unser Recht aufrichtest,
an dem Du die ekelhaften Männer bestrafst,
die uns erniedrigen.
Du wirst uns wieder unsere Freiheit schenken
und uns unsere Würde zurückgeben.
Du bringst unsere Familien wieder zusammen
und machst uns satt mit gutem Essen.
Großer Gott, unser Retter,
weil Du in einer Hütte als winziger Mensch
zu uns gekommen bist, glaube ich an Dich.
Du siehst unser Leid und vergisst uns nicht.
Lass Dein Recht und Deine Gerechtigkeit
stärker sein als alles Unrecht, in dem wir leben.
Und schenke mir eine Zukunft,
in der meine Zunge fröhliche Lieder singt
so wie der Vogel am Morgen,
der Deine Schönheit und seine Freiheit genießt,
du Gott, unser Schöpfer und Retter.

Magnificat einer jungen Iranerin

Meine Seele preist Allah, den Einzigen,
und mein Geist jubelt über seine Zeuginnen.
Er hat das Unrecht angesehen, das die erfahren,
die ihren Mund und ihre Haare öffnen.
Er kämpft an der Seite der Mutigen,
trocknet ihre Tränen und heilt ihre Wunden.
Ihr Schmerz spricht das Urteil über die
vergewaltigenden Gewalttäter.
Wo bist Du, Gerechter?
Stürzt Du noch die Mächtigen vom Thron
und erhöhst die Niedrigen?
Wann zeigst du die Stärke Deines Arms
und zerstreust die Überheblichen?
Machst du noch satt
die hungern nach Gerechtigkeit
und dürsten nach Freiheit?
Gedenke deiner Barmherzigkeit
und nimm dich unser an.
Wir harren auf dich.

Magnificat einer jungen Neuseeländerin

Ich singe Dir,
du Quelle des Lebens, mit dem Gesang der Wale,
dem Fiepen der Delfine und dem Krächzen der Keas.
Ich bestaune den farbenfrohen Urwald
und hebe meinen Blick zu den schneebedeckten Berggipfeln.
Wunderschön und vollkommen ist alles, was mich umgibt.
Das macht mich dankbar und glücklich.
Meine Vorfahren fanden ihren Weg zur schöpferischen Kraft
und fanden ihren Ort und ihre Aufgabe als Teil des Ganzen.
Heute habe ich Angst, dass die steigenden Meere uns überfluten
und die ungefilterte Sonne das Leben zerstört.
Sind wir noch zu retten?
Ich singe weiter, fiepe und krächze, so laut ich kann,
damit unser Hilfeschrei auch auf der anderen Seite
des Erdenrunds gehört wird: ihr seid ein Teil des Ganzen.
Nur in Demut und Achtung vor allem Leben
finden wir den Weg zur schöpferischen Kraft
und erfüllen unsere Aufgabe in dieser Welt,
an ihrer Vollkommenheit und Schönheit mitzuwirken.
Dann singen wir zusammen das Lied der Wale,
spielen mit den Delfinen und reden mit den Keas.

Autorinnen und Autoren der Textauslegung 2025

26. Januar (Jakobus 4,6–8)

Affolderbach, Martin
Dr. theol., Oberkirchenrat i. R., geb. 1947, verh., 2 Kinder,

19. Oktober (Amos 5,21–24)

Altenbeck, Monika
Essen, geb. 1962, Dipl.-Theologin; Dipl.-Psychologin, Referentin in der Bundesgeschäftsstelle der Katholischen Frauengemeinschaft Deutschlands, kfd

6. April Bonhoeffer und Gandhi und 25. Mai Barmer Bekenntnis

Atsma, Rudolf
Neckargemünd, geb.1945, Pfarrer i. R.

2. Februar (Genesis 37,18–22)

Bammessel, Susanne
Nürnberg, geb.1965, verh., 4 Kinder, Pfarrerin/Seelsorgerin am Südklinikum Nürnberg

15. Juni (Genesis 18,1–8)

Bartole, Tobias
Neckargemünd, geb. 1987, kath. Theologe, Pastoralreferent am ökumen. Kirchenzentrum ARCHE

20. Juli (Daniel 3)

Bauspieß, Ursula
Stuttgart, geb. 1946, verh., 2 Kinder, Studium Theologie und Romanistik, Prädikantin

12. Januar (Galater 2,11)

Begrich, Teja
Domprediger am Dom zu Havelberg

23. März (1. Petrus 5,5–9)

Begrich, Thomas
Magdeburg, 1950 geboren, verh., zwei Kinder, bis 2016 Finanzabteilungsleiter im Kirchenamt der EKD Hannover

21. September (Matthäus 4,1–11)

Bleyenberg, Ursula
Dr. theol., Bad Tölz, geb. 1956, Lehrerin für Religion und Deutsch i. R.

23. Februar Ramadan

Brooks, Hacer
Heidelberg, geb. 1987,Islamische Theologin, tätig in der Erwachsenenbildung

28. Dezember (Lukas 1,46–55)

Diepen, Imke
Heidelberg, geb. 1974, verh., 4 Kinder, Gemeindepfarrerin und Psychiatrie-Seelsorgerin

19.Januar (Numeri 22)

Fletschinger, Marius
Karlsruhe 1984, Priester Erzbistum Freiburg

16. Februar (Johannes 15,1–7; Psalm 23)

Garleff, Gunnar
Dr. theol. geb. 1975, seit 2013 Pfarrer in Heidelberg

5. Oktober Franziskus

Gaspers-Jacob, Gudrun
Neckargemünd, geb. 1958, verh. 3 Töchter, Religions- und Gestaltpädagogin

31. August Wolfgang Borchert, „Sag Nein!“

Gieseler-Christ, Claudia
Esslingen, geb. 1963, 2 Kinder, qualifizierte Pilgerbegleiterin ev. Landeskirche Württemberg

7. Dezember (Römer 8,18–25)

Gittinger, Regine
Recklinghausen, geb. 1956, Schulpfarrerin i. R.

11. Mai Vaterunser

Glatz, Ulrike
Neckargemünd, geb. 1948, verw.,3 Kinder, Prädikantin

6. Juli (2. Chronik 20,6)

Godzik, Peter
Sterley-Kogel, geb. 1946, Pastor, Oberkirchenrat, Probst i. R., besonders engagiert in der Hospizarbeit und Trauerbegleitung.

1. Juni (Prediger 4,12)

Grabski, Heidemarie
Bochum, geb. 1944, verh., 5 Kinder, seit 1991 Medienberaterin

26. Oktober (Matthäus 22,1–14)

Hallmann, Regina
München, geb. 1959, Pfarrerin

9. Februar (Johannes 2,13–17)

Heetderks, Gerrit
Recklinghausen, geb. 1952, Leiter des Ev. Erwachsenenbildungswerks Nordrhein (bis Dez. 2017)

10. August (Lukas 18,1–8)

Herbst, Gabriele
Magdeburg, geb. 1946, verh. Pfarrerin, 1993–96 Sprecherin „Wort zum Sonntag"

13. April (Matthäus 26 und 27)

Hochstrate, Wolfgang
Gerstungen, geb. 1952, verh. 2 Kinder, Pfarrer i. R.

16. November (Ezechiel 18,32)

Huppenbauer, Christoph
Neustadt/Holstein, geb. 1949, Pfarrer i. R.

30. März (Exodus 16,17–20)

Joelsen, Walter
München, geb. 1926, gest. 2023, war Pfarrer und Redakteur bei EIKON

7. September (Matthäus 5,1–11)

Jost, Ronald
Jena, geb. 1955, Bankdirektor a.D; ehrenamtl. Engagement in der EKM

2. März (Psalm 39,1–18)

Kirsch, Renate
Brannenburg, geb. 1937, Pfarrfrau, 3 Kinder, 18 Jahre Religionslehrerin, engagiert beim Weltgebetstag

22. Juni (Genesis 32,23–32)

Klemm, Sieglinde
Nürnberg, geb. 1944, Pfarrerin i. R.

30. November (Jesaja 58,7–10)

Knörlein, Ulrike
Großweingarten, geb. 1983, ev. Dipl.-Theologin, Diakonie Neuendettelsau

3. August (Epheser 6,13)

Mielke, Ulrike
Dr. phil. Heidelberg, Dozentin für Literatur und Philosophie, Schriftstellerin

8. Juni (2. Korinther 3,14–18)

Mützlitz, Nina-Dorothee
Dr. theol. geb. 1982, Pfarrerin in Herzogenaurach, verh. zwei Kinder

14. September Bekenntnis der ök. Weltkirchenversammlung Seoul 1990

Mumm, Ildiko
Heidelberg, geb. 1946, ev. Theologin

18. Mai (Kolosser 3,12–17)

Nietsch-Ochs, Claudia
Merching, verheiratet, 2 Söhne, Theologin

12. Oktober (Psalm 18)

Ochs, Robert
Dr. theol. Augsburg, verh. Projektentwicklung

27. Juli Deiche (Psalm 124,4)

Ost, Martin
geb. 1952, verh., 4 Kinder. War bis 2015 Dekan in Markt Einersheim, Bayern, lebt im Ruhestand in Berlin

16. März (Exodus 1,15–2,10)

Ost, Sabine
geb. 1954 verh. 4 Kinder. War Pfarrerin in Bayern, lebt im Ruhestand in Berlin

2. November Kantate: Widerstehe doch der Sünde …

Peschke, Brigitte
Heroldsberg, geb. 1942, verh., 4 Kinder, war Referentin für Erwachsenenbildung

21. Dezember (Jesaja 9,1–6)

Reinard, Brigitte
Roth, geb. 1958, tätig in der Erwachsenenbildung, Coach, Mediatorin, Gemeindereferentin und Seniorenbeauftragte

27. April (Psalm 23,3)

Reuther, Bernd
Straubing, geb. 1963, Gemeindepfarrer

4. Mai (Matthäus 15,21–28)

Riecke, Marianne
Henstedt-Ulzburg, geb. 1953, verh., Diplom-Sozialpädagogin

23. November Apokalyptisch widerstehen

Schächtele, Traugott
Dr. theol. Schwetzingen, geb. 1957, Prälat für den Kirchenkreis Nordbaden, verheiratet, 5 Kinder

29. Juni (Matthäus 8,28–34)

Schüler, Dagny
Rödermark, geb. 1952, verw., 4 Töchter, Gemeindekrankenschwester, Referentin für Hauskrankenpflege und Umgang mit Demenz

24. August Antirassistischer Widerstand

Soylu, Yasemin
Heidelberg, geb. 1990, Geschäftsführerin der Muslimischen Akademie, Heidelberg

9. März (Römer 12, 2)

Sprügel, Heidi
Bad Alexandersbad, geb. 1965, Diplom-Biologin

20. April (Johannes 21,1–13.24)

Steffensky, Fulbert
Luzern, geb. 1933, emer. Prof. für Religionspädagogik

9. November (Römer 13,1–7)

Stritar, Gottfried
Traunstein, geb. 1947, verh., 3 Kinder, Dekan i. R.

14. Dezember Widerstandspredigt im Dritten Reich

Thorbeck, Hanna
Roth, geb. 1941, verh., 3 Kinder, Lehrerin i.R. freischaffende Hausfrau

13. Juli (Johannes 20,19–23)

Trippel, Angelika
Frankfurt, geb. 1957, 2 Kinder, war Fachberaterin für Diakoniestationen im DWHN

5. Januar (Jesaja 60,1)

Wegner, Jörg
Freiburg, geb. 1960, Ev. Pfarrer in der Auferstehungskirche

28. September Jüdische Inschrift im Warschauer Ghetto

Weltzien, Friederike
Stuttgart, geb. 1957, verh. 4 Kinder, Pfarrerin und Tanztherapeutin, aufgewachsen im Libanon, 1999-2008 Pfarrerin im Libanon

17. August (1. Samuel 15,16–42)

Ziepert, Manfred
Dr. med., Jena, geb. 1954, Arzt für Psychiatrie und Psychotherapie

Liste der behandelten biblischen Texte

Liste der behandelten biblischen Texte

»WeiterGehen«

Das Büchlein „Weitergehen" führt die unter dem Titel „Getroster Tag" erschienene Reihe von Andachtsbüchlein (1955 bis 1991) fort. Sie wurde und wird herausgegeben vom FrauenWerk Stein e.V. mit dem Ziel Frauen zu stärken, Beziehungen zu gestalten und Horizonte zu weiten.

Das Leben von Frauen heute gestaltet sich vielfältig in Familie und Partnerschaft, Beruf und Politik, Spiritualität und Gesundheit. Das FrauenWerk Stein e.V. trägt dazu bei, dass Frauen ihr Leben selbstbewusst gestalten und ihre Kompetenzen und Ideen in die Gesellschaft einbringen können. Dabei unterstützt es Frauen mit seinen unterschiedlichen Arbeitsgebieten:

- Die **Evangelischen Familienbildungsstätten** in Nürnberg (FBS) und München (elly) bieten Beratung und Begegnung für Frauen unterschiedlicher Herkunft und in unterschiedlichen Lebenssituationen.
- Die Familienpflege Nürnberg organisiert qualifizierte Betreuung für Haushalt und Kinder.
- Die **Mütter-Kurkliniken** Hohes Licht in Oberstdorf und Sonnenbichl in Aschau/Chiemgau (Kurklinik für Mutter und Kind) fördern Frauengesundheit mit ganzheitlichen frauenspezifischen Angeboten. Beide sind Mitglied im Müttergenesungswerk (MGW).
- In den **Beratungsstellen** Stein und Aschau berät das FrauenWerk Stein e.V. Frauen in ihren unterschiedlichen Lebens- und Familiensituationen im Verbund mit den Beratungsstellen der Diakonie Bayern, den Kurkliniken und dem MGW.

Das FrauenWerk Stein e.V. wurde Anfang der 1930er Jahre von Frauen für Frauen gegründet und verantwortet. Im Zentrum seiner Arbeit stehen Frauen mit ihren Bedürfnissen und Ansprüchen in ihrem individuellen Lebenskontext. Das FrauenWerk Stein e.V. gibt Impulse für die Zukunft von Frauen in Kirche und Gesellschaft; es versteht sich als Teil der Evang.-Luth. Kirche in Bayern und setzt sich als Mitglied des Diakonischen Werks Bayern für die Verwirklichung christlicher Nächstenliebe ein.

Die WeiterGehen-Autor*innen arbeiten ehrenamtlich.

Weitere Informationen finden Sie unter www.frauenwerk-stein.de.

Wir sind dankbar für Spenden:

Spendenkonto: Bank für Sozialwirtschaft
IBAN: DE 66 7002 0500 0004 8048 00, BIC: BFSW DE33 MUE

FrauenWerk Stein
in der Evang.-Luth. Kirche in Bayern

Ich bestelle auf Rechnung:

______ Expl. Frauen-Kalender 2026 € 9,95

______ Expl. Losungen-Abreißkalender 2026 € 11,90

Preise: Stand 2024

Vorname

Name

Straße

PLZ/Ort

Ich erteile hiermit die Einzugsermächtigung, die ich jederzeit widerrufen kann. Die Lieferung erfolgt portofrei.

IBAN

BIC

Name der Bank

Datum/Unterschrift

Lieferung durch jede Buchhandlung oder Kaufmann Verlag
Alleestr. 2 · 77933 Lahr · Tel. 07821-93900 · Fax -939011

Weitergehen 2025

Als Schriftenreihe „Getroster Tag" begründet von Liselotte Nold
Herausgegeben vom FrauenWerk Stein e.V.
in der Evang.-Luth. Kirche in Bayern, Stein/Mfr.

Quellenverzeichnis

Wir danken nachstehenden Autor*innen und Verlagen für die freundlich erteilte Abdruckerlaubnis:

Bail, Dr. Ulrike/Crüsemann, Frank/Crüsemann, Marlene (Hrsg.), Bibel in gerechter Sprache © 2006, Gütersloher Verlagshaus, Gütersloh, in der Penguin Random House Verlagsgruppe GmbH
BasisBibel, © 2021 Deutsche Bibelgesellschaft, Stuttgart
Einheitsübersetzung der Heiligen Schrift, © 2016 Katholische Bibelanstalt GmbH, Stuttgart. Alle Rechte vorbehalten.
Gute Nachricht Bibel, durchgesehene Neuausgabe, © 2018 Deutsche Bibelgesellschaft, Stuttgart
Jenny, Markus, Gott hat das ersten Wort, 1970 nach dem niederländischen „God heeft het eerste word" von Jan Wit (1959) 1965, RG 160, 2.5 © Theologischer Verlag, Zürich
Lutherbibel, revidiert 2017, © 2016 Deutsche Bibelgesellschaft, Stuttgart
Khoury, A. T., Der Koran, Übersetzung: Adel-Theodor Khoury, © 2007, Gütersloher Verlagshaus, Gütersloh, in der Penguin Random House Verlagsgruppe GmbH
Pötzsch, Arno, Du kannst nicht tiefer fallen, aus: Evangelisches Gesangbuch, Nr. 533 (Auszug), © Verlag Junge Gemeinde
Scholl, Inge, Die Weiße Rose. © S. Fischer GmbH, Frankfurt am Main 1982, 1993
Schottroff, Luise, Die Gleichnisse Jesu, © 2005, Gütersloher Verlagshaus, Gütersloh, in der Penguin Random House Verlagsgruppe GmbH
Sölle, Dorothee, Loben ohne lügen, Gedichte, S. 17, © Wolfgang Fietkau Verlag 2000
von der Osten-Sacken, Peter, Leitsätze für das christlich-jüdische Verhältnis, aus: ders., Kleine Texte zu großen Fragen. Israel und Deutschland, Christen und Juden, Studien zu Kirche und Israel. Neue Folge Bd. 17, © Evangelische Verlagsanstalt, Leipzig 2023
Zink, Jörg, Wie wir beten können, © 2018 Verlag Herder GmbH, Freiburg i. Br.

Abbildungen

Cover: © ri8 – AdobeStock

Redaktion: Angelika Schmidt-Biesalski, 69118 Heidelberg,
Schönauer Straße 5, info@schmidt-biesalski.de

Druck und Bindung: CPI books GmbH, Leck
ISBN 978-3-7806-2925-8